철학이 살아있는
수업기술

30가지 수업 고민과 그 해답 찾기

철학이 살아있는 수업 기술

초판 3쇄 발행   2019년 6월 3일

발행인   김성경
저 자   김현섭
교정 및 윤문   허용회
삽 화   참쌤스쿨 김화인
디자인   원영혜
발행처   수업디자인연구소   www.sooupjump.org
도서문의   031-502-1359   eduhope88@naver.com
주 소   경기도 군포시 대야2로 147, 2층 201호
ISBN   979-11-958100-1-7
값   22,000원

● **이혁규** 청주교대 교수, '수업' 저자

흔히 한국 교사들은 철학에는 관심이 없고 수업 기술에만 관심이 많다고 한다. 그러나 정작
제대로 된 수업 기술에 관한 책은 거의 없다. 저자는 관심에 비해서 결실이 부족했던 이 분
야의 공백을 채우는 또 하나의 소중한 책을 집필했다. 발로 뛰면서 수많은 수업을 코칭해
온 저자의 이력을 반영하듯 실용적인 수업 기술들이 가득한 동시에 이것들이 수업 철학과
연결되어 다루어지고 있는 점이 이 책의 독특한 강점이다.

● **김진우** 좋은교사운동 공동 대표, '나와라 교육대통령' 저자

교사의 수업 기술은 교육 철학을 반영한다는 저자의 명제는 이 시점에서 특히 중요하다.
저자는 협동학습을 통해 수업 운동의 새 흐름을 개척했고 영역을 넓혀 수업의 현장을 많이
관찰하고 연구하였다. 그 과정에서 수업 기법과 그 속에 있는 교사의 관점에 대해 많은 고
민을 해 왔다. 그 고민의 결과로 내놓은 이 책은 수많은 수업기법들 속에서 혼란마저 느끼
는 현장 교사들에게 좋은 멘토가 될 것이다. 학기 첫 수업부터 작은 칭찬 스티커 하나까지
고민하는 교사들에게 세밀하고 친절한 안내를 주고 있다.

● **허승환** 꿀잼교육연구소 소장, 서울 난우초 교사, '허쌤의 학급경영코칭' 저자

저자는 한국 협동학습연구회를 만들고 우리나라에서 오랫동안 다양한 협동학습 구조와
수업 기술들을 알려왔다. 이번 책은 여타의 수업기술 중심의 책과 달리 먼저 의도된 가치에
따라 지식의 선택이 이루어지고 교육활동이 이루어진다는 점을 중시하며 교육철학을 바로
세워야 함을 논증한다. 그런 후에 풍부한 현장에서의 수업코칭을 통한 구체적인 사례를 들어
수업으로 인하여 힘들어하는 교사 옆에서 조곤조곤 위로하며 격려하는 멘토 같은 책이다!

● **서경혜** 이화여대 교수, '교사학습공동체' 저자

수업이란 무엇인가, 수업은 왜 하는가에 대한 근본적인 성찰, 그렇다면 수업을 어떻게 할
것인가에 대한 깊은 고민이 담긴 책이다. 기술(技術)이냐 예술(藝術)이냐 수업에 대한 기술
적 접근과 예술적 접근의 오랜 논쟁을 '철학'이 살아있는 수업 '기술'로 풀어낸 수업에 대한
기예적(技藝的) 접근이 돋보인다.

● **안종복** 서울 강남서초교육지원청 교육장

좋은 교사로 바로 서기 위해서는 철학이 전제된 수업 기술이 필요하다. 모든 교사들에게 가
르친다는 것의 의미를 다시 한 번 생각해볼 수 있도록 만드는 책이다. 이 책을 통해 많은 선
생님들의 수업 고민이 행복하게 해결되길 소망한다.

● **장인혜** 서울시교육연수원 연구사

이 책에서 제시하고 있는 수업철학과 그에 따른 다양한 수업 기술들은 학생들의 참여 수업
을 고민하고 노력하는 젊은 교사들에게 시원한 샘물 같은 역할을 할 수 있을 것이다.

● **장지혜** 수원 영화초 교사

모든 것이 서툴고 힘들었던 작년 신규 시절, 살아남기 위해 좋다는 연수며 책을 섭렵했지만
그다지 효과를 보지 못했다. 지금 와서 생각해보면 교사로서 나의 철학 없이 좋다는 수업기
술을 이것저것 시도하다 보니 오히려 역효과를 불러온 것 같다. 철학이 있는 수업과 학급을
꿈꾸는 신규 교사에게 이 책을 권한다.

● **임정연** 부천 중흥중 교사

"이럴 땐 어떻게 해야 하나요?" 이 책은 수업과 관련한 많은 질문들에 대해 최고의 선배교
사가 주는 명쾌한 조언들로 가득하다. 어떻게 해야 하며 왜 그렇게 해야 하는 지를 꼼꼼하게
알려주는 글 속에서 후배 교사들을 향한 저자의 마음이 전달되어 읽는 내내 마음이 따뜻했
다. 멘토가 필요한 초임 선생님도 멘토가 되어 주고 싶은 경력 많은 선생님도 책꽂이에 꽂
아두고 자주 펼쳐보는 고마운 책이 될 것 같다.

● **권혜수** 전주 영생고 교사

이 책을 읽는 내내 곳곳에서 저자의 열정과 헌신과 배려를 느낄 수 있었다. 수업 철학 세우
기, 수업기술, 학습방법, 노트 필기 방법, 학생 발표 요령, 모둠 구성, 평가 방법 등 교사에
게 필요한 모든 것을 총 망라한 책이다. 이 책은 선생님의 바람대로 교사 개인의 수업성장
을 위한 교사 매뉴얼이면서 교사학습공동체의 수업 나눔과 토론 교재로서 전혀 손색이 없
다. 이 책은 수업기술에 대해 고민하고 있는 교사들에게 세세하게 길을 알려주는 내비게이
션이 되어 줄 것이라 확신한다.

● **강미숙** 경산 신상중학교 수석교사

이 책은 초임교사는 물론 모든 선생님들께 명쾌한 수업의 해법을 '자문자답(自問自答)'할
수 있도록 하는 지침서이다. 자신만의 수업기술을 찾고자 하는 선생님들께 저자의 고민과
경험이 큰 도움이 될 것이다.

철학이 없는 수업 기술은 임기응변적 잡기雜技에 불과하고 수업 기술이 없는 철학은 공허한 주장에 지나지 않는다. 모든 교육 활동은 어떠한 기준에 따라 선택을 하여 교육적 활동으로 나타난다. 그런데 선택 기준이 명료하지 않고 일관적이지 않다면 교육적 목적을 이루기 힘들 것이다. 반대로 철학은 분명하지만 수업 기술이 뒷받침되지 않으면 철학이 담고 있는 목적을 현실적으로 이루기 힘들 것이다.

많은 교사들이 가지고 있는 수업 고민거리들은 대부분 수업 기술과 관련된 문제들이다. 그런데 수업 기술 문제를 수업 기술 문제에만 국한하여 풀려면 잘 해결되지 않는다. 왜냐하면 수업은 한 가지 질문으로만 접근하기 힘든 것이기 때문이다.

수업을 제대로 이해하기 위해서는 4차원적인 질문을 통해 접근해야 한다. 4차원 질문은 '누가'(존재론과 관계론), '왜'(교육철학), '무엇'(교육과정), '어떻게'(수업 기술)이다. 각 질문 영역은 서로 분리된 것이 아니라 상호 연결되어 있다. 4차원 질문은 자동차 네 바퀴와 같아서 한쪽 바퀴가 크고 나머지 바퀴가 작으면 자동차가 제대로 굴러갈 수 없듯이 4차원 질문의 균형이 이루어져야 좋은 수업이 가능하다. 이 책은 현실적인 수업 기술 문제들을 교육 철학과 연결하여 다루고 있다.

이 책에서는 인성 교육, 공동체 교육, 역량 교육이라는 교육 철학에 초점을 두어 다양한 수업 기술들을 체계적으로 정리하려고 노력했다. 여기에서 다루고 있는 수업 기술 문제는 새내기 교사들만 고민하는 것이 아니라 고경력 교사들도 함께 고민하고 있는 문제이다.

필자는 교육방송 "선생님이 달라졌어요" 수업 코치로 출연한 이래 교육청이나 단위 학교에서 진행되는 다양한 수업 코칭 프로그램에서 헤드 코치나 수업 코치로 활동하였다. 지금까지 유치원 교사부터 고교 교사들까지 수많은 선생님들을 수업 코칭과 수업 나눔 활동을 통해 다루었던 수업 기술 관련 문제들을 이번 책을 통해 정리해 보고자 하였다. 이 책이 교사 개인의 수업 성장을 위한 구체적인 매뉴얼 뿐만 아니라 교사학습공동체의 수업 나눔 및 토론 교재로도 활용되길 소원한다.

이 책이 나오기까지 도움을 주신 모든 분들께 감사를 드린다. 수업디자인연구소 소속 선생님들, 교육디자인네트워크의 김성천 장학사님, 권순현 선생님, 장슬기 선생님, 황우원 선생님, 김성경 선생님과 참쌤스쿨 김차명 선생님께 감사하다. 그리고 한국협동학습연구회와 좋은교사운동 선생님들, 티스쿨 원격연수원 박병근 대표님과 최문영 CP님에게도 감사하다. 최종 원고를 검토해주고 교정에 참여해 주신 이은주 선생님, 허용회 선생님에게도 감사드린다. 사랑하는 가족(아내, 하림과 예준)에게도 감사를 전하고 싶다. 무엇보다 원점에서 다시 시작하게 하시고 수업디자인연구소와 교육디자인네트워크 개척 과정에서 많은 은혜와 인도를 경험하게 하신 하나님께 감사를 드리며...

2017. 7. 15   저자 김현섭

Lesson

01

수업에도
철학이 필요할까?

　A교사는 교직 경력 10년차 초등학교 교사이다. 평상시 수업을 잘한다고 주변에 칭찬을 많이 받았고 수업 실기 대회에 나가 1등급까지 받았다. 방학동안 각종 연수에 참여하여 다양한 수업 기술을 배워 새 학기마다 많이 활용하려고 하였다. 평상시 A교사는 성적 향상이 중요하다고 생각해서 자주 쪽지 시험을 보았고 다른 교사에 비해 학습 과제를 많이 제시하였다. 숙제를 못하는 경우 이에 대한 책임을 물었다. 질서 세우기를 강조해서 규칙에 어긋나지 못하도록 엄하게 학생들을 훈육하였다. 특히 침묵 신호를 자주 사용하는데 수업 활동 중 교사에게 집중할 때만 침묵 신호를 사용하는 것이 아니라 생활 지도 전반에 걸쳐 자주 사용하였다. 특히 '학기 초에 질서 세우기가 중요하다'고 생각해서 새 학기 첫날부터 군기(?)를 확실하게 잡아갔다. 그래서 다른 학급에 비해 성적 평균이 제일 높았고 학부모들도 이 점을 좋아했다. 하지만 학생들은 선생님을 매우 무섭게 생각했다. 학생들은 선생님을 잘

가르치는 선생님이라고 인정했지만 다른 한편으로는 무서운 선생님, 두려운 선생님, 호랑이 선생님, 가까이 하기 싫은 선생님으로 여겼다. 물론 A교사도 자신을 학생들이 무섭게 여긴다는 것은 잘 알고 있었지만 학생들이 자신을 두려운 존재를 넘어 싫어하는 존재라고 생각하지 못했다. 교사가 학생들에게 까칠하게 대하는 것은 질서 세우기를 위한 어쩔 수 없는 선택이라고만 생각했다.

✎ 철학이 살아있는 수업? 〰️

　교육 철학이란 교육 현상의 본질적인 추구와 원리적 이해를 통해 문제의 해결 방향 모색과 목표설정을 위해 질문을 던지고 이에 대한 해답을 찾는 노력이다. 즉, 교육 활동에 대하여 '왜?'라는 질문을 던지고 그에 대한 답변을 고민하는 것이다. 교육철학은 가치 선택의 기준을 제공해 준다. 학생들이 문제 행동을 저질렀을 때 규칙에 따라 엄격하게 야단쳐야 하는가, 아니면 왜 문제 행동을 저질렀는지 학생 입장에서 이해하려고 노력해야 하는가 등은 교육 철학에 따라 다른 판단을 내릴 수 있다. 교육철학은 일관성 있고 장기적이며 종합적인 판단을 하기 위한 노력이다. 상황에 따라 다른 판단을 내린다면 교육의 방향을 잃어버리고 학생들도 혼란을 경험할 것이다.

　수업을 이해하려면 교사가 가지고 있는 교육 철학을 먼저 이해해야 한다. 교육 활동은 모든 지식을 가르치는 것이 아니라 의도된 가치에 따라 지식의 선택이 이루어지고 이에 따라 교육 활동을 통해 이루어진다. 그러므로 교육 활동을 구성하고 평가하는데 있어서 가장 기본적인 바탕이 바로 교육 철학이다. 교육 철학이란 구체적인 대상에 따라서 교육관, 수업관, 교사관, 학생관, 지식관, 개인적인 신념 등으로 나눌 수 있다.

- **교육관** : 교육이란 무엇인가?

- **수업관** : 수업이란 무엇인가?

- **교사관** : 교사는 어떤 존재이고 어떠한 역할을 해야 하는가?

- **학생관** : 학생은 어떤 존재이고 어떠한 관점으로 접근해야 하는가?

- **지식관** : 지식이란 무엇이고 지식을 얻기 위해서는 어떻게 접근해야 하는가?

- **개인적인 신념** : 교사가 가지고 있는 가치관과 신념은 무엇이고
　　　　　　　　수업 속에서 어떻게 드러나는가?

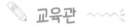 교육관 〰〰

교육관이란 교육의 목적과 교육 자체의 본질 이해와 관련이 있다.

"전인적 성장인가?" vs **"학력 신장인가?"** vs **"○○인가?"**

A교사가 학생들을 엄격하게 대하며 질서 세우기를 강조한 이유는 질서 자체가 궁극적인 가치라기보다 '학력 신장'을 중요한 가치로 생각하기 때문이다. 학력 신장을 위한 도구적인 가치가 질서 세우기이다. 그렇다면 학력 신장이 문제가 있는가? 성적을 올리는 것은 성적을 떨어뜨리는 것보다 가치가 있다. 다만 교사가 학력 신장을 최우선의 가치로 정할 때 나머지 가치들을 상대화시켜서 더 중요한 가치들을 놓칠 수 있다는 것이다.

교사마다 최우선 가치들은 다를 수 있다. 관계, 재미, 질서, 신뢰, 인정 등등.

다만 어떠한 가치를 1순위로 두느냐에 따라 교사의 교육 활동의 방향과 평가 기준이 달라질 수 있다.

"개별인가?" vs **"협동인가?"** vs **"경쟁인가?"**

학생과의 사회적 상호 작용과 관련하여 아무런 관련이 없는 개별 학습, 나의 성공이 너의 실패인 경쟁 학습, 나의 성공이 너의 성공인 협동 학습으로 나뉜다. A교사는 개별 학습을 주로 강조하면서 종종 경쟁 학습을 활용하였다. 어떠한 학습 구조를 기본 방향으로 결정하느냐에 따라 교실 분위기와 자리 배치, 학생 상호 간의 관계 규정이 이루어진다.

✏️ 수업관 〰〰〜

수업관은 수업의 본질을 어떠한 관점에서 이해하고 있는가의 문제이다.

"과학인가?" vs **"예술인가?"** vs **"기예인가?"**

현재 주류 교육학의 흐름은 과학적 관점에 서있다. A교사도 과학적 관점에서 수업을 운영하고 있다. 그런데 수업을 예술적 관점에 바라보면 전혀 다른 방식으로 접근할 수 있다. 발도로프 수업이나 다중지능 수업이 대표적인 접근이라고 할 수 있다.

그런데 수업은 과학Science과 예술Art의 융합된 방향으로 접근하는 것이 필요하다. 반 다이크는 수업을 '기예Craft/기술+예술'라고도 말한다. 어떤 수업은 수업 체크리스트로 볼 때 완벽한 수업이지만 막상 수업 참관해 보면 잘 짜인 퍼포먼스처럼 보여서 별 다른 감동을 느끼지 못할 수 있다. 그런데 어떤 수업은 수업 자체는 담백하고 얼핏 평범해 보이는데 감동과 여운을 주는 수업이 있다. 수업은 가르침과 배움으로 이루어지는데, 가르침이 있다고 꼭 배움이 일어나는 것이 아니고 가르침은 별로라고 보여 지지만 실제 배움이 극대화된 경우가 있다. 수업의 주체와 요소를 분석해 보면 교사, 학생, 지식, 관계이다. 각 요소가 살아있고 잘 융합되어야 좋은 수업이라고 할 수 있다.

✎ 교사관 ⌇⌇⌇

교사관은 교사의 역할을 어떻게 이해하는가의 문제이다.

"지식의 전달자인가?" vs "학습의 촉진자인가?"

A교사는 지식의 전달자 모델을 지향하고 있다. 그래서 교과 지식을 재구조화하여 반복과 연습의 과정을 통해 학생들이 지식을 잘 익히는데 초점을 두고 있다. 지식의 전달자 모델을 가지고 있는 교사는 자기가 일단 지식을 이해하고 잘 전달하여 학생들이 숙달할 수 있도록 노력을 기울인다. 하지만 학습의 촉진자 모델을 지향하는 교사는 학생 스스로 공부할 수 있도록 환경과 분위기를 조성하고 교사가 학생과 함께 연구하는 교학상장敎學相長의 태도를 지닌다.

"군대 조교인가?" vs "대리 부모인가?" vs "학원 강사인가?" vs "정원사인가?" vs "또래 친구인가?" vs "학습 코치인가?" vs "아니면......"

교사마다 자기가 생각하는 역할 모델과 은유가 있다. A교사는 '군대 조교' 같은 은유를 가지고 있다. 자기가 생각하는 역할 모델과 은유에 따라 교사가 학생들을 대하는 태도, 수업을 진행하는 방식 등이 달라진다.

✏️ 학생관 〰️

학생관이란 학생들을 어떠한 존재로 여기는가의 문제이다.

"통제의 대상(수동적 존재)인가?" vs **"학습의 주체(능동적 존재)인가?"**

교사가 학생을 미숙한 존재로 여기면 학생들을 통제의 대상으로 생각한다. 그래서 교사가 학생들의 생각과 행동을 규제하려고 한다. A교사도 학생들을 이러한 관점에서 이해한다고 볼 수 있다. 하지만 학생을 성숙한 존재로 여긴다면 학생 스스로 판단하고 행동하는 것을 강조한다. 그런데 학생은 성장하는 존재이다. 학생들에 따라 또래 학생에 비해 미숙하기도 하고 성숙하기도 하며 비록 현재는 미숙하지만 시간에 따라 성숙해져 가는 존재이다. 학생들을 어떠한 틀 안에 가두어 바라보기보다 있는 그대로 모습을 열린 자세로 바라보는 것이 필요할 것이다.

✏️ 지식관 〰️

지식관이란 지식의 본질을 어떻게 이해하는가의 문제이다.

"전통적 지식인가?" vs **"학생의 경험인가?"**
vs **"사회의 필요를 충족시키는 것인가?"**

객관론적인 인식론에 근거한 전통적인 지식관에서는 지식을 인류 역사 이래 쌓아온 연구 성과물과 경험들의 총합으로 이해한다. A교사도 이러한 관점에서 지식을 이해하고 있었기 때문에 지식을 정리한 교과서에 초점을 두고 수업을 진행하였다. 하지만 상대론적 인식론에 근거한 구성주의 지식관에서는 지식을 학생들의 경험과 흥미에 초점을 두고 이해한다. 지식을 절대적이 아니라 상대적인 관점에서 이해한다. 최근 등장한 역량 중심 지식관은 사회의 필요에 맞는 인재 양성에 초점을 맞춘다. 지식을 지식 자체로 이해하기 보다는 학생이 사회를 살아가는 데 필요한 지식을 스스로 활용할 수 있는 능력을 기르는 것을 강조한다. 교사가 어떠한 지식관을 가지고 있느냐에 따라서 교육과정 재구성의 폭이나 평가 방식이 달라진다.

✎ 개인적인 신념 〰〰〰∢

교사 자신의 개인적인 경험을 바탕으로 어떠한 믿음들이 생길 수 있다. 교사의 개인적인 신념에 따라서 교육 행동도 달라진다. 교사가 가지고 있는 개인적인 신념들은 합리적인 신념과 비합리적인 신념이 섞여 있는 경우가 많다. 대개 개인적인 신념은 교사 내면 안에 숨어있어서 잘 드러나지 않지만 갈등 상황이나 위기 상황에서 개인적인 신념이 노출되는 경우가 많다. 자칫 누군가 자신의 개인적인 신념을 비판하면 교사는 자기 자신의 존재를 부정한다고 느껴져서 감정적으로 반응을 보이는 경우가 많다. 자신의 개인적인 신념이 합리적인가 비합리적인가 끊임없이 자기 성찰의 과정을 통해 돌아보고 수정 보완할 필요가 있다.

A교사가 가지고 있는 개인적인 신념들은 다음과 같다.

"교사는 수업을 잘해야 한다."
"학기 초에 학생들을 꽉 잡으면 1년이 편하다."
"성적을 올리려면 훈육을 강조해야 한다."

교사가 수업을 잘해야 한다는 신념은 합리적인 신념이라고 볼 수 있겠지만 나머지 신념들은 좀 더 고민해야 할 필요가 있다.

✎ A교사의 수업 기술 분석 〰〰

A교사의 수업 기술을 분석하는 것은 상대적으로 쉽다. 수업 기술은 수업에서 잘 나타나는 모습이기 때문이다.

- **교수학습 방법** – 강의식 수업, 문답법, 암기, 숙제, 다양한 활동
- **학습 동기 유발 방법** – 칭찬, 칭찬 스티커
- **통제 방법** – 침묵신호, 엄격하게 야단치기

A교사가 자주 사용하고 있는 수업 기술들의 이유를 분석해보면 역으로 A교사의 교육 철학을 분석할 수 있다. A교사가 강의식 수업과 문답법, 암기, 과제 제시 등을 주로 사용하는 이유는 교사관의 지식의 전달자 모델과 지식관의 전통적인 지식관과 관련이 깊다. 특히 이러한 것들이 학력 신장을 추구하기 위한 수업 기술들이라는 것을 알 수 있다.

A교사가 주로 사용하고 있는 학습 동기 유발 방법과 통제 방법들은 주로 행동주의 심리학에 기반을 둔 일명 '채찍과 당근 전략'들이라는 것을 알 수 있다. 이것은 학생들을 통제의 대상으로 여기는 학생관과 관련이 깊다.

이처럼 수업 기술들은 매우 많고 다양한 기술들이 존재하지만 어떠한 맥락에서 특정 수업 기술을 선택하고 실천하는가는 결국 교사의 교육 철학과 관련이 있다.

그렇다면 교사로서 현재 자신의 교육철학을 정리한다면? 〰〰〰

교사는 자신의 행동 속에 숨어있는 교육 철학과 신념을 끊임없이 성찰할 수 있어야 한다. 좋은 교사는 반성적 실천가이다. 현재 교사로서 자신이 가지고 있는 교육 철학을 성찰하고 분석하는 것은 매우 의미 있는 일이다. 다음의 빈 칸을 채워가며 현재 내가 가지고 있는 교육 철학이 무엇인지 성찰해 보자.

내 교육 철학을 되돌아보기

● 자기 수업 기술 분석 ─────────────────────────

· 나는 교과서를 주로 어떻게 활용하는가?

· 내가 주로 사용하는 수업 방법과 그 이유는?

· 내가 주로 사용하는 학습 동기 유발하는 방법은?

· 내가 학생들을 주로 통제할 때 사용하는 방법은?

· 내 수업의 고민거리는?

● 교육관 ─────────────────────────────

· 교육이란 _____이다.

· 왜냐하면 _____이기 때문이다.

· 교직 생활 중 가장 보람차다고 느낀 경우와 그 이유는?

● 수업관 -

· 수업이란 _____이다.

· 왜냐하면 _____이기 때문이다.

· 수업 준비를 할 때 가장 고려하는 것은?

● 교사관 -

· 내가 생각하는 이상적인 교사상은 _____이다.

· 하지만 현실적으로 나는 주로 _____역할을 하고 있다.

· 왜냐하면 _____이기 때문이다.

● 학생관 -

· 학생이란 _____이다.

· 왜냐하면 _____이기 때문이다.

· 내가 좋아하는 학생 모습과 그 이유

· 내가 부담스러운 학생 모습과 그 이유

● 지식관 --

· 지식이란
전통적 지식 / 학생의 경험 / 사회의 필요에 부응하는 것 / 기타 (   )
라고 생각한다.

· 왜냐하면 _____이기 때문이다.

· 내가 담당하는 학년에서 가장 중요하게 가르쳐야 할 내용과 그 이유는?
(초등 교사)

· 내가 담당하는 교과목에서 가장 중요하다고 생각하는 것과 그 이유는?
(중등 교사)

● 개인적인 신념 --

· 내 수업 신념은 _____이다.

· 왜냐하면 _____이기 때문이다.

· 내 수업의 주안점은 _____이다.

· 왜냐하면 _____이기 때문이다.

도움을 받은 책들

* 김현섭 2016, "수업성장", 수업디자인연구소
* 김현섭 외 2012, "협동학습1", 한국협동학습센터

Lesson

02

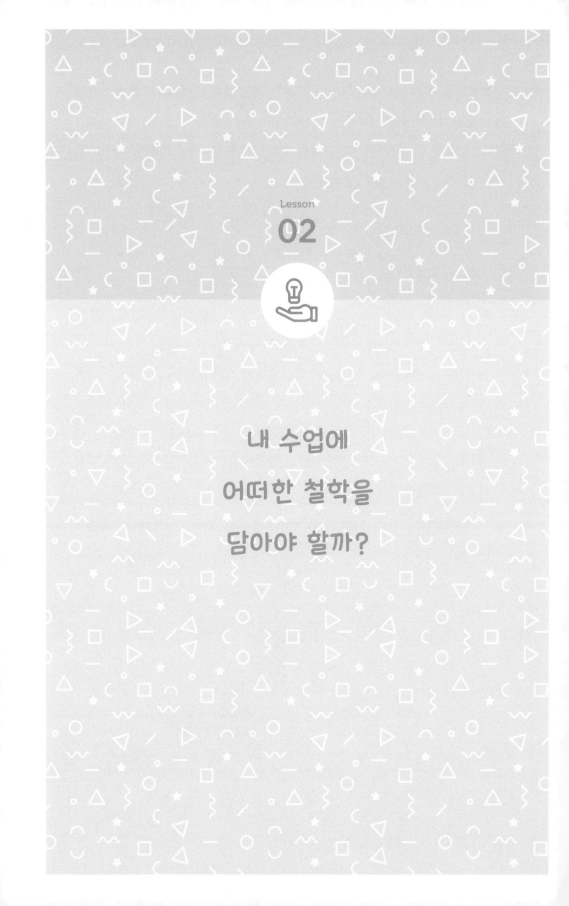

내 수업에
어떠한 철학을
담아야 할까?

수업 성찰의 과정을 통해 내 수업 속에 숨겨진 철학과 가치들을 분석해 보면 내 수업의 모습이 있는 그대로 드러나게 된다. 그렇다면 수업 성장을 위해 어떠한 철학을 담아야 할 것인가라는 질문이 생긴다. 여기에서는 인성 교육, 공동체 교육, 역량 교육을 중심으로 살펴보고자 한다.

✎ 인성人性교육 〰〰〰〱

인성 교육이란 일반적으로 개인의 내면을 바르고 건전하게 가꾸고 타인, 공동체, 자연과 더불어 살아가는데 필요한 인간다운 성품과 역량을 길러주는 교육을 말한다. 동양에서는 지知, 덕德, 체體의 균형 잡힌 발달을 지향하는 교육을 말하고 서양에서는 지知, 정情, 의意의 조화를 지향하는 교육을 의미한다. 인성 교육을 이해하려면 '인간'이 어떠한 존재인지에 대한 이해가 필요하다. 문화적 전통과 학자들에 따라 인간에 대한 이해가 약간 다르지만 인성人性 교육에 대하여 다음과 같이 5가지 영역으로 구분하고자 한다.

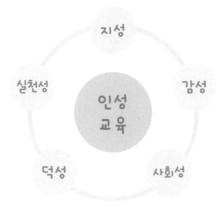

1. 지성 知性

지성이란 생각하는 힘을 말한다. 기존 인지 교육은 많은 지식을 전달하고 이를 암기하는데 초점을 두고 있다. 그에 비해 지성 교육은 적용, 분석, 종합, 비판 등 고차원적인 사고 능력을 가지고 기초적인 지식을 활용할 수 있는 역량을 기르는 것을 의미한다.

지성 교육은 어떤 사물에 대하여 '왜?'라는 질문을 스스로 던지고 그 답을 찾아갈 수 있도록 하는 것이다. 관련된 덕목은 지혜, 절제 등이고 관련 역량은 정보처리 능력, 문제 해결력, 상상력, 창의력 등이 있다.

2. 감성 感性

감성이란 어떤 대상에 대한 느낌과 인식의 결합 상태를 말한다. 감성은 어떤 대상으로부터 5가지 감각시각, 청각, 후각, 미각, 촉각을 통해 느껴지는 인식이다. 감성은 감정과 깊은 관련이 있지만 개념은 약간 다르다. 감정이란 어떤 대상에 대하여 일시적으로 느끼는 자연스러운 마음의 상태라면 감성은 어떤 대상에 대해서 느끼는 지속적인 인식 성향을 말한다. '기쁘다', '슬프다' 등이 감정이라면 '멋있다', '따뜻해 보인다.'는 감성이다. 즉, 감성이란 감정느낌에 대한 인식 성향을 말한다.

감성 교육은 자기나 다른 사람의 감정을 잘 알아차리고 자기감정을 소중히 여기는 만큼 다른 사람들의 감정을 소중히 여기고 배려할 수 있도록 해야 한다. 관련된 덕목은 감정 이입, 친절, 염치, 긍정 등이고, 관련 역량은 공감 능력, 심미적 감성 능력 등이 있다.

3. 사회성 社會性

사회성이란 다른 사람과의 관계를 적절하게 맺고 원만한 관계를 유지할 수 있는 것을 말한다. 다른 사람과의 원만한 관계를 유지하기 위해서는 자기중심 사고에서 벗어나 역지사지易地思之의 자세를 가져야 한다. 공동체에 대한 소속감과 애정을 가지고 참여하는 것도 사회성에 포함된다.

사회성 교육은 상대방 입장을 이해하고 상대방을 배려하는 마음만으로는 부족하다. 사회성 교육에서는 상대방을 배려하는 마음을 구체적으로 표현할 수 있는 대인 관계 기술사회적 기술이 뒷받침되어야 한다. 사회성 교육에서는 수업에서 경청하기, 칭찬하기, 공감하기, 격려하기, 갈등 해결하기 등을 강조한다. 관련 덕목은 배려, 예절, 효도, 협동 등이고 관련 역량은 소통 능력, 공감 능력, 대인관계 능력, 갈등 해결 능력 등이 있다.

4. 덕성 德性, 자기 정체성, 영성

덕성이란 인간 성품의 좋은 상태를 말한다. 성품이란 정신적·심리적 바탕인 '성질'과 사물의 좋고 나쁨의 정도인 '품격'의 합성어이다. 덕성이란 인간 됨됨이Being를 말한다. 덕성을 기르려면 자기 내면의 중심을 살피고 자기의 부족함을 찾아 채워야 한다. 덕성이 부족하면 삶의 만족도와 행복 지수도 떨어진다.

덕성은 자기 정체성과 밀접한 관련이 있다. 자기 정체성이란 자기의 본질을 깨닫는 성질을 말한다. 자기 정체성은 자존감과 밀접한 관련이 있다. 자존감은 자기가 자기를 존중하는 것을 말한다. 자존감은 자기를 소중한 존재로 여기는 자기 존중과 어떤 일을 도전할 때 잘 수행할 수 있으리라고 생각하는 낙관적인 기대감인 자기효능감으로 이루어져 있다.

또한 덕성은 인간 내면의 안정성과 관련이 있다. 덕성이 세워지면 개인의 내면을 바르고 건전하게 가꿀 수 있는 힘이 생긴다. 덕성을 가지면 주변 사람들의 시선과 상관없이 올바름을 유지할 수 있다.

덕성은 영성과도 관련이 깊다. 영성이란 초자연적 존재와의 관계를 통해 개인의 내적 세계와 전체 세계와의 관계를 깨닫게 되는 것이다. 이를 통해 자기 정체성을 깨닫게 되고, 내면의 안정성을 유지할 수 있게 한다.

덕성 교육은 자기 성찰 활동, 내면의 힘을 기르기 위한 활동, 피드백 활동 등을 강조한다. 자기의 생각, 감정, 가치관, 태도, 자세 등을 객관적으로 알아차리고 부족한 부분을 채울 수 있는 것을 강조한다. 관련 덕목은 성실, 자존감, 성찰, 존중, 절제 등이고, 관련 역량은 자기 성찰, 자기 관리 역량 등이다.

5. 실천성 實踐性, 신체성, 통합성

실천성이란 알고 있는 것, 옳다고 생각하는 것을 실천할 수 있는 것이다. 실천성이란 지행합일知行合一을 추구하며 신체성과도 관련이 있다. 신체성은 육체적 건강 이상의 의미를 가지고 있다. 육체적 건강은 정신적 건강이 연결되어 있고 머리로만 생각하는 것이 아니라 몸으로 실천할 수 있어야함을 의미한다. 서양 전통에서는 플라톤 이후 이론과 실천, 몸과 마음, 이성과 감정을 이원화하여 좋고 나쁨을 구분하는 경향이 있다. 반면 동양에서는 몸과 마음을 구분하지 않고 심신 수양을 강조하였다. 동양에서는 음양설처럼 사물을 둘로 구분하여 대립적인 관계로 이해하지 않고 하나로 이해하여 조화를 추구하였다.

실천성을 지향하는 교육에서는 생활 중심 교육과정, 노작 교육, 프로젝트 수업, 문제 중심 수업, 사회 참여수업, 사회봉사 활동 등을 강조한다. 관련 덕목은 정의,

조화 등이고 관련 역량은 문제 해결 능력, 실행 능력, 창의적 능력 등이다.

교사는 학생을 단순히 '미숙한 존재'나 '완전한 존재'로 이해하지 않고 발달 심리학적 관점에서 '성장하는 존재'로 인식해야 한다. 학생들은 각 발달 단계마다 다른 발달과업을 가진다. 각 연령대 특성에 맞게 수업을 디자인해야 학생들의 배움과 성장을 잘 이끌어낼 수 있을 것이다.

✎ 공동체 교육 〰️

공동체 교육을 이해하려면 먼저 관계의 의미를 잘 이해해야 한다. 수업은 기본적으로 관계 안에서 이루어진다. 수업에서의 관계는 교사와 학생, 학생과 학생 사이의 관계만 존재하는 것이 아니라 지식을 중심으로도 관계가 이루어진다. 지식을 중심으로 교사의 가르침과 학생의 배움이 일어난다. 수업의 요소를 간단하게 도식화하면 다음과 같다.

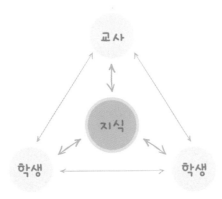

1. 교사와 학생과의 관계

관계는 '교사-학생', '학생-학생', '교사-지식-학생'으로 구분할 수 있다. 먼저 교사와 학생과의 관계에 대하여 살펴보자. 관계라는 단어는 추상적이고 광범위한 개념이다. 관계와 관련한 개념을 세부적으로 분석해 보면 사회적 상호작용, 친밀성, 신뢰성 등으로 나누어볼 수 있다. 세 가지 개념은 얼핏 비슷한 것 같아 보이지만 실제 수업에는 분명 다른 개념이다.

사회적 상호작용이란 '교사와 학생이 언어, 기호, 몸짓 등과 같은 상징체계를 사용하여 서로의 생각과 행동을 주고받는 것'을 말한다. 즉, 교사와 학생과의 사이에서 언어와 행동이 양적인 측면에서 교류하는 방식이다. 교사가 일방적으로 지식을 전달하고 있는지, 학생의 반응과 적극적인 참여가 있는지, 교사와 학생과의 대화가 얼마나 활발하고 깊이 있는 이루어지고 있는지의 문제이다.

친밀성은 '교사와 학생이 친한 관계를 유지하는 것'이다. 즉, 교사와 학생과의 감정적 호감과 정서적 교류이다. 친밀성은 서로가 대하는 눈빛이나 분위기, 억양, 유머 수준 등으로 쉽게 알 수 있다. 친밀성이 높으면 수업 시간에 교사나 학생이 실수를 해도 너그러이 받아주고 교실 분위기가 밝고 긍정적이다. 반대로 친밀성이 낮으면 사회적 상호작용이 일어나도 정서적으로 따뜻한 분위기를 찾아보기 힘들다. 교사가 학생을 사무적으로 대하거나 학생도 교사에게 별 기대가 없다.

신뢰성은 '교사는 학생을 사랑하고 존중하는 마음을 가지고 대하고 학생은 교사의 권위를 인정하고 순종하는 것'을 말한다. 신뢰성은 기본적으로 사랑과 존중, 권위에 대한 인정이 깔려있다. 신뢰성 안에는 질서가 살아있다. 신뢰적인 관계에서는 서로가 함부로 대하지 않고 서로 존중하며 의지한다. 친밀성이 높으면 신뢰성이 높을 가능성이 높지만 그렇다고 둘의 관계가 필요충분조건 관계는 아니다. 교사와 학생과의 관계가 친하다고 해서 학생들이 교사의 지시에 잘 따르는 것은 아니다. 이 세 가지 개념을 구분할 수 있어야 수업 속의 관계를 잘 이해할 수 있다.

2. 학생과 학생 사이의 관계

수업에서 학생과 학생 사이의 관계성을 잘 정리한 것이 학습 구조론이다. 사회심리학자 도이취는 인간 사이의 상호작용을 개별, 경쟁, 협동의 3가지 방식으로 나누어 연구했다. '나는 나대로, 너는 너대로' 방식인 개별적인 구조와 '나의 성공이 너의 실패' 방식인 경쟁적인 구조, '나의 성공이 너의 성공' 방식인 협동적인 구조로 나누고 과업 성취에 어느 것이 효과적인가에 대하여 연구했더니 협동적인 구조가 가장 좋은 결과를 얻었다. 이러한 도이취의 사회심리학 연구 성과를 교육학에 적용한 사람이 존슨이다. 존슨은 학생과 학생 사이의 상호작용방식을 학습 구조라고 규정하고 세 가지 학습 구조 중 학습 효과를 측정했더니 협동학습 구조가 가장 효과적이었다는 것을 규명하였다.

개별 학습은 학생 개개인 특성에 맞게 접근하기 때문에 가장 이상적인 접근이라고 할 수 있겠지만 교사 입장에서는 현실적으로 많은 학생들을 개별적인 지도하기 힘든 상황이고 학생 입장에서는 처음에는 흥미 유발에 좋지만 시간이 갈수록 흥미 유발이 떨어진다. 개별학습에서는 학생 수준에 맞추어 접근하기 때문에 처음에는 배움에 대한 몰입이 잘 이루어지지만 시간이 지날수록 분위기가 익숙해지고 다른 학생에 비해 열심히 과정을 이수해도 다음 단계가 기다리고 있기 때문에 한계가 있다.

경쟁학습은 수업에 대한 역동성을 올리고 경쟁에 이기기 위해 열심히 참여할 수 있도록 도와준다. 하지만 경쟁이 치열해지면 동료 학생과의 관계가 깨지고 학습

구분	개별학습 구조	경쟁학습 구조	협동학습 구조
특징	학생의 수준에 따라 개별적으로 가르침	개인이나 집단 간의 경쟁을 통해 가르침	개인이나 집단 간의 협동을 통해 가르침
수업 방법	·수준별 수업 ·열린 교육 수업	·퀴즈식 수업 ·상대 평가 활용 수업	·협동학습 ·모둠 프로젝트 수업
장점	·학생의 흥미 유발 ·학습의 개인차 인정 ·학생의 개성과 다양성 존중	·수업을 활기차게 함 ·학습 효과 증대 ·수업의 긴장도 유지	·학생 간 긍정적 상호 의존 및 사회적 기술 발달 ·학생의 흥미 유발 ·학습의 효율성 증대
문제점	·교사들의 교수 부담 ·적절한 학습 환경이 필요	·학습의 부익부 빈익빈 현상 ·학습 수준이 낮은 학생들에 대한 배려 미흡	·학생들이 내용을 잘못 이해할 가능성이 있음 ·내성적인 학생들을 수업에 참여시키기 어려움
실패하기 쉬운 조건	·타인과의 대화나 상호작용이 많을 때 ·학습 자료가 부족할 때	·규칙이 공평하지 못할 때 ·과제가 복잡하고 어려울 때	·책임이 분명치 않을 때 ·학생들이 서로 도우려 하지 않을 때
교사의 역할	정원사	심판관	매니저

경험 자체가 좋아서 공부하는 것이 아니라 경쟁에서 실패하기 싫어서 열심히 하기 때문에 과정보다는 결과에만 집착하기 쉽다. 그리고 실패에 대한 두려움과 불안감

으로 공부하기 때문에 학습 흥미 유발에 한계가 있다. 특히 경쟁학습에서는 학습 성취도가 높은 학생들을 위주로 진행되기 쉽기 때문에 상대적으로 학업 성취도가 낮은 학생에 대한 배려는 부족하다. 그래서 경쟁에서 뒤처지고 노력해도 더 이상 성적이 오르지 않으면 학생들은 좌절감을 경험하게 되고 이러한 경험이 쌓이게 되면 학습 무기력 현상이 나타나게 된다.

협동학습은 경쟁 학습과 반대되는 접근이다. 협동의 과정을 통해 배움의 기쁨을 누릴 수 있고 집단 지성을 통해 새로운 지식을 창출할 수 있다. 흥미 유발과 학업 성취 향상이라는 두 마리 토끼를 잡을 수 있고 남을 배려하는 사회적 기술을 자연스럽게 습득할 수 있다.

그러나 교실에서 협동학습 구조를 만드는 것이 그리 쉽지 않다. 왜냐하면 교사들이 경쟁 학습 속에서 성장했기 때문에 협동학습이 익숙하지 않고 학생들도 협동학습의 경험이 부족하기 때문에 실천과정에서 여러 가지 미숙함을 드러내기 때문이다. 그래서 많은 교사들이 교실에서 협동학습을 시도하지만 현실적인 한계들 앞에서 포기하는 경우가 많다. 하지만 학생 상호 간에 승-승Win-Win방식으로 접근하는 것이 진정한 배움을 이끌어낼 수 있다.

3. 교사와 지식과 학생과의 관계

수업에서는 지식을 중심으로 교사와 학생의 사회적 상호작용이 이루어진다. 이를 파커 파머는 크게 객관론적인 인식론 모델과 진리의 학습공동체 모델로 설명한다. 객관론적인 인식론 모델에서는 교사가 대상화된 지식을 이해하고 학생들에게 객관적인 지식을 전달하려고 한다. 여기에서는 교사는 적극적으로 객관적인 지식을 가르치려고 하고 학생들은 수동적인 배우는 자세를 가지게 된다.

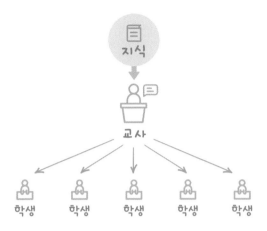

그에 비해 진리의 학습공동체 모델은 지식을 대상화하지 않고 살아있는 지식으로 이해하면서 지식을 중심으로 교사와 학생이 함께 배우는 것을 말한다. 이를 동양적 언어로 표현한다면 유가에서 말하는 교학상장敎學相長의 자세, 도가에서 말하는 물아일체物我一體의 상태를 말한다.

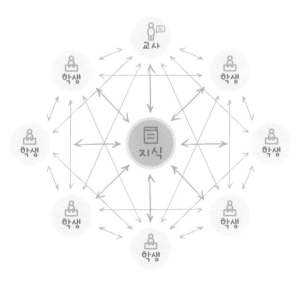

진리의 학습공동체 모델에서는 교사는 학생들을 통제의 대상으로 여기지 않고 학습의 주체로 인정하면서 함께 질문과 토의 과정을 통해 지식을 함께 배우고 창출해 나간다. 교사와 학생과의 상호 작용뿐만 아니라 학생과 학생 사이의 상호 작용도 활발하게 일어나고 그 중심에 지식이 자리 잡고 있다. 진리의 학습공동체 모델에서는 공동체적인 앎을 강조한다.

역량 교육

일반적으로 역량이란 과제나 역할을 수행하는 데 필요한 능력을 말한다. 역량이란 인지 측면이나 기술을 넘어서 인간의 총체적인 능력을 말한다. 역량은 총체적인 능력을 적절하게 활용하고 특정 맥락에 맞게 수행할 수 있는 학습 가능성을 포함한다. 쉽게 말해 역량은 지식을 활용할 수 있는 능력, 인생을 살아갈 수 있는 힘을 말한다.

OECD에서 제시한 미래 사회를 위한 핵심 역량은 다음과 같다.

1. 상호작용적 도구의 활용
   - 기술을 상호작용적으로 활용하는 능력
   - 지식과 정보를 상호작용적으로 활용하는 능력
   - 언어, 상징, 텍스트를 상호작용적으로 활용하는 능력

2. 이질집단에서의 상호작용
   - 팀으로 일하고 협동하는 능력
   - 갈등을 관리하고 해결하는 능력
   - 다른 사람과 관계를 잘 맺는 능력

3. 자율적인 행동

- 넓은 시각에서 행동하는 능력
- 권리, 관심, 한계와 요구를 옹호하고 주장하는 능력
- 인생 계획과 개인적 과제를 설정하고 실행하는 능력

2015 개정 교육과정에서 제시하고 있는 핵심 역량은 자기 관리 역량, 지식정보 처리 역량, 창의적 사고 역량, 심미적 감성 역량, 의사소통 역량, 공동체 역량이다.

핵심 역량 요소	개념
자기 관리 역량	자아정체성과 자신감을 가지고 자신의 삶과 진로에 필요한 기초 능력과 자질을 갖추어 자기 주도적으로 살아갈 수 있는 능력
지식 정보 처리 역량	문제를 합리적으로 해결하기 위해 다양한 영역의 지식과 정보를 처리하고 활용할 수 있는 능력
창의적 사고 역량	폭넓은 기초 지식을 바탕으로 다양한 분야의 지식, 기술, 경험을 융합적으로 활용하여 새로운 것을 창출하는 능력
심미적 감성 역량	인간에 대한 공감적 이해와 문화적 감수성을 바탕으로 삶의 의미와 가치를 발견하고 향유하는 능력
의사소통 역량	다양한 상황에서 자신의 생각과 감정을 효과적으로 표현하고, 다른 사람의 의견을 경청하고 존중하는 능력
공동체 역량	지역·국가·세계 공동체의 구성원에게 요구되는 가치와 태도를 가지고 공동체 발전에 적극적으로 참여하는 능력

필자는 여러 가지 역량들 중에서도 핵심 역량으로 자율 역량, 공동체 역량, 창의적 사고 역량, 감성 역량 등을 강조하고 싶다.

이러한 핵심 역량을 기르기 위해서는 자율성에 기반한 학생들의 자기 주도적 학습 능력이 뒷받침되어야 한다. 자기 주도성은 학생 스스로 과제를 수행하는 것

이상의 의미가 있다. 학생에게 목적을 부과하는 것보다 학생 스스로 목적을 설정하고 주체가 될 때 그 목적이 달성될 확률이 높은 것처럼 학생에게 스스로 학습에 대한 주도성을 갖도록 하는 것이다.

학생은 교사의 가르침을 수동적으로 받아들이는 소극적인 배움 상태에서 지식을 자기의 것으로 소화하는 익힘 상태로 나가야 하며 외부의 자극이 없어도 스스로 공부할 수 있는 깨침의 단계로 성장해야 한다.

도움을 받은 책들

- 김현섭 2016, "수업성장", 수업디자인연구소
- 정창우 2015, "인성 교육의 이해와 실천", 교육과학사
- 파커 파머 2013, "가르칠 수 있는 용기", 한문화
- 서울대 교육학과 BK21 역량 기반 교육혁신 연구사업단 외 2010, "역량 기반 교육", 교육과학사
- 김동일 편저 2015, "교육의 미래를 디자인하다" 학지사
- 성진아 외 2016, "개인과 공동체의 삶을 풍요롭게 하는 사회성-감성교육", 좋은교사
- 이계능 2016, "기독교 인성교육", 좋은교사

많은 사람들이

수업 기술을

경시하는 이유?

✎ 왜 많은 사람들이 수업 기술을 경시할까? ∼∼∼く

"저경력 교사들이 주로 하는 수업 고민이다."

교사들은 수업에 대한 준비를 하지 않으면 수업 진행이 되지 않는다. 특히 새내기 교사들은 이론적 지식은 있으나 실천적 경험이 부족하기 때문에 사소한 문제도 어떻게 해결해야 할지 모른다. 새내기 교사들에게 가장 필요한 부분은 교육과정무엇보다 수업 기술어떻게인 경우가 많다. 일단 수업은 어떻게 시작하고 자리 배치는 어떻게 해야 하며 평가는 어떻게 풀어가야 할지 등등 산적한 과제들이 쌓여있다. 하지만 어느 정도 교직 경력이 쌓이면 시행착오를 통해 생긴 경험을 바탕으로 자신만의 노하우나 수업 기술이 생겨난다. 그래서 고경력 교사들이나 유능한 교사들은 수업 기술보다는 교육과정 재구성이나 교육 철학적 문제에 집중하는 경향이 있다. 교육 철학적 바탕 위에서 체계적으로 수업 기술을 배우지 않고 개인의 경험에 따라 자연스럽게 축적된 수업 기술들은 비합리적 신념에 따라 운영되거나 잘못된 수업 기술로 인하여 학생들의 배움을 오히려 방해하는 경우가 있다. 최근 필자는 교직 10년차 중학교 국어과 교사를 수업 코칭했다. 수업을 하다가 문제 행동을 하는 학생이 있으면 그 학생을 전체 학생 앞에서 고양이 인형을 학생 어깨에 올려놓는 이상한 행동을 통해 망신을 주는 것을 보았다. 체벌이 금지되자 그 대안으로 문제 학생을 전체 학생 앞에서 창피함을 느끼도록 한 행동이었다. 고경력 교사라도 자신의 수업 기술이 잘 형성되었는지 성찰할 수 있는 기회가 필요하다.

"기술은 철학에 비해 저급하다."

어떤 사람들은 수업 컨설팅을 하면서 교육 철학이 중요하다고 강조하면서 수업자가 교육 철학이 살아 있는 구체적인 수업 기술에 대하여 물어보면 스스로 수업 기술을 찾아보라고 권면한다. 유명한 유럽 수업 혁신가 프레네는 교육 철학만큼 수업 기술도 중요하다고 주장하였다. 그 이유는 프레네 자신이 초등학교 교사 출신으로서 실제 학교에서 신교육운동을 전개하면서 깨달은 바가 있기 때문이다. 교육 철학은 수업 시간에 교사의 언어로 표현되는 것이 아니라 교사가 수업에서 구현하는 수업 기술을 통해 나타난다. 특히 동양 사회에서는 사농공상士農工商이라는 유교적 사고방식에 익숙하다. 교육학의 역사를 살펴보아도 교육 내용학무엇에 비해 교과 교수법어떻게 연구는 미진한 편이다. 그렇다고 기술이 철학보다 우선된다는 주장을 하는 것은 아니다. 교육 철학만큼 수업 기술도 동일하게 중요하다는 것이다.

"수업 기술은 타고 나는 것이다."

얼핏 수업 기술은 타고나는 것처럼 보이기도 한다. 어떤 교사들은 다양한 수업 기술을 잘 활용하지만 어떤 교사들은 노력을 기울여도 수업 기술을 잘 활용하지 못하는 것처럼 느껴지기 때문이다. 무엇보다 수업 기술은 선천적인 것으로 이해하면 교사가 수업 기술을 후천적으로 배울 이유가 사라지게 된다. 태어날 때부터 유능한 교사가 운명적으로 결정되는 것은 아니다. 꾸준한 노력과 시행착오를 통해 수업 기술을 배우고 실천하면서 높은 단계에 이르는 것이다.

"수업 기술은 시간이 지나면 자연스럽게 생기는 것이다."

이 명제가 진실이라면 저경력 교사보다 고경력 교사들이 수업 기술을 잘 구사한다고 보아야 한다. 하지만 현실적으로 그러한가? 일부 고경력 교사들의 수업을 참관해 보면 저경력 교사들에 비해 단조롭게 수업을 진행하는 경우가 있다. 물론 교직 경험이 쌓일수록 수업 기술도 자연스럽게 익숙해질 수 있지만 학생들은 각자마다 다른 특성을 가지고 있기에 특정한 수업 기술로 해결할 수 없는 부분이 있다.

매해 학생들의 특성이 다르기 때문에 학생들의 학습 수준에 따라 활용하는 수업 기술도 달라질 수밖에 없다.

"수업 기술은 개인적인 문제다."

수업 기술을 교사의 개인적인 문제로만 생각한다면 다른 교사들이 어떤 교사의 수업 기술에 대하여 피드백하기 힘들 것이다. 교사의 교수 유형에 따라 교사 개인이 선호하는 수업 기술이 다르기는 하지만 그렇다고 보편적인 수업 기술이 존재하지 않는 것은 아니다. 어떤 수업 문제를 해결하는 데 있어서 다양한 수업 기술이 존재할 수 있겠지만 그렇다고 개인의 특성과 경험에 따라 상대적인 해결책만 존재하는 것은 아니다. 교사들의 집단 지성을 활용한 수업 나눔 활동이나 공동 수업디자인 모임을 통하여 수업 문제를 공동으로 해결해 나갈 수 있다. 예컨대, 수준별 학습 능력이 다른 학생들을 지도하기 위해서는 교사 개인의 수업 기술뿐만 아니라 학교 차원에서의 교육과정 재구성, 교육청 차원에서의 제도적, 재정적 지원이 뒷받침되어야 한다.

"교사의 철학이 살아있으면 그에 맞는 수업 기술이 자동적으로 나타난다."

교사의 교육 철학은 어떤 계기를 통해 깨달음을 얻어 바꿀 수 있다. 하지만 수업 기술은 경험을 통해 자연스럽게 체득되기 때문에 교사의 교육 철학이 한순간 바뀌었다고 수업 기술까지 저절로 바뀌어지는 것은 결코 아니다. 예컨대, 오랫동안 일제 학습에 익숙한 인문계 교사가 특성화 고교로 전근을 가서 근무한다고 할 때 교사가 특성화 고교 학생들의 특성과 학습 수준에 맞추어 수업을 해야겠다고 생각을 바꾸었다고 해서 그에 맞는 수업 기술을 수업 시간에 자연스럽게 구현하는 것은 아니다. 철학과 기술 사이에는 간극이 존재한다. 이것은 아는 것과 실천하는 것의 간극이다.

✎ 수업 기술은 가치중립적이다? 〰〰ᵕ

수업 기술은 가치중립적일까? 아니면 가치 지향적일까? 대부분의 교사들은 수업 기술은 가치중립적인 기능이나 기술로 이해한다. 과연 그러할까? 흔히 사용되고 있는 강의식 수업 방법 속에 숨어있는 전제들을 분석해 보자.

> · 교사는 지식을 가지고 있다. (교사관)
>
> · 지식은 객관적인 인식론에 근거하여 고정 불변한 성격을 가지고 있다. (지식관)
>
> · 학생은 지식을 가지고 있지 않다. 마치 백지장과 같다. (학생관)
>
> · 교사는 언어를 통해 지식을 전달할 수 있다. (인식론)
>
> · 학생은 경청을 통해 지식을 습득할 수 있다. (인식론)

구성주의 입장에서는 이러한 숨어있는 전제들을 있는 그대로 인정하기 힘들 것이다.

브루스 조이스와 마샤 웨일은 다양한 수업 모형들을 다음의 네 가지 유형으로 구분한다.

- **정보 처리 모형(인지심리학)** : 탐구 수업, 선행 조직자 모형 등
- **개인적 모형(정의적 발달심리학, 인격주의 심리학)** : 비지시적 교수법, 창의적 문제 해결법 등
- **사회적 모형(사회 심리학)** : 역할 놀이, 협동학습 등
- **행동주의 모형(행동주의 심리학)** : 직접 교수법, 완전 학습 등

모든 수업 모형 속에는 이를 뒷받침하는 전제가 들어있고 각 전제는 특정 심리학 담론과 철학적 전제들이 뒷받침하고 있다.

✎ 철학이 살아있는 수업 기술 〰⟨

최근 경기도교육청(2016)에서는 정책적으로 '교육과정-수업-평가(기록) 일체화'를 강조하고 있다. '교육과정-수업-평가 일체화'를 다음과 같이 정의하고 있다.

> · 교사가 재구성한 교육과정을 기반으로 배움 중심의 철학과 가치를 반영한 학생중심의 수업과 과정 중심의 평가를 통해 학생의 전인적 성장을 돕는 일련의 과정
> · 국가수준의 교육과정(성취기준)을 재구성하여 수업에 적용하고 이에 근거한 평가를 실시하는 것
> · 교사가 교육에 대한 진지한 성찰과 사유에 입각하여 교육과정에 대한 이해를 구체화하는 수업을 디자인하며, 배운 내용을 가장 적절하게 평가할 수 있는 방안을 구안하는 것

교육과정과 수업이 일치되지 않으면 교육과정·성취기준에 대한 검토 없이 교과서 중심의 진도 나가기 수업을 실시하는 경우가 생긴다. 수업과 평가가 일치하지 않으면 수업의 내용과 무관한 일제식 평가로 흐를 수 있다. 교육과정과 수업이 일치되어도 평가가 일치되지 않으면 교육과정 재구성에 따른 수업을 실시하였으나 이와 평가 방식이 연계되지 않은 상태가 된다. 교육과정, 수업, 평가가 일치되어도 이에 맞는 기록이 이루어지지 않으면 교육과정 운영 과정에서 학생이 보인 학습 성과나 특성과 무관하게 학생부나 성적통지표에 학생 평가를 서술하는 경우가 생긴다.

수업을 잘 이해하려면 4차원 질문으로 접근해야 한다. 수업 속에 드러나는 '무엇'교육과정과 '어떻게'수업기술 뿐 아니라 잘 보이지 않는 영역인 '누가'존재론과 관계론와 '왜'교육철학 문제까지 다루어야 한다.

누가 (존재론/관계론)

- 학생 존재 이해 (학습수준과 특성, 의지, 발달 단계, 관심사 등)
- 교사 존재 이해 (교사의 내면, 성장 과정, 경험, 교수 유형 등)
- 교사와 학생과의 관계성 등

왜 (교육 철학)

- 교육관
- 교사관
- 지식관
- 수업관
- 학생관
- 개인적인 신념 등

무엇 (교육과정)

- 지식에 대한 이해
- 교육과정 재구성 문제 등

어떻게 (수업 기술)

- 교수학습방법
- 학습 동기 유발 방법
- 발문법
- 학생 통제 방법 등

여기에서 말하고 있는 '철학이 살아있는 수업 기술'은 기본적으로 '존재론관계론-교육철학-교육과정-수업-평가의 일체화'를 전제로 한다. 그중에서도 특히 교육철학과 수업 기술의 일치를 지향한다. 각 교육 철학에 따라 강조하는 구체적인 수업 기술들을 살펴보면 다음과 같다.

인성 교육	• 질문 수업, 감성 수업, 학생 참여 수업 등 • 발달, 성장, 과정 중심 평가
공동체 교육	• 협동/협력학습, 사회적 기술 등 • 학습공동체 지향
역량 교육	• 자기 주도적 학습 및 학습코칭 • 프로젝트 수업, PBL 수업, ICT 수업 등

인성 교육

교사가 인성 교육의 가치를 지향한다면 지성 교육을 지식 전달 위주로 수업을 풀어가지 않고 질문과 토의 과정을 통해 학생들이 스스로 생각할 수 있는 힘을 기르는데 초점을 둘 것이다. 그리고 감성과 공감을 소중히 여길 것이고 학생들과의 소통을 강조하는 수업을 할 것이다. 학생들이 다른 사람들을 배려하는 사회적 기술을 강조하는 수업을 진행하면서도 자기 내면을 되돌아 볼 수 있는 기회를 자주 가지려고 노력할 것이다. 아는 것에 그치지 않고 삶 속에 실천하는 교육을 위해 끊임없이 노력할 것이다. 교사 중심의 수업직접적 교수전략보다 학생 참여 수업참여적 교수전략, 단조로운 접근일제학습보다 학생의 다양성에 맞는 다양한 참여 활동협동학습, 다중지능이론 수업 등을 지향할 것이다.

학생들을 성장하는 존재로 여긴다면 행동주의적 접근이나 구성주의적 접근에서 벗어나 총체적으로 학생을 이해하려고 노력할 것이다. 현재의 학생 모습을 고정적인 전부로 이해하지 않고 발전 가능성을 가진 존재로서 인정하고 학생이 성장할 수 있는 다양한 기회를 제공할 수 있도록 노력할 것이다. 발달과 성장의 입장에서 평가 또한 접근할 것이다. 즉, 객관식 평가보다 서술형 평가, 수행 평가 등을 강조할 것이다.

공동체 교육

교사가 학습공동체내에서 관계를 제대로 이해한다면 학생들을 대할 때 단순한 사회적 상호 작용을 넘어 학생들과의 친밀성을 공유하려고 노력하며 신뢰적 관계에 이를 수 있도록 힘을 기울일 것이다. 부정적인 상호의존성을 강조하는 경쟁 학습에서 긍정적인 상호의존성을 강조하는 협동학습으로, 교사 중심 수업에서 학생 중심수업으로 학습 구조를 전환시키려고 노력할 것이다. 또한 교사와 지식과 학생과의 관계에 있어서 객관론적 인식론 모델에서 벗어나 진리의 학습공동체 모델로 바꾸기 위해 수업 접근 방식과 대화 방식 자체를 근본적으로 바꾸려고 노력할 것이다. 공동체 교육과 관련한 수업 접근으로 협동학습, 협력학습, 사회적 기술, 사회 참여 프로젝트 수업 등이 있다.

역량 교육

교사가 역량 교육을 추구하면 역량을 중심으로 교육과정을 재구성할 수 있어야 한다. 학생들의 역량을 기르기 위해서는 강의식 수업 방법만으로는 부족하다. 예컨대, 도구를 상호작용적으로 활용하기를 신장하려면 프로젝트 수업, 발표 수업, 실험과 실습 등을 활용하는 것이 좋을 것이다. 이질 집단에서 상호 작용을 위해서는 협동학습, 사회적 기술 훈련, 공감 수업 등이 좋을 것이다. 자율적인 행동을 위해서는 문제 해결PBL 수업, 프로젝트 수업, 토의 토론 수업 등이 좋을 것이다.

학생들의 자기 주도적 학습이 가능하게 하려면 먼저 교사가 학생들에게 왜 공부해야 하는지 학습 동기를 부여해야 한다. 학습 동기 유발 방식도 외재적 동기 유발 전략보다 내재적 동기 유발 전략을 활용하는 것이 좋다. 메타 인지 능력을 향상시키고 효과적으로 공부하는 방법을 배워서 활용할 수 있도록 해야 한다. 학습 목표를 설정하고 과목별, 기능별 특성에 맞는 학습 전략을 세워서 실행하고 이를 피드백하여 원래 목표에 도달할 수 있도록 하는 것이다.

또한 핵심 역량과 관련한 수업 방법들을 정리하면 다음과 같다.

| 자율 역량 | · 자기주도적 학습 및 코칭
· 문제 해결(PBL)수업 등 |

| 공동체 역량 | · 협동/협력학습
· 사회적 기술 등 |

| 창의적 사고 역량 | · 질문 수업
· 프로젝트 수업, ICT 수업 등 |

| 감성 역량 | · 감성 수업
· 놀이 수업 및 욕구 코칭 등 |

교육 철학은 최종적으로 수업 기술로 구현된다. 철학이 없는 수업 기술은 혼란하고, 수업 기술이 뒷받침되지 않은 철학은 공허하다.

도움을 받은 책들

* 김현섭 2016, "수업성장", 수업디자인연구소
* 반 다이크, 김성수 역 2003, "가르침은 예술이다", IVP
* 이형빈 2015, "교육과정-수업-평가, 어떻게 혁신할 것인가?", 맘에 드림
* 한형식 2010, "수업 기술의 법칙", 즐거운학교
* 브루스 조이스 외, 박인우 외 역 2005, "교수모형(7판)", 아카데미프레스

학기 초 첫 수업,
어떻게 할까?

설렘과 두려움, 긴장과 기대 등 다양한 감정이 교차되는 첫 수업 시간.

학생들은 첫 시간 어떤 선생님과 1년 동안 수업을 할 것인가에 대하여 궁금해한다. 교사도 어떤 학생들과 만날 것인가 기대한다. 그런데 많은 교사들은 첫 수업 시간을 어떻게 시작해야 할지 걱정이 앞선다. 고경력 교사들에게도 고민스러운 부분이다. 특히 학생들에게 보여 지는 교사의 첫 인상과 이미지가 앞으로 펼쳐질 1년 동안 많은 영향력을 주기에 더욱 중요하다.

✎ 첫 수업 시간을 망치는 방법 〰

첫 시간에 교사의 자기 '이름만' 소개하고 바로 진도 나가기

많은 교사들이 이렇게 첫 수업을 여는 경우가 많다. 자기 이름 정도만 알려 주고 바로 교과서 첫 단원부터 수업을 진행하는 것이다. 학생들 입장에서는 '그냥 수업을 하는구나.' 하고 별 기대 없이 수업에 임하기 쉽다. 기본 틀을 만들지 않고 진도만 나가면 3월 수업에서는 큰 문제가 되지 않겠지만 4월 이후 수업에서는 여러 가지 문제가 생길 가능성이 높다.

수업과 상관없는 이야기를 '장황하게' 늘어놓기

첫 시간부터 진도 나가기 애매한 경우, 교사가 나름대로의 자기 교육 철학을 이야기하거나 수업과 상관없는 경험을 장황하게 이야기하는 것이다. 첫 시간이라서 교사의 이야기에 대하여 학생들이 집중하여 경청하기는 하지만 이것은 그리 좋은 방법이 아닐 수 있다. 교사의 이야기가 학생들에게 공명이 일어나지 못하면 학생 입장에서는 지루하게 느껴질 수 있다. 이러한 이야기는 학생들의 학습 흥미를 유발하는 것이 아니라 오히려 반감시킬 수 있다.

엄격하게 '군기(?)' 잡기

'학기 초에 꽉 잡아야 일 년이 편하다'라고 믿는 교사들이 쉽게 취하는 행동이다. 첫 시간 엄격한 분위기를 잡고 수업을 하려고 한다. 만약 일부 학생들이 실수를 하거나 문제 행동을 보이면 의도적으로 심하게 야단치는 것이다. 일종의 기 싸움에서 학생들에게 밀리지 않으려고 교사가 의도적으로 강하게 나가는 것이다. 이 경우, 질서 세우기는 어느 정도 성공할 수 있겠지만 관계성과 형평성이 문제가 될 수 있다. 특히 재수(?)없게 걸린 학생이 희생양이 될 수 있다는 점에서 문제가 생길 수 있다.

'무표정한' 태도로 학생을 대하기

무표정하게 학생들을 대하게 되면 학생들 입장에서는 교사가 학생들에게 별로 관심이 없는 것으로 여긴다. 교사가 학생들을 사무적으로 대하면 학생들도 교사를 지식을 전달하고 행동을 통제하려는 사람으로 여긴다. 교사의 내면 상태는 표정과 태도로 그대로 드러나게 된다.

✎ 1학기 첫 수업 시간에 놓치지 말아야 할 8가지 내용 〜〜〜〜

1. 특별하게 자기 소개하기

교사가 자기 이름만 소개하는 것은 큰 의미가 없다. 그렇다고 가족 자랑 등 수업과 상관없는 사적인 내용을 장황하게 늘어놓는 것은 더 의미가 없다. 교사의 교육철학과 가치 등을 이야기하거나 교사에게 기억 남는 사건이나 장면을 담은 사진을 보여주면서 재미있게 소개하면 좋다. 어렸을 때 사진, 내가 닮고 싶은 사람, 내가 사랑하는 것, 교직 생활에서의 좋은 추억 등이 담긴 사진을 보여주면서 사진에 얽힌 이야기를 풀어가는 것이다. 또한 하얀 거짓말 찾기 등도 좋은 소개 방법 중의 하나이다. 이러한 활동을 통해 교사의 삶을 좀 더 재미있게 소개할 수 있을 것이다.

2. 교과에 대한 학습 동기 유발하기

"선생님, 수학을 왜 배워요?"

"수학을 모르면 대학 진학하기 힘들어"

"전 대학에 관심이 없는데요."

교사가 자기 교과 과목을 왜 배워야 하는지 학생들에게 동기 부여하는 것은 매우 중요하다. 교사는 자기 담당 과목을 학생들이 왜 배워야 하는지 설명해야 할 일종의 의무가 있다. 교사는 자기 담당 과목이 좋아 그것을 전공하여 담당 교사가 되었겠지만 학생들은 전혀 그렇지 않을 수 있다. 즉, 수학을 좋아하기 때문에 교사는 수학 교사가 되었겠지만 수학을 못하거나 싫어하는 학생들은 수학 공부의 필요성을 충분히 가지고 있지 않을 수 있다. 그러므로 교사는 학생들에게 힘들어도 수학 공부를 해야 하는 이유를 충분히 납득할 수 있도록 설명해 줄 수 있어야 한다. 그런데 학생들에게 설득력 있게 동기 부여하기 위해서는 단순히 실용적 측면에서만 접근해서는 한계가 있다. 학생들의 가슴을 설레게 할 수 있는 가치를 이야기할 수 있어야 한다. 이를 위해서는 교사가 먼저 자기 교과에 대한 이해와 사랑이 있어야만 가능하다. 교과의 필요성에 대하여 학생들 입장에서 다가갈 수 있도록 진지하게 고민해야만 한다. 수학 공부의 동기 부여를 하려는 경우 수학적, 논리적 사고력 신장만 강조할 것이 아니라 만물 속에 숨겨진 수학의 원리와 실제 사례 등 그 과목이 추구하는 궁극적 가치를 학생들이 이해하기 쉽게 감성적으로 풀어낼 수 있어야 한다. 만약 감성적으로 풀기 힘들다면 학생들에게 질문을 던져서 학생들 마음속에 질문을 남길 수 있도록 노력해야 한다. 학생들이 마음속에 좋은 질문을 남기면 교사가 없어도 학생들이 수업 시간에 열심히 해당 과목을 공부할 수 있도록 만들어 준다.

3. 과목에 대한 전반적인 교육과정에 대하여 개괄적으로 안내하기

1학기 내지 1년 동안 해당 과목에서 무엇을 배우는지 전반적인 교육과정에 대하여 개괄적으로 소개하는 것이다. '유의미한 학습'에서는 수업에서 먼저 배워야 할 내용을 개괄적으로 소개하면 학습 효과가 더 뛰어나다는 것을 강조한다. 마치 컴퓨터에 자료 저장 시 폴더를 미리 생성하여 자료를 체계적으로 넣을 수 있도록 미리 준비하는 것처럼 수업에서도 1학기 내지 1년 동안 배울 내용에 대하여 학생들 머리 안에 폴더를 미리 만들 수 있도록 하는 것이다. 이를 위해 교사가 수업 계획서를 미리 작성하여 학생들에게 첫 시간에 배부하면 좋다. 교사가 일방적으로 전달하기 부담스럽다면 교과서 차례 부분을 중심으로 학생들이 직접 마인드 맵 방식으로 전체 내용을 정리할 수 있도록 시도하는 것도 좋은 방법이 될 수 있다.

4. 교수학습활동과 수행 평가 계획 안내하기

내용적 지식교육과정에 대한 소개가 이루어졌다면 과정적 지식교수학습방법도 소개하는 것이 좋다. 설명식 강의법, 프로젝트 수업, 협동학습, 독서, 토의 토론, 실습 등 주로 수업 시간에 사용할 수업 방식에 대하여 미리 알려주고 나서 이에 맞는 지필 평가와 수행 평가 방식을 이야기하는 것이다. 대개 내용적인 지식은 지필평가, 과정적인 지식은 수행 평가와 관련이 있다. 지필 평가에서 객관식 문항과 논·서술형 평가의 비중과 특징을 설명하고, 수행 평가에서 다양한 평가 방식과 특징 등을 세부적으로 소개하는 것이다. 대개 학기 초 수행 평가 항목과 비율만 소개하고 구체적인 수행 평가 기준과 방식을 소개하지 않는 경우가 많다. 나중에 세부적인 수행 평가 방안을 확정하여 실시하면 다른 교과목 수행 평가 기간과 겹쳐서 학생들의 학습 부담만 가중시킬 수 있다. 평가의 목적은 단순한 테스트Test를 넘어 피드백Feedback을 할 수 있는 것이어야 한다. 그러므로 첫 시간 세부적으로 평가 계획을 소개하는 것은 매우 중요한 일이다. 수행 평가의 경우, 각 수행 평가 방식에 따른 수행평가 루브릭Rublic, 평가기준표을 세부적으로 소개하면 좋다. 수업 활동과 수업 평가가 분리되면 학생들의 학습 동기 부여를 하는데 한계가 있다. 인문계 고교에서 학생 참여식 수업을 기획한다면 각 수업 방법에 따른 세부적인 평가 계획을 제시하는 것이 필요하다. 수업과 평가가 분리되면 학습 동기 부여에 있어서 현실적인 한계가 있다.

5. 관계 세우기

수업에서는 관계와 질서의 조화가 중요하다. 그런데 관계와 질서 중 우선 순위를 정한다면 관계 세우기를 먼저 해야 한다. 관계란 '사회적 상호작용'과 '친밀성'을 넘어 '신뢰성' 단계까지 나갈 수 있어야 한다. 상담자와 내담자 사이에 라포Rapport가 필요하듯이 수업에서도 교사와 학생 사이의 라포를 형성할 수 있어야 한다. 친밀성을 세우기 위한 방법에는 학급 세우기 활동과 모둠 세우기 활동 등이 있다. 우리 학급이라는 공동체 의식을 심는 활동이 학급 세우기 활동이고, 우리 모둠이라는 공동체 의식을 심는 활동이 모둠 세우기 활동이다.

첫 수업에 들어가면 교사 입장에서 유난히 눈에 띠는 학생들이 있다. 대개 모범생이거나 문제 학생 등이다. 이 중에서 교사가 문제 가능성이 있는 학생들과 친밀한 관계를 형성할 수 있도록 의도적인 노력을 기울여야 한다. 예컨대, 먼저 인사하고 웃는 표정으로 대화를 건네고 제일 먼저 그 학생 이름을 외워서 부르는 등의 노력을 기울일 수 있다. 문제 가능성이 있는 학생이 수업의 방해자가 되기 전에 먼저 교사가 그 학생들과 친밀한 관계를 맺어야 한다. 친밀한 관계 세우기를 통해 궁극적으로 깊은 신뢰 관계로 나갈 수 있는 단계로 나아갈 수 있어야 한다. 평상시 교사가 해당 학생의 감정 계좌에 많이 저축을 해야 나중에 문제가 생겨도 원만하게 해결할 수 있는 기회가 생긴다. 관계 형성이 어느 정도 이루어지면 문제가 생겨서 교사가 해당 학생을 야단을 치더라도 자기 문제 행동을 규칙과 관련하여 이해하는데 도움이 된다. 하지만 관계 형성이 잘 이루어지지 않은 상태에서 문제가 발생하여 야단을 치면 해당 학생은 자기 잘못이 아니라 교사가 자기를 싫어한다고 잘못 오해할 수 있다. 만약 첫 시간 가장 문제가 있을 것처럼 보이는 학생이 있다면 교사가 먼저 그 학생에게 다가가 교과 담당 도우미 학생 등으로 삼는 것도 좋다. 이를 통해 그 학생과 친밀한 개인적인 관계를 잘 맺을 수 있는 기회를 가질 수 있기 때문이다.

6. 수업 규칙 세우기

관계 세우기가 어느 정도 이루어졌으면 이를 토대로 질서 세우기를 추진해야 한다. 수업 규칙 세우기는 수업의 질서를 지키기 위한 가장 기본적인 활동이다. 어떤 교사는 수업 규칙을 말하지 않고 상황에 따라 규칙을 꺼내드는 경우가 있다. 이 경우, 학생들 입장에서는 수업 규칙을 잘 모르기 때문에 교사가 싫어하는 행동을 별다른 생각 없이 할 수 있다. 교사가 훈육의 일관성을 놓쳐서 나중에 학생들이 불만을 드러낼 수 있다. 어떤 교사들은 수업 규칙을 일방적으로 말로만 제시하거나 두루뭉술하게 넘어가는 경우가 있다. 수업 규칙을 제정한 교사는 수업 규칙을 중요하게 생각할 수 있겠지만 학생 입장에서는 충분히 동의하지 않은 수업 규칙에 대하여 자발적으로 따르기 쉽지 않을 수 있다. 학생들은 수동적인 태도로 마지못해 교사의 수업 규칙에 따라가기 쉽다. 그러므로 교사가 수업 규칙을 일방적으로 정하여 그 이유를 설명하는 것보다 질문을 통해 학생들이 수업 규칙을 생각해보고 토의 토론 과정을 통해 합의하여 수업 규칙을 함께 만들어가는 것이 좋다. 수업 규칙 세우기 과정을 통해 학생들은 질서의 중요성을 깨닫고 수업 규칙을 이해하고 지켜야 할 동기를 자연스럽게 가질 수 있다.

7. 교과에 맞는 공부하는 방법과 수행 평가 요령 등을 구체적으로 가르치기

학생들이 공부하는 방법을 알면 학생들이 자기 주도적인 학습을 하는 데 큰 도움이 된다. 프로젝트 수업을 한다면 프로젝트 수업 진행 과정에 대한 소개와 함께 포트폴리오 및 보고서 작성법을 구체적으로 소개하는 것이다. 특히 선배들이 했던 수행 평가물이 있다면 그것을 제시하여 구체적인 학습 방법을 익힐 수 있도록 하는 것이 좋다. 프레젠테이션의 경우도 세부 발표 요령, 파워포인트 등 프레젠테이션 작성 및 디자인 방법, 주의 사항 등을 세부적으로 가르쳐주는 것이다. 노트 정리시 코넬 노트를 활용한다면 코넬 노트 작성법을 소개하고 실제로 코넬 노트 방법으로 직접 활동하고 이에 대하여 피드백 하는 것이다. 학생들이 공부하는 방법을 알아야 스스로 공부할 수 있는 힘을 가질 수 있다. 학생들이 공부하는 방법을 잘 알고 이에 따른 교사의 피드백이 잘 이루어지면 학생들의 학업 성취도 향상에 큰 도움이 될 것이다.

8. 모둠 구성 및 모둠 세우기 활동

협동학습을 수업시간에 적극적으로 활용하는 경우, 모둠을 구성하고 모둠 세우기 활동을 하면 좋다. 모둠 구성을 어떻게 하느냐에 따라 모둠 활동에 큰 영향을 미치기 때문에 학습 주제와 진행 방식에 따라 다양한 방식으로 모둠 구성을 하면 좋다. 모둠 구성은 동질 집단보다는 이질 집단, 6인 모둠보다는 4인 모둠으로 구성하는 것이 좋다. 그리고 모둠 세우기Team-Building 활동을 통해 모둠의 정체성과 모둠원간의 친밀성, 모둠 공동체의식을 심어주어야 한다.

위에서 제시한 8가지를 다했다면 이제 교과서 진도를 나가도 좋다. 물론 위에서 제시한 8가지를 첫 시간 1시간에 모두 담을 수 없다. 그렇다면 그 이후 몇 시간에 걸쳐 수업 시간에 다룰 수 있다.

한 가지 잊지 말아야 할 것이 있다. 첫 시간에 만날 학생들이 작년에 담당했던 학생들보다 배움의 상태와 의지가 좋지 않을 가능성이 높다는 것이다. 만약 작년 학생들보다 상태(?)가 좋다면 감사한 마음으로 수업에 임할 수 있을 것이고 그렇지 않다면 마음의 단단한 각오를 가지고 학생들을 있는 그대로 받아들이는 것이다. 학생들의 배움 상태가 좋지 않더라도 교사로서 그 학생들을 있는 그대로 이해하고 사랑하겠다는 의지를 가지고 첫 수업의 문을 열어야 한다. 사랑은 이성과 감정 뿐 아니라 의지도 포함된 개념이다.

 ## 2학기 첫 수업 시작하기 ～～⌒

1. 수업 전에 아이들 사진을 보며 얼굴과 이름을 다시 확인하고 개학 환영 인사하기

여름 방학을 보내다 보면 교사 입장에서는 학생 이름과 얼굴도 잘 기억나지 않을 수 있다. 개학 당일 학생 이름을 잘 기억하지 못하거나 잘못 부르면 학생들에게 마음의 상처를 줄 수 있다. 사진 명렬표를 보면서 학생들 얼굴을 떠올려 보고 각 학생들에게 필요한 것이 무엇일까 고민해 보는 것도 좋을 것이다. 밝은 표정으로 학생들을 만나 진심으로 환영하는 인사말을 미리 준비해 가면 좋다.

학급 담임을 담당하는 학생들이라면 개학 전날 개학을 환영하는 내용을 학생들에게 간단 문자나 카톡을 날려 보낼 수 있다. 만약 아이들에 대한 애정이 새롭게 일어난다면 간단한 개학 선물이나 간단 편지를 준비해볼 수도 있을 것이다.

2. 방학 동안 있었던 인상 깊었던 이야기를 돌아가며 말하기

교사가 먼저 자기 방학 동안의 삶에 대하여 이야기하면 좋다. 그러고 나서 학생들의 삶을 나누면 좋다. 방학 동안의 삶에 대하여 이야기할 때, 꼭 인상 깊었던 이야기가 아니더라도 평범한 일상생활도 나누어도 좋다. 학생 숫자가 많거나 시간적 여유가 없을 때는 희망하는 일부 학생들의 이야기를 중심으로 풀어갈 수 있겠지만, 학생 숫자가 적거나 시간적 여유가 있다면 전체 학생들이 하나의 원 형태로 앉아서 서클 대화 방식으로 이야기하면 더욱 좋다.

3. 수업 규칙이나 생활 규칙을 새롭게 정비하기

1학기 동안 운영했던 수업 규칙이나 생활 규칙이 잘 운영되지 못했다면 다시 질문을 통해 수업 규칙이나 생활 규칙들을 새롭게 정비하면 좋을 것이다. 1학기에 교사가 수업 규칙이나 생활 규칙을 일방적으로 제시했다면 질문을 통해 다시 새롭게 교실 규칙과 약속들을 만들어가는 것도 좋다. 특히 1학기 수업이나 학급 생활에서 잘 지켜지지 않아 힘들었던 사례가 있었다면 그 사례를 염두 해 보고 그에 맞는 질문들을 미리 만들어 보는 것이다. '수업 시간에 잠자는 학생들이 별로 줄어들지 않는데, 어떻게 하면 좋을까?', '지난 1학기 수행 평가 과제물을 제대로 완성하지 못한 학생들이 많았는데, 어떻게 하면 좋을까?' 등의 질문을 통해 다시 한 번 규칙을 정비해 볼 수 있을 것이다.

4. 새로운 수업 도전 과제를 제시하기

대부분의 교사들이 방학 때마나 다양한 연수에 참여하고 도전을 받는다. 히지만 막상 개학하고 나면 정신없이 학교생활에 적응하느라 연수 내용 중 적용할만한 것들을 놓치는 일이 생긴다. 연수 내용 중 좋은 것이 있으면 개학하자마자 적용하는 것이 좋다. 만약 하브루타 연수를 받았다면 하브루타 모형을 자기 수업 스타일에 맞게 적용해보는 것이다. 만약 토론 연수에 참여했다면 다양한 토의 토론 활동을 시도해 보는 것이다. 아무리 내가 좋은 연수를 받고 감동을 받았어도 실천하지 않으면 자기 것으로 될 수 없다는 것을 잊지 말아야 한다. 새로운 수업 방식을 도입하려는 경우, 학생들에게 그 취지에 대하여 교사가 설득력 있게 이야기하는 것이 좋다.

또한 1학기 수업 평가회 내용을 토대로 2학기 수업에서 수정 보완할 부분이 있다면 이를 학생들에게 이야기하면서 세부적인 개선 방안에 대하여 이야기하는 것이 좋다. 예컨대, 수업 시간 관리에 대한 학생들의 요구가 있다면 정확한 시간에 맞추어 수업을 시작하고 수업 마침 종이 울리면 바로 수업을 마무리하도록 하고 잘 이루어지지 않는 경우, 손으로 T자 형태의 수신호를 보내도록 약속할 수 있다. 학습 활동이 부족했다면 2학기에서 협동학습이나 프로젝트 수업 등을 도입해 보는 것이다. 모둠 활동이 잘 이루어지지 않았다면 모둠 세우기 활동이나 사회적 기술 활동 내지 1학기 때와는 다른 방식으로 모둠을 새롭게 구성해 보는 것이다. 진도가 다소 느렸다면 교과서 내용 요약지 활용 등 이에 대한 대안을 마련해 보는 것이다. 교사가 직접 대안을 제시할 수도 있겠지만 2학기 첫 수업 때 1학기 수업 평가 결과를 알려주고 문제점에 대한 해결방안을 학생들에게 모색해보는 시간을 가지는 것도 좋을 것이다. 그래야 학생들이 1학기 평가회 내용이 2학기 수업에 반영된다는 것을 알게 되면 교사에 대한 신뢰도와 수업 만족도가 더욱 높아질 수 있는 계기가 될 수 있을 것이다.

교사가 자기 수업 성장을 위한 도전 과제를 스스로 만들어 보는 것도 좋다. 예컨대, 수업 일기를 새롭게 도전해보거나 수업 시간에 존재감이 적은 학생들을 1명 이상 참여하도록 시도하기, 학생 학습 활동 내용을 관찰하고 기록해보기, 수업 시간보다 3분 일찍 교실에 먼저 들어가기, 내 수업 동영상을 촬영해 스스로 바라보기, 교사학습공동체 활동에 참여하기 등을 해볼 수 있을 것이다.

5. 2학기 수업 내용을 마인드 맵으로 구성해 보기

2학기 수업 내용을 개괄적으로 이해하는 시간을 가지면 좋다. 교사가 마인드맵으로 먼저 정리하여 설명할 수도 있겠지만 학생들이 2학기 전체 단원 차례나 전체 내용에 대한 훑어 읽기를 통해서 정리해볼 수 있다. 만약 학생들이 부담스럽게 느낀다면 학습 주제만 제시하고 학생들이 자유스럽게 발산적 사고에 근거하여 브레인스토밍 기법으로 마인드맵을 직접 그려보게 해주어도 좋다. 이를 통해 2학기 수업 내용에 대한 기대감을 심어줄 수 있을 것이다.

6. 교사가 2학기 수업 내용에 대한 핵심 질문을 제시하거나
   학생들이 단원별로 질문 만들어 보기

교사가 2학기 첫 단원에 대한 흥미 유발을 할 수 있는 출발 질문을 던지면서 시작하면 좋다. 혹은 학생들이 단원별로 훑어 읽기를 하고 나서 궁금한 내용에 대하여 브레인스토밍 방식으로 질문을 만들어 보는 것도 좋다. 2학기 학습 주제에 대한 학습 동기 유발을 좀 더 구체적으로 할 수 있을 것이다.

7. 2학기 전반적인 평가 계획과 수행 평가에 대하여 구체적으로 제시하기

2학기 전체 평가 계획을 다시 한 번 공지하고, 세부적인 수행 평가 내용과 요령을 제시하는 것이 필요하다. 특히 1학기 수행 평가를 진행하면서 수정 보완할 부분이 있다면 이를 반영하여 제시하년 좋다.

'시작이 반이다'라는 격언은 수업에서도 통한다. 첫 수업의 인상이 이후 수업에 끼치는 영향이 크므로 교사가 좀 더 고민할 필요가 있다. 지금까지의 경험과 기술보다는 진정성과 사랑을 가지고 학생을 대하는 것이 가장 중요하다.

도움을 받은 책들

* 김현섭 2016, **"수업성장"**, 수업디자인연구소
* 김현섭 외 2012, **"협동학습1"**, 한국협동학습센터

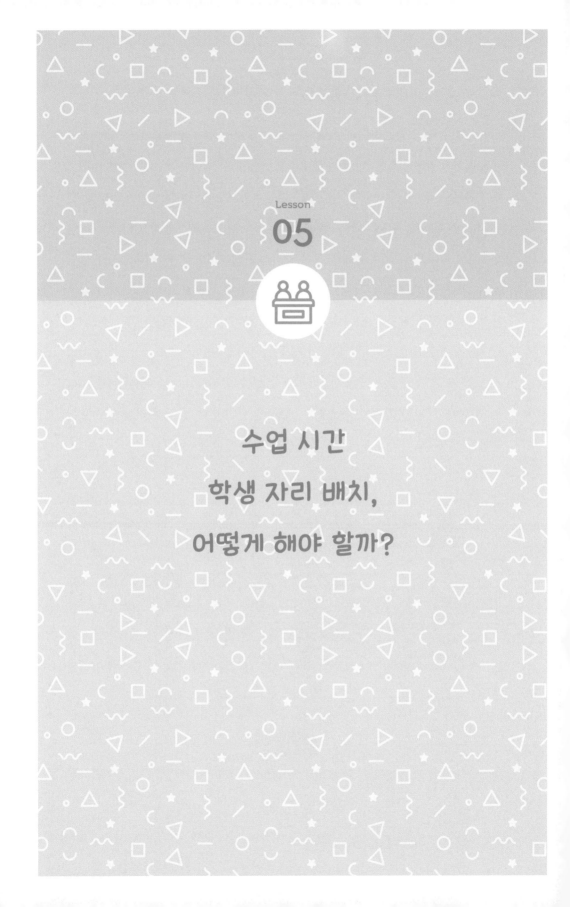

수업 시간
학생 자리 배치,
어떻게 해야 할까?

✎ 학생 자리 배치는 어떻게? 〰〰〰✎

　학기 초 수업을 준비하면서 고민하는 것이 학생들의 자리 배치이다. 대개 학급 담임 교사가 키(신장) 순서나 출석 번호순으로 앉도록 한다. 이 두 가지 방법은 학기 초에 임시로 자리를 앉도록 할 때는 가장 간단하면서도 무난한 방법이라고 할 수 있다. 하지만 이와 같은 자리 배치 방식은 여러 가지 문제점도 노출하고 있다. 신장을 기준으로 하는 경우, 키가 큰 학생들은 앞자리를 희망해도 쉽게 그 자리를 앉기 힘들 수 있다. 출석 번호 순서대로 앉는 경우, 무작위 방식으로 자리 배치가 이루어지다보니 교우 관계, 학습 수준, 신장 등 다양한 변수를 고려하기 힘들 수 있다. 희망하는 대로 자리를 배치하면 일단 처음에는 학생들이 좋아할 수 있겠지만 자리 위치에 따라 학습 분위기가 다르게 배치될 수 있다. 공부를 잘하는 학생들은 앞자리를 선호하고, 공부를 못하는 학생들은 뒷자리를 선호할 수 있다. 이러한 경우 모둠 구성 시 협동학습처럼 이질적인 모둠 구성이 쉽지 않을 수 있다.

초등학교의 경우는 담임교사가 학급경영 및 생활지도와 교과 수업을 동시에 하고 둘 중에서도 학급 경영이 더 큰 부분을 차지하고 있기 때문에 자리 배치도 이러한 측면에서 중점을 두고 앉도록 하면 된다.

하지만 중·고등학교의 경우 학급 담임 교사와 교과 담당 교사가 다르기 때문에 자리 배치에 있어서 문제가 될 수 있다. 대개 학급 담임 교사가 지정한 자리대로 교과 담당 교사도 그대로 자리를 인정하여 운영하는 경우가 많다. 그런데 학급 담임 교사마다 철학에 대한 기준이 다르기 때문에 자리 배치가 다양하게 이루어진다. 그런데 학급 담임 교사가 배치한 형태가 교과 담당 교사의 수업에 잘 맞지 않는 경우가 있다. 이때는 해당 교과의 수업 특성에 맞게 자리를 재배치하는 것이 좋다.

일반적으로 두 줄을 묶어 일제 학습 구조로 자리 배치를 한다. 하지만 어떤 경우는 한 줄 씩 일렬로 배치하는 개별 학습 구조 형태나 시험 대형으로 자리 배치되는 경우가 있다. 어떤 경우에는 'U'(ㄷ)자 형태로 자리 배치하기도 한다. 심지어 어떤 경우는 학급 전체 학생들을 하나의 모둠 형태로 자리를 배치한 경우도 있다.

자리 배치는 학생들 간의 사회적 상호작용과 친밀한 관계를 형성하는데 큰 영향을 미친다. 그래서 학생들은 자리 배치에 민감한 반응을 보인다. 자리 배치 방식에 따라 학습 효과도 다르게 나타난다. 예컨대, 설명식 강의 수업을 하는데 모둠 배치형으로 자리 배치되어 있으면 산만해져서 강의에 집중하기 쉽지 않을 것이다.

수업 모형에 따라 자리 배치 형태가 달라질 수 있다. 자리 배치는 학습 구조와 관련이 깊다. 학습 구조란 '교사와 학생, 학생과 학생 사이의 사회적 상호 작용 방식'이다. 여기에서는 여러 학습구조에 따른 다양한 자리 배치 형태를 살펴보고 각기 장·단점을 분석해 보고자 한다.

다양한 자리 배치 방식과 그 특징

시험 대형 (개별학습)

시험 대형은 개별 학습에 적합한 자리 배치 형태이다. 학생 간의 상호 작용을 최소화한 형태의 자리이며 교사가 학생들에게 설명하는 일제 학습 구조에 적합하다. 전체 학생들이 교사에게만 집중하기 좋은 형태이다. 또한 시험 대형이나 시험 기간 자율학습을 할 때도 적합한 구조이다. 하지만 평상시 자리 배치를 이렇게 하는 경우 학생들의 친밀성이 낮아질 가능성이 높다. 시험을 보거나 개별 학습에는 좋지만 협동학습 등 활동 중심 수업을 하기에는 불편한 배치이다.

분단 중심 대형 (일제 학습)

가장 일반적인 자리 배치로써 일제 학습에 적합한 형태이다. 교사가 학생들에게 설명하기 좋은 구조이고 짝끼리 상호 작용도 용이한 편이며 기본적으로 교실 정면에 위치한 교사나 칠판을 보기 좋은 배치이다. 그러나 모둠 활동하기에는 불편한 자리 배치이고, 학생들이 전체 학생들의 얼굴을 바라보기 힘든 구조이다. 설명식 강의법이나 짝 토의에는 좋지만 다양한 협동학습이나 프로젝트 수업을 하기에는 불편한 자리 배치이다.

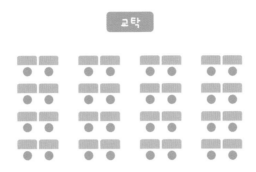

'U(ㄷ)'자 대형 (전체 토의형)

'U(ㄷ)'자 대형은 전체 학생들이 서로의 얼굴을 바라보며 전체 토의하기 좋은 자리 배치이다. 'U'자 대형은 교사가 설명하기에 좋고, 전체 학생들끼리 토의할 때도 좋다. 교사가 중간 공간을 활용하여 개별 학생들을 일대일로 지도하는 것도 가능하다. 하지만 교실이 비좁고 다인수 학급인 경우는 'U'자 대형의 장점을 살리기 힘들다. 다인수 학급의 경우 어쩔 수 없이 막힌 'U'자 대형이 되기 쉬운데, 이는 오히려 기존 분단 중심 대형보다 단점이 더 많아진다. 또한 세로줄에 앉아 있는 학생들이 교사를 바라보려면 자리를 비틀어야 하는 불편함이 있다.

U(ㄷ)자 일제학습 대형

U자 일제 학습 대형은 U자형의 변형 대형이다. U자 형과 분단 중심(일제학습) 대형을 결합한 자리 배치 유형이다. 교탁 앞쪽 부분은 여백 공간을 만들어 놓은 대형이다. 기본적으로는 일제 학습에 적절한 자리 배치여서 강의하기에 적절한 자리 배치이지만 전체 토의하기에 적합한 U자형 대형으로 쉽게 전환할 수 있다. 학급당 인원수가 적거나 교실 공간이 여유가 있을 때 활용 가능한 자리 배치이다.

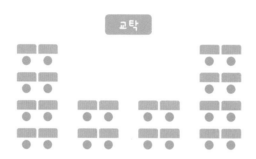

찬반 대형 (경쟁학습)

학급 전체 구성원들이 찬반 논쟁 수업을 할 때 유리한 자리 배치이다. 예컨대, 어떤 토론 주제에 대하여 찬성 진영과 반대 진영을 구분하고 서로 마주 보고 자리를 앉도록 하는 것이다. 경쟁학습에 적합한 구조이다. 서로 마주 보고 토론할 수 있는 자리이기 때문에 토론 수업에는 좋지만 강의식 수업이나 협동학습에서는 이 대형

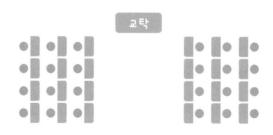

을 활용하기 힘들다. 대개 일상적인 자리 배치라기보다는 전체 토론 수업의 경우에만 이와 같이 변형하여 수업을 하는 경우가 많다.

모둠 대형 (협동학습)

모둠 중심으로 자리를 배치한 경우이다. 협동학습이나 모둠 수업에서 많이 활용한다. 모둠 대형도 일반형, 말발굽형, 'V'자형 등이 있다. 일반형의 경우, 둘씩 서로 마주 보는 형태로 자리 배치가 이루어지는데, 모둠 활동하기는 좋지만 교사 방향에 등지고 앉아 있는 학생들의 경우, 교사를 바라보기 힘든 단점이 있다. 이를 보완하기 위해 개발한 형태가 말발굽형이다. 말발굽형은 1열 두 명은 마주 보지만 2열 두 명은 나란히 앉도록 한 것이다. 말발굽형은 강의식 수업도 어느 정도 가능하고 일반형에 비해 자리 변경이 비교적 간단하기에 협동학습 시 일반형에 비해 많이 활용되는 자리 배치이다.

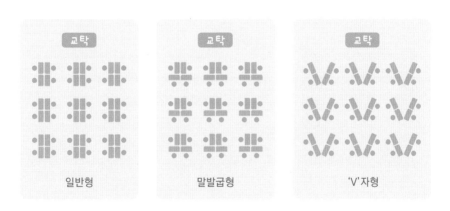

| 일반형 | 말발굽형 | 'V'자형 |

'V'자형은 마주 보는 일반형은 변형한 형태로 'V'자 형태로 자리 배치한 것이다. 'V'자형은 일제 학습과 협동학습을 동시에 적용하기 쉽지만 상대적으로 공간을 많이 차지할 수 있다. 대개 교과교실을 사용할 때 'V'자 형태가 가능한 조합형 책상을 사용할 때 활용할 수 있는 자리 배치이다.

각 형태마다 장단점이 있으므로 고려하여 결정하면 좋다. 모둠 대형은 교사의 일제 학습에서는 상대적으로 불리한 자리 배치이다. 교사가 일제 학습으로 주로 수업을 하는데, 학생들 자리를 모둠 대형으로 배치한다면 오히려 역효과가 생기기 쉽다. 모둠 대형 자리 배치에서는 교사의 설명이 학생들에게 잘 전달되기 힘들다.

덴마크 대형 (복합형)

덴마크 학교의 경우, 'ㄷ'자 대형과 분단 중심 대형의 결합한 갈비뼈 모양 형태로 수업을 진행한다. 'ㄷ'자 대형의 교실 중앙의 빈 공간에 분담 중심 대형을 넣은 형태이다. 다인수 학급에서도 활용하기 좋고 전체 학생들이 토의하기 쉬우며 구석에 있는 학생들이 교사에게 집중하는 것도 수월하다. 또한 모둠 대형으로 변형하기가 상대적으로 쉽다. 우리나라에서는 상대적으로 낯설게 느껴지는 자리 배치이다 보니 이러한 자리 배치를 활용하는 경우가 드물다.

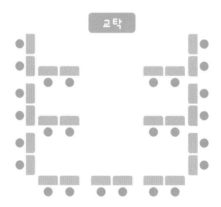

다분할형(복합형)

일제 학습과 협동학습을 복합적으로 활용할 수 있도록 이원화한 자리 배치이다. 교탁 앞 공간을 비워놓고 의자만 배치하거나 카펫으로 깔아 놓고 교실 뒤편 공간에 모둠 대형으로 밀집하여 자리를 배치한 것이다. 즉, 교실 앞 공간은 일제 학습으로 배치하고 뒤 공간은 협동학습 및 경쟁학습이 가능한 공간으로 배치한 다원화된 구조이다. 교실이 상대적으로 크거나 학생 수가 상대적으로 적을 때 활용할 수 있는 자리 배치이다. 교실 공간이 비좁거나 학생들이 많을 때는 사용하기 힘든 구조이다. 교과교실에서는 많이 활용할 수 있는 자리 배치이다.

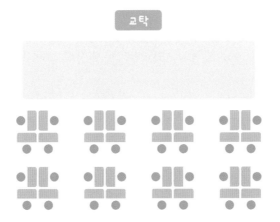

써클형(원형) 배치

써클형은 하나의 큰 원 형태로 자리를 배치하는 것이다. 회복적 써클이나 그룹 상담 활동, 전체 학생회의(다모임) 등에 적합한 배치이다. 책상을 빼고 의자만 원형으로 둘러서서 앉아 이야기하는 것도 좋다. 책상이 있는 경우에는 소인수 학급에 적합하다.

🖊 학생 자리 배치할 때 유의해야 할 8가지 사항 〰〰〰

첫째, 교사의 의도와 목적에 따라 자리 배치를 하는 것이 좋다. 가장 좋지 않은 자리 배치 방법은 학생들의 의견대로 자리 배치를 하는 것이다. 이러한 경우 교우 관계상 친한 학생들끼리 모여 앉을 가능성이 높다. 친한 친구끼리 자리 배치가 이루어지면 쉽게 떠들기 좋을 뿐 아니라 친한 친구들끼리 유유상종類類相從하는 또래 문화를 만들 수 있고, 친하지 않은 친구들끼리 어울리기 쉽지 않다.

둘째, 학습 구조와 수업 모형에 따라 자리 배치 유형이 달라질 수 있다. 일제학습에서는 분단 중심 대형이나 'U'자 대형, 경쟁학습에서는 찬반 대형, 개별학습에서는 시험 대형, 협동학습에서는 모둠 대형이 좋다. 4가지 학습 구조를 복합적으로 활용하려면 덴마크형이나 다분할형이 좋다. 교사가 주로 어떠한 학습 구조와 교수학습모형을 활용하느냐에 따라 적절한 자리 배치로 유연하게 변형하는 것이 좋다.

셋째, 자리 배치할 때 가급적 이질 집단 학생들끼리 모일 수 있도록 자리 배치하는 것이 좋다. 즉, 성적, 성격, 성별, 인종 등 서로 다른 학생들끼리 가까이 앉을 수 있도록 의도적으로 자리를 배치하는 것이다. 다양한 학생들끼리 친해질 수 있도록 자리 배치하는 것이 좋다. 친한 친구는 쉬는 시간이나 점심시간 등 수업 시간 이외의 시간을 통해 친하게 어울릴 수 있지만 동질 집단 중심으로 자리 배치를 하면 친하지 않은 친구들끼리 친해질 수 있는 기회가 줄어든다. 동질 집단끼리는 친하기 때문에 친한 학생들끼리 자리 배치를 하면 쉽게 떠들 수 있다. 협동학습을 실시하려고 할 때는 자리 배치 이후 모둠 세우기 활동 등을 통해 모둠원 간의 친밀도를 높이고 모둠 내 공동체 의식을 심어주는 노력이 필요하다.

넷째, 모둠 활동 시 6인 1모둠보다는 4인 1모둠 형태로 자리 배치하는 것이 좋다. 모둠원 숫자가 많으면 모둠 안에서 무임승차 학생이나 일벌레 학생이 나타나기 쉽기 때문이다. 3인이나 5인의 경우 짝 활동 시 불편할 수 있다. 그러므로 모둠 활동을 할 때는 기본적으로 4인 1모둠 형태로 자리 배치하는 것이 좋다.

다섯째, 수업 방해자 등 문제 학생들은 교사와의 물리적 거리가 가까운 자리에 자리 배치하는 것이 좋다. 대개 많은 교사들은 문제 학생들을 뒷자리에 배치하는 경우가 많은데 교사 입장에서는 문제 학생들이 눈에 잘 띄지 않아 수업하기 수월할 수 있겠지만 반대로 문제 학생들을 생활 지도하기 쉽지 않다. 문제 학생들을 가장 자리나 뒷자리로 배치하는 경우 교사가 통제하기 쉽지 않을 뿐 더러 문제 학생들이 수업에 참여할 기회가 줄어들 수 있다. 문제 학생이나 문제 학생들이 많은 모둠일수록 앞자리로 배치하는 것이 좋다.

여섯째, 자리 배치의 원칙을 정하고 학생들에게 원칙에 따라 자리 배치를 하는 것이다. 자리 배치를 하기 전 자리 배치의 원칙과 그 이유를 학생들에게 충분히 설득할 수 있어야 한다. 예컨대, 남녀 혼합반의 경우 이질적인 자리 배치 원칙에 따라 남녀 학생들끼리 짝꿍을 만들거나 모둠 배치 시 2:2 형태로 구성하면 좋다. 그런데 학생들은 동성 친구들끼리 자리 배치를 원하는 경우가 많기 때문에 교사가 이성 친구들을 골고루 섞어서 자리 배치를 하는지 그 이유에 대하여 학생들이 이해할 수 있도록 원칙을 설명하는 것이 필요하다.

일곱째, 특별한 학생들에게는 자리 배치에 있어서 일반적인 자리 배치 원칙에서 벗어난 예외의 경우가 있을 수 있다. 존재감이 적은 내성적이고 소심한 학생이나 기초 학력 부진 학생, 학습 의지가 높은 학생, 친구 간의 관계가 깨져서 고통 받는 학생 등은 자리 배치할 때 한 번 더 고려해야 할 부분이 있다.

여덟째, 교사는 수업 중 자리 변경 시 생기는 학생들의 반발을 잘 이겨낼 수 있어야 한다. 특히 고등학교의 경우 귀차니즘(?)에 빠져 자리 이동하는 것을 귀찮게 생각하는 경우가 있다. 교사가 학생들의 눈치를 보면서 제대로 자리 변경을 제대로 하지 못하면 학생들의 배움도 충분히 일어나지 않을 가능성이 높다. 첫 수업 시간에 자리 배치에 대한 원칙과 방법에 대하여 충분히 설명하는 것이 좋다. 중간에 자리 변경을 하려면 문제가 생길 수 있다.

✏️ 모둠 내 자리 배치 시 유의사항 〰️〰️〰️

모둠 내 자리 배치할 때도 몇 가지 유의해야 할 사항이 있다.

학생들을 등교 순서대로 자리 배치하거나 자유석 형태로 자리 배치를 하는 것은 피하는 것이 좋다. 학습 의지가 있는 학생들에게는 유리한 자리 배치일 수 있겠지만 반대로 학습 의지가 낮은 학생들에게는 의도적으로 배움을 피할 수 있는 기회를 줄 수 있다. 자유석 형태는 학습에 있어서 빈익빈, 부익부 현상이 나타나기 쉽다. 또한 자유석 형태는 학생 출석 상태를 파악하는데도 쉽지 않다. 또한 교사가 성적순으로 자리 배치하는 것 역시 가급적 피해야 한다. 일부 교사의 경우 학업 성취 향상을 위해 의도적으로 경쟁적인 분위기를 추구하는 경우가 있다. 이때 가장 많이 활용하는 방법이 성적순으로 좋은 자리를 배치하거나 성적순으로 자기가 앉고 싶은 자리를 앉을 수 있는 기회를 우선적으로 부여하는 것이다. 성적 순 자리 배치는 학생 상호 간의 관계를 깨고 학생들의 자존감을 무너뜨릴 수 있다. 비교의식과 우월감, 열등감을 느끼게 하는 방법이다. 그러나 성적을 중심으로 이질적인 자리 배치를 해야 할 필요가 있는 경우가 있다. 이때에는 학업 성취도를 기준으로 상과 중상, 중하와 하를 모둠 내 짝꿍이 될 수 있도록 자리 배치하는 것이 좋다. 얼핏 생각해보면 상과 하, 중상과 중하를 짝꿍으로 묶으면 좋을 것 같지만 상과 하의 경우 서로의 학습 격차가 많이 벌어지기 때문에 하 수준 학생이 상 수준 학생에게 열등감을 느끼기 쉽고

매번 물어보는 것이 심리적으로 쉽지 않다. 따라서 비슷한 학생들끼리 묶어 상대적으로 상호작용이 활발하게 일어나도록 하는 것이 좋다.

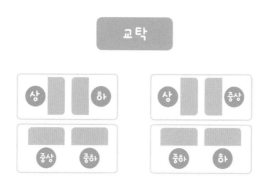

성별을 중심으로 이질적인 자리 배치를 할 때는 남학생 2명+여학생 2명이 가장 좋다. 그런데 학급 구성원 특성상 성별 균형이 깨진 경우, 어쩔 수 없이 동성 친구들끼리 모둠 구성할 수 있다. 그런데 모둠 구성시 성별이 3:1 형태가 되는 경우가 있다. 이 경우, 남학생 3명 + 여학생 1명은 좋지만 남학생 1명 + 여학생 3명은 피하는 것이 좋다. 왜냐하면 남학생 1명 + 여학생 3명 구조에서는 남학생이 쑥스러워서 모둠 활동에 적극적으로 참여하기 쉽지 않기 때문이다. 무엇보다 세밀한 교사의 배려가 학생들의 배움을 극대화할 수 있다는 것을 꼭 기억해야 한다.

도움을 받은 책들

• 김현섭 2015, "질문이 살아있는 수업", 한국협동학습센터
• 김현섭 외 2003, "아이들과 함께 하는 협동학습2", 한국협동학습센터

내 수업의 고민
그리고 그 해답

Lesson

06

학기 초
서로 친밀해지려면?

'초두初頭효과'란 처음 제시된 정보가 나중에 제시된 정보보다 기억에 훨씬 더 큰 영향을 주는 현상을 의미한다. 수업에서도 마찬가지이다. 교사와 학생과의 첫 만남의 인상이 이후 수업 시간에 큰 영향을 미친다.

관계의 첫 시작은 친밀감 형성에서부터 시작하는 것이다. 친밀성이란 긍정적인 정서를 공유하고 교류하는 것을 말한다. 학기 초 질서 세우기와 관계 세우기가 모두 중요하지만 그중에서 우선해야 할 것이 관계 세우기이다. 관계 토대 위에 질서 세우기가 가능해지고 신뢰적 관계로 발전할 수 있기 때문이다. 여기에서는 학기 초 얼어붙은 교실 분위기를 풀 수 있는 '얼음 깨기아이스 브레이킹, Ice Breaking' 활동들을 다음과 같이 제시하고자 한다.

✎ 교사가 학생들에게 자신을 소개하기 〰〰〰

그림 비유(포토 스탠딩) 활동

"그림이나 사진 등을 활용하여 자기 자신을 소개한다."

[진행 단계]

① 교사가 자기 자신을 표현할 수 있는 이미지를 학생들에게 보여준다.

② 학생들에게 이미지에 대한 이유를 물어보고 다양한 답변을 유도한다.

③ 교사가 그 이미지를 보여준 이유에 대하여 설명한다.

[유의사항 및 기타]

· 이미지만 보아도 뻔한 답변이 나올 수 있는 것은 피하고 창의적인 답변이 나올 수 있는 이미지를 활용하면 학생들의 시선을 이끄는 데 도움이 될 것이다.

· 자기소개 뿐 아니라 수업 운영 및 평가 계획도 이어서 소개하면 좋다.

하얀 거짓말 찾기 활동

"진실 2가지, 진실 같은 거짓말 1가지를 말하고 그 중에서 거짓말을 찾도록 한다."

[진행 단계]

① 교사가 자기 자신에 대한 진실 2가지, 거짓말 1가지를 말한다.

② 학생들에게 하얀 거짓말을 찾아보도록 한다.

③ 교사가 정답을 말하고 그 이유에 대하여 이야기한다.

[유의사항 및 기타]

· 문제 준비할 때 진실 같은 거짓말, 거짓말 같은 진실을 준비하면 좋다.

· 자칫 교사의 자기 자랑으로 흐르지 않도록 해야 한다.

학생 개인이 전체 학생들 앞에서 자신을 소개하기 〰〰

사물(그림) 비유 / 빈 문장 만들기

"사물이나 그림, 빈 문장을 활용하여 자기 자신을 소개한다."

[진행 단계]

① 교실 안에 각자 자기를 소개할 수 있는 사물을 챙기거나 그림(비유) 카드를 교실 앞 쪽에 붙여 놓고 그것을 선택하게 한다. 아니면 빈 문장의 빈 칸에 단어를 채운다.

  – 사물의 예) 지우개, 분필, 교과서, 카드 등

  – 빈 문장의 예) 나는 (   )이다. 왜냐하면 (   )이기 때문이다.

② 학생이 자기가 선택한 사물(그림, 빈 문장)을 보여주고 그 이유에 대하여
알아맞히도록 유도한다.

③ 자신이 선택한 사물(그림, 빈 문장)과 그 이유에 대하여 전체 학생들 앞에서
이야기한다.

[유의사항 및 기타]

· 나머지 학생들이 해당 학생에게 질문을 던질 수 있는 기회를 주어도 좋다.

· 자기소개 활동을 하면서 자연스럽게 해당 학생의 이름을 외울 수 있도록 한다.

질문 샤워

"다양한 질문을 통해 자기 자신에 대하여 이야기를 하고 좋은 질문을 할 수
있도록 유도한다."

[진행 단계]

① 한 학생이 순서대로 나와 자기에 대하여 간단히 소개한다.(이름, 관심사 등)

② 나머지 학생들이 해당 학생에 대한 질문 5가지를 자유스럽게 질문하면 해당 학생은 그 질문에 대한 대답을 한다.

③ 해당 학생이 여러 가지 질문 중 자신에게 가장 마음에 들었던 질문과 그 이유에 대하여 말한다.

④ 교사는 해당 학생에게 마음에 든 질문을 한 학생에게 간단한 선물을 부여한다.

[유의사항 및 기타]

· 곤란한 질문에 대하여 패스권을 사용할 수 있도록 한다.

· 교사가 간단한 선물을 미리 준비해도 좋다.

질문 전시회

"접착식 메모지 등을 활용하여 특정 주제에 대한 각자 다양한 질문들을 만들고 이를 전시한다."

[진행 단계]

① 교사가 모든 학생들에게 접착식 메모지를 5장씩 배부한다.

② 학생들은 각자 '나는 누구인가?'와 관련한 브레인스토밍 질문들을 접착식 메모지에 기록하고 교실 칠판에 붙인다.

③ 순서대로 학생들이 나와 마음에 드는 접착식 메모지를 3장 찾아 그 질문에 대하여 자기 이야기를 한다.

[유의사항 및 기타]

· 교사가 미리 준비물(접착식 메모지 등)을 챙겨놓으면 좋다.

· 앞 학생이 발표할 때 다음 순서인 학생이 미리 칠판에 붙인 질문이 기록된 접착식 메모지를 살펴보고 선택할 수 있도록 한다.

나는 누구인가?

"무기명으로 개인 정보를 퀴즈로 내면 나머지 학생들이 알아맞힌다."

[진행 단계]

① 교사가 학생들에게 꼬마 출석부를 기록할 수 있도록 한다.

예) 이름, 자기를 표현할 수 있는 형용사 3가지, 자기 장단점, 꿈 등

② 교사가 꼬마 출석부를 거둔다.

③ 교사가 무작위로 꼬마 출석부를 골라 내용을 읽어 준다.

④ 정답을 아는 학생이 해당 학생 이름을 이야기하고 정답을 맞히면 간단한 보상을 한다.

[유의사항 및 기타]

· 꼬마 출석부 용지로 단어장 카드를 활용하면 좋다.
· 모둠이 구성된 상태라면 모둠 차원에서 도전 골든벨 방식으로 알아맞힐 수 있다, 이때는 모둠 보상을 주는 것이 좋다.

나에게 물어봐

"자신의 관심사에 대하여 나머지 사람들이 질문을 통해 이야기하고 그와 관련된 퀴즈 문제를 활용하여 질문과 경청을 잘할 수 있도록 한다."

[진행 단계]

① 자기 관심사를 쓰고 그와 관련된 질문 3가지를 만들어 그 정답을 기록한다.

② 해당 학생이 나와 자기 관심사에 대하여 이야기한다.

③ 나머지 학생들은 질문 6가지를 던지면 해당 학생은 그 질문에 대한 답변을 한다.

④ 질문 활동이 마치면 교사가 학생이 작성한 해당 질문지를 활용하여 퀴즈 문제를 이야기하면 나머지 학생들이 정답을 말할 수 있도록 한다.

[유의사항 및 기타]

· 교사가 미리 준비물(접착식 메모지 등)을 챙겨놓으면 좋다.

· 전략적인 질문을 하는 방법을 배울 수 있다.

모둠 안에서 모둠원들끼리 자신을 소개하기 〰️

꼬마 출석부

"개인 정보로 꼬마 출석부를 만들어 다양하게 활용한다."

[진행 단계]

① 교사가 학생들에게 꼬마 출석부 용지를 배부한다.

② 교사가 꼬마 출석부에 들어갈 내용을 말하면 학생들은 그 내용에 대한 자기 정보를 기록한다.

③ 꼬마 출석부를 통해 모둠 안에서 자기소개를 한다.

[유의사항 및 기타]

· 꼬마 출석부 용지로 단어장 카드를 활용하면 좋다.

· 꼬마 출석부 활동을 3단계 인터뷰 활동과 연결하여 진행하면 좋다.

3단계 인터뷰

"짝꿍끼리 인터뷰한 내용을 토대로 짝꿍을 대신하여 소개한다."

[진행 단계]

① 꼬마 출석부를 활용하여 짝끼리 번갈아 가며 인터뷰 활동을 한다.

② 모둠 안에서 돌아가며 짝꿍을 대신하여 소개한다.

[유의사항 및 기타]

· 교사가 활동 시간을 정해 통제하면 좋다.

· 짝꿍을 대신하여 소개할 때 3인칭이 아니라 1인칭으로 소개하면 좋다.

· 잘 기억하지 못했거나 잘못 소개한 내용은 나중에 활동이 마치고 나서 수정해 주면 좋다.

· 경청하기에 초점을 둔 대화 활동이다.

질문카드 활동

"학생들이 질문 카드를 만들어 질문 카드를 활용하여 돌아가며 이야기한다."

[진행 단계]

① 교사가 모든 학생들에게 질문 카드 용지를 4장 배부한다.

② 다른 친구들에게 궁금한 질문을 카드마다 1가지 질문씩 기록한다.

③ 모둠별로 질문 카드를 모아 다른 모둠의 질문 카드 모음과 교환한다.

④ 질문이 기록된 부분을 밑장으로 해서 모둠 책상 가운데 쌓아 놓는다.

⑤ 돌아가며 무작위로 질문 카드를 뽑으면서 그 질문에 대한 답변을 말한다.

[유의사항 및 기타]

· 교사가 모둠별로 A4 색지를 배부하여 학생들이 직접 8등분하여 카드를 만들 수 있으면 좋다.

· 이상한 질문이 나오지 않도록 미리 주의사항을 이야기하면 좋다.

질문보드게임

"자기 관심사를 카드로 만들어 보드 게임 형식을 활용하여 서로 소개한다."

[진행 단계]

① 교사가 질문 보드 게임 세트(질문 카드, 미션 카드, 질문 보드 게임판, 보드마카, 지우개, 주사위, 말 등)를 모둠별로 배부한다.

② 모둠 안에서 모둠원들이 각자 질문 카드 4장, 미션 카드 1장을 챙긴다.

③ 각자 관심사 키워드를 질문 카드에 기록하고, 미션 카드에는 간단한 미션을 기록한다.

  - 관심사 키워드 예) 성적, 게임, 이성 친구 등
  - 미션 카드 예) 칭찬하기, 우스꽝스런 표정 짓기, 하트 날리기 등

④ 질문 보드 게임판 위에 질문 카드와 미션 카드를 배열한다. 미션 카드 위에 개인 말을 올려놓는다.

⑤ 1번 학생부터 주사위를 던지면 숫자만큼 말을 이동하여 해당되는 질문 카드에 기록된 관심사 주제에 대하여 자유롭게 이야기한다. 미션 카드를 지나갈 때는 해당 미션을 수행하고 나서 관심사에 대하여 이야기를 한다.

⑥ 나머지 학생들이 이야기에 대하여 간단한 질문이나 공감을 표현한다.

⑦ 왼쪽 방향으로 순서를 돌아가며 주사위를 던져 위와 같은 방식으로 관심사에 대하여 이야기한다.

[유의사항 및 기타]

· 질문 보드 게임 세트가 없으면 접착식 메모지와 주사위를 준비해서 활용할 수 있다.
· 진행 방법을 잘 모르는 모둠에게 교사가 다가가 피드백을 하면 좋다.

신체 놀이를 통한 모둠 세우기 활동 ~~~~

이구동성

"사자성어를 모둠원들이 한 음절을 담당하여 큰 소리로 동시다발적으로 외친다."

[진행 단계]

① 모둠별로 사자성어를 준비한다.

② 개인별로 한 음절을 담당하여 동시 다발적으로 큰소리로 외친다.

③ 나머지 모둠에서 사자성어에 대한 정답을 모둠 칠판에 기록하여 정답을 맞힌다.

④ 정답을 맞힌 모둠에게 모둠 보상을 실시한다.

[유의사항 및 기타]

· 교사가 사자성어를 미리 준비할 수도 있고 모둠별로 정하게 할 수 있다.

· 모둠 칠판이나 보드마카를 활용하여 '도전 골든벨' 방식으로 진행하면 좋다.

· 부정행위가 일어나지 않도록 미리 주의를 준다.

· 목소리를 작게 내거나 아예 소리를 내지 않는 경우, 패널티를 주고 그 사람만
별도로 개인적으로 소리를 내게 할 수 있다.

협동의자 게임 (발수 줄이기/신문지 생존)

"의자 하나에 모둠원들이 동시에 앉는다."

"모둠원들의 발수를 최소화하여 서 있는다."

"신문지 위에 모둠원들이 서 있는다."

[진행 단계]

① 하나의 의자 위에 모둠원들이 다 앉을 수 있도록 한다.

② 정해진 시간 동안 버티고 앉으면 미션을 성공한 것으로 인정하고 모둠 보상을 실시한다.

[유의사항 및 기타]

· 협동의자 게임과 비슷한 활동이 발수 줄이기와 신문지 생존 게임이다.

· 발 수 줄이기 게임은 모둠원들이 발 수를 점차 줄여나가서 최소 발 수로 버티고 서 있도록 하는 것이다. 모둠원들끼리 신체 접촉을 통해 창의적으로 버틸 수 있는 방안을 찾아낼 수 있도록 한다.

· 신문지 생존 게임은 신문지를 활용하여 모둠원이 그 위에 올라갈 수 있도록 하는 것이다. 단계별로 교사가 신문지를 접어서 바닥에 놓는다. 가장 적은 신문지 면적 위에 버티고 있는 모둠에게 보상을 실시한다.

풍선 치기

"정해진 시간 동안 모둠원들이 풍선을 쳐서 서로에게 패스한다."

[진행 단계]

① 모둠별로 풍선을 배부한다.

② 모둠원들이 협력하여 1분 동안 풍선을 30cm 이상 쳐서 패스한다.

③ 1분 동안 풍선을 바닥에 떨어뜨리지 않으면 성공으로 인정하고 모둠 보상을 실시한다.

[유의사항 및 기타]

· 의자에 앉아서 진행하는 경우, 의자에 엉덩이가 떨어지지 않도록 한다.

· 한 사람이 연속하여 풍선을 치지 못하도록 한다.

· 약간 방식을 변형하여 난도를 올리면 좋다.

예) 2단계 한 손가락만 활용하기, 3단계 모둠원들이 하나의 원 형태로
손을 잡고 치기 등

· 반칙하지 않도록 교사가 잘 관리해야 한다.

풍선 배구

"풍선을 활용하여 모둠별 배구 활동을 진행한다."

[진행 단계]

① 배구공 대신 풍선으로 배구를 한다.

② 5점내기 등 정해진 점수를 먼저 선취한 모둠이 승리하는 것으로 인정하고
모둠 보상을 실시한다.

[유의사항 및 기타]

· 풍선, 네트 대용 노끈 등이 필요하다.

· 반칙을 하지 않도록 교사가 심판 역할을 수행해야 한다.

· 교사가 너무 과열되지 않도록 잘 진행한다.

텔레파시 슝슝슝

"모둠 대표 학생이 텔레파시로 모둠원들에게 단어를 전달한다."

[진행단계]

① 모둠 대표 학생이 교실 앞쪽으로 나오도록 한다.

② 교사가 모둠 대표 학생들에게만 문제를 보여준다.

   (문제 사례 : 1-10 사이의 숫자, 과일, 나라, 연예인 등)

③ 모둠 대표 학생들은 자기 모둠원들에게 20초간 눈빛으로 단어를 전달한다.

④ 모둠원들이 상의하여 텔레파시를 읽고 정답을 모둠 칠판에 기록한다.

⑤ 교사가 정답을 말하고 맞힌 모둠에게 모둠 보상을 실시한다.

[유의사항 및 기타]

· 절대로 말을 하거나 행동으로 표현하지 못하도록 한다.
· 모둠 대표 학생과 모둠 간 물리적 거리를 1M 이상 떨어뜨린다.
· 실제로 해보면 일반적인 확률보다 정답률이 높다.

모둠 미션 대회

"모둠별로 다양한 미션을 수행한다."

[진행 단계]

① 교사가 모둠별로 미션을 제시한다.

 - 미션 예) 1분 동안 개인 소지물을 길게 늘어뜨리기, A4 용지를 활용하여 가장
   높은 탑 만들기, 암호문 풀기 등

② 정해진 시간 안에 미션을 성공한 모둠에게 모둠 보상을 실시한다.

[유의사항 및 기타]

· 다양한 미션 활동을 개발하면 좋다.
· 미션에 맞는 준비물을 교사가 미리 준비해야 한다.
· 너무 소란하거나 규칙을 어기는 일이 없도록 사전에 주의를 할 필요가 있다.

대개 여학생들은 대화 활동을 통해 친밀함을 경험하고 남학생들은 신체 활동을 통해 친밀함을 경험한다. 그러므로 대화 활동과 신체 활동을 적절히 섞어서 활용하면 좋다. 단순히 노는 것이 아니라 노는 과정을 통해 친밀감을 경험할 수 있도록 해야 한다.

도움을 받은 책들

* 김현섭 2015, "질문이 살아있는 수업", 한국협동학습센터
* 김현섭 외 2012, "협동학습1", 한국협동학습센터
* 김현섭 외 2014, "사회적 기술", 한국협동학습센터

Lesson

07

수업 규칙은
어떻게?

질서 세우기가 왜 중요한가? ∿∿∿∖

교사라면 누구나 학생들과의 좋은 관계를 맺으려고 노력한다. 하지만 교사와 학생과의 친밀한 관계를 세우려고 노력하다 보면 상대적으로 질서 세우기가 잘 이루어지지 않아 수업 자체가 잘 진행되지 않는 경우가 발생한다. 질서란 혼란 없이 순조롭게 이루어지게 하는 사물의 순서나 차례를 말한다. 질서가 사라지면 혼란해져서 모두가 피해를 보기 쉽다. 수업에서 질서 세우기가 중요한 이유는 질서 세우기가 잘 이루어지지 않으면 배움이 잘 일어날 수 없다는 것이다.

그런데 많은 교사들이 질서 세우기에 치중하여 관계 세우기를 놓치는 경우가 생긴다. 수업은 관계 안에서 이루어지므로 질서를 잡았지만 관계를 놓쳤다면 더 큰 문제가 된다. 그러므로 관계 세우기를 전제로 질서 세우기가 이루어질 수 있도록 해야 한다.

그리고 수업 규칙이 명료해야 운영상의 문제점을 최소화할 수 있다. 교사마다 나름대로의 수업 규칙을 가지고 있지만 이를 명료하게 표현하지 못하거나 강조하지 못해서 일관성을 잃어버리는 경우가 많다. 그러므로 수업 규칙을 만드는 것 자체로 그치는 것이 아니라 명문화하고 구체적으로 표현하여 수업 규칙이 일관성 있게 운영될 수 있도록 해야 한다.

수업 규칙 만들기의 중요한 전제는 학생들에게 동의를 얻는 것이다. 동의를 얻지 못하고 교사가 일방적으로 정하고 처벌 중심으로 진행하면 학생들은 반항, 보복, 후퇴의 방식으로 반응할 수 있다. 반항이란 학생들이 수업 규칙을 거부하는 태도를 가지는 것이다. 예컨대, '선생님은 나를 통제할 수 없어. 내가 왜 그 규칙에 따라야 하는데'라고 생각할 수 있다. 보복이란 당한 만큼 되돌려 주는 태도이다. 예컨대, '어떻게든 상관없어. 내가 당한 만큼 돌려줄 거야'라고 생각하는 것이다. 후퇴는 자책이나 속임수 등 잘못된 방향으로 돌아가는 것이다. 자책의 경우, '그래 나는 원래 나쁜 놈이야'라고 생각하는 것으로 자기에게만 잘못을 돌려서 자기가 자기를 스스로 괴롭히는 것이다. 속임수의 경우 '다음에는 걸리지 말아야지'라고 생각하는 것으로 교사나 다른 친구들의 시선을 피해 거짓말을 하거나 속임수로 문제의 책임을 피하려고 하는 것이다. 그러므로 수업 규칙에 대한 동의를 얻는 것은 매우 중요하다.

✎ 질서 세우기가 현실적으로 쉽지 않은 이유 〰〰⋜

질서 세우기가 중요하다는 것은 잘 알고 있지만 막상 교실에서 질서 세우기가 잘 이루어지지 않는 경우가 많다. 특히 예전 학생들에 비해 최근 학생들이 생활 지도하는데 있어서 많은 어려움이 있다. 그 이유는 무엇일까?

일단 예전 학생들과 현재 학생들의 문화 양식이 달라졌다는 사실을 인정해야 한다. 사회학적인 측면에서 살펴보면 어느 정도 이해가 된다. 최근에는 인구 절벽 현상이 나타나 학생들의 수에 급감하고 있다. 예전에는 한 해의 학생들 숫자가 60만명 수준이었는데, 최근에는 40만명 수준으로 떨어졌다. 앞으로는 이보다 더욱 인구가 줄어들어 대학 입학 정원수보다 적은 학생들이 배출될 예정이다. 1970년대 한 해 인구가 약 100만명인 것을 감안하면 인구 감소율은 사회적으로 우려할만한 수준이다. 최근 인구는 최근 가정별 자녀 출생률도 2014년도 기준 1.21명까지 떨어졌다.

자녀수가 줄어들다보니 자기 자녀들을 과보호하는 부모들이 늘어나는 현상이 일어났다. 과보호 속에서 자라는 학생들은 얼핏 보면 모범생이지만 마마보이처럼 스스로 자기 문제를 해결하지 못하는 경우가 생긴다. 교사 입장에서는 이런 학생들을 지도하는 것이 상대적으로 쉽지만 자기주도적인 역량이 상대적으로 떨어지기 때문에 교사에 대한 의존도가 상대적으로 높을 수 있다. 또한 소위 싸가지 없는 행동을 통해 개인주의적·이기주의적 태도를 보이는 경우가 많다.

다른 한편으로는 경제적 형편이 어려워지면서 외벌이로는 먹고 살기 힘들어서 맞벌이 가정이 크게 늘어나고 이혼율이 급증하면서 정반대로 자녀를 방치하는 경우도 많이 생겨났다. 방치된 분위기에서 자라는 학생들은 대체로 거칠게 행동하거나 자기의 욕구를 왜곡된 형태로 채우려는 학생들이 많아진다. 예전에는 상대적으로 중간 지대 학생들이 많았다면 최근에는 양극단 현상이 심화되면서 교사들이 많은 어려움을 경험한다. 교사 입장에서는 과보호 학생이나 방치 학생 모두 생활지도를 한다는 것이 그리 쉽지 않게 된다.

이제는 전통적인 훈육 방법으로 학생들의 생활을 지도하기 어렵게 되었다. 예전에는 무분별하게 행동하는 학생들을 엄격하게 지도하거나 체벌까지 할 수 있었지만 현재는 전통적 훈육 방법을 잘못 사용하면 교직을 유지하기 힘들어지는 상황까지 벌어지게 된다.

교사마다 수업 규칙의 기준이 다르다. 교수 유형에 따라 경계선 높이가 다르다. 도형심리학적으로 볼 때 네모형 교사나 세모형 교사는 상대적으로 수업 규칙 기준이 높은 편이고 동그라미형 교사나 별형 교사는 상대적으로 낮은 편이다.(도형심리학은 19장을 참고할 것) 그러므로 표준화된 기준을 정하여 운영하는 것은 그리 쉽지 않다. 수업 규칙의 높고 낮음 보다 중요한 것은 배움이 잘 일어날 수 있는 기본 조건을 잘 형성하고 있는가와 관련된 문제이다. 수업 규칙의 기준이 높은 네모형 교사라도 학생들과의 관계성을 잘 유지하면 학생들이 교사를 좋아하고 잘 따른다. 그런데 수업 규칙은 높은데, 학생들과의 관계성이 깨지면 학생들이 싫어하는 교사가 될 것이다. 학생들은 엄격한 교사를 싫어하는 것이 아니라 무관심한 교사를 싫어하는 것이다. 반대로 동그라미형 교사라도 수업 규칙의 기준이 너무 낮아서 질서 세우기가 잘 이루어지지 않으면 배움이 잘 일어나기 힘들다. 학생들은 친절한 선생님을 좋아하기는 하지만 수업 질서가 무너져서 배움이 잘 일어나지 않으면 이를 싫어한다. 수업 규칙 기준이 낮아도 배움이 잘 일어날 수 있는 울타리가 필요하다.

교사와 다른 유형의 학생들을 이해하기가 쉽지 않다. 네모형 교사가 별형 학생들을 만나면 별형 학생들의 태도를 있는 그대로 이해하기 힘들다. 그런데 교사들 중에는 네모형이 많지만 학생들 중에는 별형이나 동그라미형 학생들이 상대적으로 많다. 교사들은 학창 시절은 모범생인 경우가 많지만 교실에서 만나는 대부분의 학생들은 모범생이 아니다. 그러므로 학생들의 모습을 있는 그대로 이해하려는 자세가 무엇보다 필요하다.

학생들의 문제 행동을 통해 교사들이 마음의 상처를 받는 경우가 많다. 몸의 상처와 달리 마음의 상처는 잘 드러나지 않는다. 그래서 교사가 마음의 상처를 받았어도 자신이 학생들에게 마음의 상처를 받았다는 사실 자체를 잘 인식하지 못하는 경우가 많다. 교사가 마음의 상처를 입으면 상처를 준 해당 학생들을 대할 때 감정적으로 반응하거나 회피하는 경우가 발생한다. 다른 학생들과는 달리 예민해지거나 감정적으로 불편함을 느끼게 된다. 특정 학생에게 마음의 상처를 받은 경우 상처받은 것을 깨달아야 좀 더 성숙하게 그 학생들을 대할 수 있는 지혜를 찾을 수 있다.

학생들과의 질서 세우기 문제와 관련하여 새로운 대안으로 부각되는 것이 긍정 훈육법이다. 긍정 훈육법은 아들러의 개인주의 심리학에 토대를 두고 '부드럽지만 단호하게' 지도할 것을 강조한다. 관계성을 바탕으로 단호하게 학생들을 훈육해야 한다는 것이다. 그런데 아직 새로운 긍정 훈육법에 대한 이해가 부족한 편이다. 전통적인 훈육법에서 벗어나 학생 인격을 존중하지만 문제 행동에 대하여 단호하게 반응할 수 있는 방안을 모색해야 한다.

✏️ 질문으로 수업 규칙 만들기 ∼∼∼ᏜᏜ

　질서 세우기의 첫 걸음은 수업 규칙을 만드는 것이다. 수업 규칙을 만들 때는 교사가 일방적으로 설명하거나 선포하기보다 질문을 통해 학생들이 수업 규칙을 생각해보고 함께 만들어갈 수 있도록 해야 한다. 함께 수업 규칙을 만드는 과정을 통해 수업 규칙의 정당성을 자연스럽게 확보할 수 있고, 학생들도 수업 규칙을 명료하게 이해할 수 있는 기회를 가질 수 있다.

　질문을 통해 수업 규칙을 만들려고 할 때 먼저 수업 시간에 발생할 수 있는 학생 문제 행동이나 상황을 구체적인 질문으로 표현하는 것이 필요하다.

- 학생들이 긍정적인 행동을 한다면?

- 수업 시간에 졸거나 잠을 잔다면?

- 수업 시간에 떠들거나 장난을 쳐서 수업에 방해가 된다면?

- 수업 시간 안에 해결할 수 있는 과제나 활동이 완성되지 못한다면?

- 친구들에게 욕을 하거나 비난한다면?

- 수업 시간에 다른 과목 숙제를 하거나 딴 짓을 한다면?

- 숙제를 해오지 않는다면?

- 수행 평가 시 부정 행위를 하거나 거짓말을 한다면?

- 교사의 정당한 지시에 따르지 않고 반발하는 경우는? 등

　질문을 통해 학생들이 수업 규칙에 대하여 생각하고 모둠 토의와 전체 발표를 통해 함께 만들어 가면 좋다.

그런데 일부 학생들이 아무런 생각 없이 무리한 요구나 주장을 펼칠 수 있다. 예컨대, 지각생들에게 지각비 1,000원을 걷자고 주장한다고 하자. 이 경우 교사가 그 문제에 대한 문제점을 질문으로 표현하면 좋다.

"의견을 말해줘서 고마워. 그런데 지각비를 걷는 것이 현실적으로 쉽지 않을 것 같아. 일단 지각비를 누군가가 관리해야 하는데, 선생님도 지각비를 가지고 있는 것 자체가 부담스러워. 그렇다면 다른 친구에게 부탁한다 해도 마찬가지일 것 같아. 그리고 가정 형편 상 지각비를 내기 힘든 경우가 발생하거나 지각비가 누적되어 지각비를 내기 힘든 경우가 발생할 수도 있을 것 같은데 이러한 경우는 어떻게 하면 좋을까?"

그럼에도 불구하고 학생들이 강력하게 주장을 펼친다면 일단 그 주장을 받아들이되 유예 기간을 설정하거나 수업 규칙 운영 시 문제점이 발생하면 중간에 다시 점검하여 수정 보완할 수 있도록 하면 좋을 것이다.

일관성 있게 수업 규칙을 적용해 학급을 운영하려면

수업 규칙이 많은 것보다 꼭 중요한 규칙을 중심으로 학급을 운영할 수 있도록 하는 것이 좋다. 왜냐하면 수업 규칙이 너무 많으면 일단 학생들이 수업 규칙들을 잘 기억하기 힘들뿐만 아니라 세부적인 수업 규칙대로 질서 세우기를 하다가 오히려 학생들과의 관계성만 깨질 수 있기 때문이다.

수업 규칙 운영상의 문제점을 중간에 점검하고 수정 보완할 수 있도록 한다. 학기 초에 만든 수업 규칙이 시간이 지남에 따라 잘 기억하지 못하거나 수업 규칙과 상관없이 상황에 따라 처리한다면 불만이 생길 수 있을 것이다. 학기 중간이나 학기말에 점검하여 수정 보완하거나 다시 수업 규칙을 상기할 수 있도록 하는 것이 좋다.

수업 규칙 운영상의 문제점이 발생하면 그 원인을 찾아 해결 방안을 모색해야 한다. 일관성이 없는 교사의 태도 때문인지, 학생들이 수업 규칙을 어기는 경우가 많아서인지, 수업 규칙 기준이 너무 높아서 부담스러운 것인지, 아니면 수업 규칙 기준이 너무 낮아서 학생들이 수업 규칙을 잘 무시하게 되는 것인지를 성찰해 볼 수 있어야 한다. 교사의 태도 때문이라면 다시 한 번 교사의 태도를 점검해야 할 것이고, 학생들이 수업 규칙을 어기는 경우가 많다면 왜 그 규칙을 잘 어기게 되는지에 따라 보다 단호한 자세를 가질 수 있을 것이다. 수업 규칙 기준의 수준을 조정하여 안정적으로 배움이 일어날 수 있는 여건과 분위기를 형성할 수 있어야 할 것이다.

교사는 무엇보다 부드럽지만 단호하게 학생이 수업 규칙을 지켜나갈 수 있도록 한다. 관계성을 바탕으로 접근하되 잔소리보다 단호한 행동으로 수업 규칙에 근거하여 문제 행동을 관리할 수 있어야 한다. 학생이 자기의 문제 행동에 대한 책임을 분명하게 질 수 있도록 해야 한다. 어떤 학생이 큰 실수를 저질렀을 때, 말로만 사과하는데 그치지 않고 자신의 과오를 인정하고 그에 상응하는 책임을 스스로 지을 수 있는 기회를 줄 수 있어야 한다.

수업 규칙만으로 질서 세우기가 이루어지는 것은 아니다. 칭찬과 격려, 학생에 대한 애정, 소속감이나 공동체 의식 심어주기, 학생들의 선택 기회 부여 등 다양한 내적 동기 유발 전략을 병행할 수 있어야 한다.

도움을 받은 책들

* 김현섭 2016, "수업성장", 수업디자인연구소
* 김현섭 2015, "질문이 살아있는 수업", 한국협동학습센터
* 김현섭 외 2014, "사회적 기술", 한국협동학습센터
* 제인 넬슨 외, 김성환 외 역 2014, "학급긍정훈육법", 에듀니티
* 테레사 라셀라 외, 김성환 역 2015, "학급긍정훈육법-활동편", 에듀니티
* 수잔 델린저, 김세정 역 2013, "도형심리학", W미디어

Lesson

08

칭찬 스티커를
주어야 하나요?

칭찬 스티커, 티켓, 쿠폰, 도장 등을 토큰이라고 한다. 토큰은 대표적인 2차 강화물로서 사탕, 선물 등의 1차 강화물처럼 학생들의 욕구를 직접 채워주지 않지만 학생들이 모은 토큰을 선물이나 수행 평가 점수 등으로 환산해서 보상하는데 활용한다. 많은 교사들이 교실에서 학생들에게 외적 보상 제도를 운영하고 있다. 특히 저학년 학생들에게 효과적이다. 그런데 토큰 제도를 운영하다보면 즉각적이고 긍정적인 효과를 볼 수 있지만 다른 한편으로는 여러 가지 부작용도 나타난다. 그러다보니 교사 입장에서는 토큰 제도를 운영하는 것이 그리 쉽지 않다.

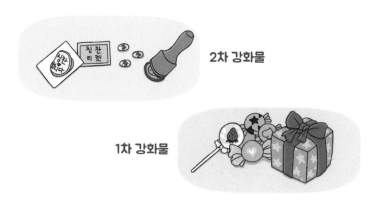

✏️ 토큰 제도의 장단점과 운영상의 문제점 〰️

토큰 제도의 일반적인 장점은 다음과 같다.

- 1차 강화물(사탕 등)에 비해 좀 더 복잡한 수준의 행동을 학습시킬 수 있다.
- 토큰을 1차 강화물로 바꿀 수 있다. (사탕, 점수, 선물 등)
- 1차 강화물처럼 바로 소비되지 않기 때문에 쉽게 관리할 수 있다.
- 다양한 강화물의 선호를 가진 개인들을 단일한 토큰을 통하여 개인의 선호에 맞게 강화물을 교환해 줄 수 있다.

하지만 토큰 제도가 가지고 있는 단점도 있다.

- 토큰이 제거되었을 때 긍정적인 행동을 하지 않을 수 있다.
- 부당한 방법으로 토큰을 가질 수 있다.
- 과도한 토큰 사용은 내적 동기 유발에 방해가 된다.

교사들이 토큰 제도 운영 시 다음과 같은 실수를 잘 저지른다.

주로 결과 중심으로 보상을 한다.

그러다 보면 학생들은 학습과정과 상관없이 학습 결과에만 관심을 둔다. 그래서 토의 결과를 정리해서 발표하는 것이 아니라 모둠 안에서 가장 뛰어난 개인의 의견을 전체 의견처럼 발표하는 경우가 생긴다. 모둠 활동의 결과가 아니라 우수한 개인의 결과를 발표한다. 그러다보면 무임승차나 일벌레 학생 등이 나타난다.

보상 기준이 단순하다.

1-2가지의 기준을 중심으로만 보상을 한다. 예를 들어, 학습 문제를 잘 푼 경우, 발표를 잘한 경우에만 보상을 하는 것이다. 그러다 보면 제시된 기준에만 맞추어 학습 활동에 참여하기 쉽다. 즉, 해당 보상 기준이 아닌 다른 긍정적인 학습 행동을 기대하기 힘들다.

보상 수준이 너무 인색하다.

학급 전체가 10개 모둠인 경우, 한 학습 활동에 보상을 받을 수 있는 모둠이 가장 우수한 소수(1-2개 정도)의 모둠에게만 보상을 준다. 그러다 보면 학습 격차가 벌어지고 하위 모둠들이 학습 활동에 소극적인 경우가 발생한다.

보상 기준에 대한 일관성이 없다.

교사의 기분이 좋으면 보상을 남발하고 반대로 그렇지 않으면 보상 자체를 주지 않는 경우가 생긴다. 중등학교의 경우 학급마다 분위기와 배정 시간이 다르다. 그래서 학급마다 토큰 개수가 달라 절대적인 숫자로 평가하기 힘들다.

🖋️ 토큰 제도 운영 원칙 〰️

긍정적인 강화 전략(일명 플러스 전략)

보상 제도를 운영할 때는 긍정적인 강화 전략에 근거하여 접근하는 것이 좋다. 일명 플러스 전략이라는 것인데 긍정적인 행동을 할 때 후속적인 자극을 주는 것이다. 부정적인 강화나 처벌 방법은 학생들의 심리적 거부감을 일으킬 가능성이 높다. 긍정적인 행동에만 보상을 하는 경우, 아무런 행동을 하지 않는 경우에도 상대적인 손해를 보기 때문에 학생들이 수업에 적극적으로 참여할 수 있다. 반면 부정적인 강화 전략이나 처벌 방법을 주로 사용하게 되면 학습에 소극적이나 조용하고 얌전한 학생이 상대적으로 보상을 많이 받을 수 있다.

즉각적인 보상

학생이 긍정적인 행동을 하면 즉각적으로 보상하면 좋다. 즉각적인 보상이 다음 행동에 영향을 미친다. 즉각적인 보상을 하지 않으면 다음 학습 행동에 있어서 동기부여 효과가 즉각적으로 나타나기 힘들다. 그리고 교사가 수업을 진행하다 보면 쉽게 보상을 주는 것 자체를 잊어버릴 수 있다. 이 경우 학생들에게 신뢰감을 잃을 수 있다.

행동 단위를 고려한 보상

행동 단위에 따라서 보상을 해야 공정하고 합리적인 보상이 될 수 있다. 즉, 개인 활동을 잘하면 개인 보상을 하고, 모둠 활동을 잘하면 모둠 보상하고 학급 전체가 잘한 것이면 학급 전체를 보상하는 것이다.

과정 보상

경쟁 학습에 있어서 보상의 특징은 주로 결과만 가지고 보상을 한다는 것이다. 예를 들어, 발표를 잘하거나 퀴즈 문제를 잘 풀면 보상을 하는 것이다. 결과만을 가지고 보상을 하는 것이 가장 손쉬운 보상 방법이면서 객관성과 공정성을 유지하기 쉬운 방법이다. 하지만 결과만을 가지고 보상을 하면 경쟁 학습으로 쉽게 변질되기 쉽다. 수업 활동은 내용적 지식 뿐 아니라 과정적 지식도 있으므로 과정을 보상하는 것은 매우 의미가 있다. 예를 들어, 열심히 필기하거나 다른 친구를 돕거나 칭찬 할 때 보상을 할 수 있어야 한다. 특히 사회적 기술 영역에 대한 보상이 필요하다. 사회적 기술이란 공동의 학습 목표를 이루기 위해 서로가 배려하는 대인 관계 기술이다.

- 다른 친구들의 이야기를 경청하기
- 제한 시간 안에 과제를 완성하기
- 적당한 소리 크기로 이야기하기
- 다른 친구의 긍정적인 행동에 대하여 칭찬하기
- 다른 사람을 존중하기
- 교사나 친구에게 먼저 인사를 하거나 공손하게 인사하기 등

누구나 성취 가능하다고 생각하는 수준에서의 보상

보상 제도를 활용할 때 유의해야 할 것이 보상의 범위와 수준을 잘 조절해야 한다. 모둠 활동을 한 후 1-2개 두 모둠에게만 보상이 주어지면 모둠간의 학습 편차가 벌어지기 쉽다. 이 경우 학습 수준이 떨어지는 모둠이 다음 학습 활동에 아예 참여하려고 하지 않는 부작용이 생긴다. 그렇다고 거의 모든 모둠에게 보상을 주면 보상 자체의 의미를 상실하게 되어 별다른 교육적 효과를 기대하기 힘들다. 그러므로 보상을 할 때에는 누구나 어느 정도 해볼만하다고 느끼는 심리적 가능선 안에서 보상을 하는 것이 좋다. 누구나 도전해볼만하다고 생각하는 수준에서 학습 활동을 해야 모든 학생들이 적극적으로 학습 활동에 참여할 수 있을 것이다. 모둠 활동의 경우 일반적으로 대개 전체 모둠 수의 1/3 정도나 40%선에서 모둠 보상을 받을 수 있도록 하는 것이다. 개인 활동의 경우는 적은 토큰을 받은 친구들에게 별도의 배려를 통해서 학습 의지를 포기하지 않도록 지혜롭게 운영하는 것이 필요하다.

토큰 제도 운영상의 부작용을 최소화하기 위해서는 몇 가지 유의사항이 있다.

첫째, 토큰 사용 시 계속 강화에서 간헐 강화로 간헐 강화에서 칭찬과 격려의 방법으로 전환하는 것이 좋다. 즉, 토큰을 처음에는 많이 사용하지만 점차 의도적으로 시간이 지남에 따라 토큰의 양을 줄여주는 것이다. 궁극적으로는 토큰 제도 없이도 자연스럽게 내적 동기 유발로 진행될 수 있어야 한다. 새로운 학습 행동을 습득할 때나 어려운 학습 과제를 수행할 때에는 긍정적인 행동을 할 때마다 즉각적으로 토큰을 주지만 어느 정도 새로운 학습 행동을 습득하고 학생들이 익숙해져가면 선택적으로 토큰을 주는 것이 좋다.

둘째, 부당한 방법으로 토큰을 가질 수 없도록 교사가 몇 가지 장치를 개발하여 활용하는 것이 필요하다. 칭찬 스티커의 경우 일반 시중에 나와 있는 스티커를 쓰기

보다는 별도로 제작한 스티커나 교사가 직접 만든 스티커를 활용하는 것이다. 토큰을 분실하거나 도난 사건이 발생하지 않도록 보완 장치를 마련해야 한다.

셋째, 교사가 미리 토큰을 무엇으로 교환할 것인가에 대하여 고민해야 한다. 일정 토큰을 모으면 학생들이 자기가 모은 토큰 수량에 따라 자신이 좋아하는 1차 강화물학용품이나 먹거리 등로 선택할 수 있다. 수행 평가 시 수업 태도 점수로 환산하여 수행 평가 점수로 반영할 수 있다. 토큰 제도를 학생들의 욕구를 충족하는 방식으로 진행하지 않고 역발상을 통해 토큰의 양에 따라 다른 사람들을 돕거나 봉사 활동하는 것으로 활용할 수도 있다.

✎ 토큰 제도의 근본적인 한계 〰〰〰

토큰 제도를 유용하게 활용할 수 있는 경우가 있다.

- 다인수 학생들을 효과적으로 통제하려고 할 때
- 학생들의 연령이 낮거나 학습 의지가 낮을 때
- 객관적인 평가 기준이 요구될 때
- 단순한 활동일때

그럼에도 불구하고 토큰 제도는 다음과 같은 근본적인 한계가 있다.

- 외적 보상은 그 효과가 모든 학생들에게 적용되지는 않는다.
- 관찰 가능한 행동만을 강화하기 때문에 주의집중과 같은 행동은 완전히 관찰할 수 없다.
- 기꺼이 도전적인 과제를 하려고 하지 않는다.

- 학습 과제의 해결이 목표가 되지 않고 보상 자체가 목표가 될 수 있다.
- 창의적인 활동에는 토큰이 큰 영향을 주지 못한다.

그러므로 토큰 제도는 제한적으로 활용하거나 가급적 활용하지 않는 것이 더 좋다. 토큰 제도의 대안으로 가장 좋은 방법이 칭찬하기와 격려하기이다.

칭찬하기 〰️

'칭찬은 고래도 춤추게 한다.'라고 하지만 칭찬이 무조건 좋은 것은 아니다. 잘못된 칭찬 방법도 있다.

상대적인 비교의식에 근거한 칭찬하기

>> "너, 이번에 희진이보다 성적이 더 올랐다며? 대단하다, 대단해!"

선천적인 본성에 초점을 둔 칭찬하기

>> "역시 넌 원래 착한 학생이었어!"

두루뭉술한 칭찬하기

>> "참 잘했어요!"

교사의 기대에 기초한 칭찬하기

>> "네가 이번 성적이 10점 이상 오르면 선생님이 너무 기쁠 것 같아.
네가 지금 열심히 공부하니까 목표를 이룰 수 있을 거야!"

결과 중심으로 칭찬하기

>> "이번 교내 대회에서 우수상을 3개나 받았다니 정말 멋있구나!"

교사 중심적 칭찬하기

　　▶▶ "네가 숙제를 해오니까, 선생님이 기쁘네."

그러므로 칭찬할 때는 다음과 같은 원칙에 따라 칭찬하는 것이 좋다.

존재 자체에 대하여 칭찬하기

　　▶▶ "선생님은 민철이가 달리기 시합에서 넘어져서 비록 꼴지를 했지만 결과와
　　　　상관없이 최선을 다해 경주를 포기하지 않고 노력한 것이 너무 좋았어.
　　　　민철이가 우리 반이라는 것이 자랑스러워"

후천적인 노력과 성장 과정에 초점을 둔 칭찬하기

　　▶▶ "지난 성적보다 더 좋은 결과를 얻었다니 참 대단해"

구체적인 이유를 들어서 칭찬하기

　　▶▶ "지난번 보고서 내용보다 문제의식도 날카롭고 분량과 형식에 있어서 평가
　　　　기준 이상으로 수행해서 참 좋았어."

사실에 기초하여 칭찬하기

　　▶▶ "이번 시험 성적 결과가 지난 시험 결과보다 평균 10점 이상 올랐다니
　　　　너무나 대단해!"

과정 중심으로 칭찬하기

　　▶▶ "늦게 까지 네가 대회 연습을 하더니 대회 결과도 좋게 나왔구나!"

학생의 긍정적인 행동에 대하여 감사를 표현하기

　　▶▶ "네가 늦게 까지 교실 청소를 해주어서 우리 교실이 깨끗해졌네. 고맙다"

✎ 격려하기 ~~~◁

그런데 칭찬하기는 다음과 같은 문제점이 발생할 수 있다.

- 학생들은 칭찬하는 권위자의 기준을 의식하게 된다.

- 칭찬받을 일을 했는데도 칭찬을 받지 못하면 불만이 생길 수 있다.

- 칭찬을 받지 못하는 상황이 이어지면 자기 자신을 무능력하게 생각하거나
  낙담하고 포기할 수 있다.

그래서 아들러는 칭찬하기보다는 격려하기를 더 강조한다. 격려하기란 용기나 의욕이 솟아나도록 북돋아 주는 것이다. 학생이 가지고 있는 그대로의 모습을 인정하고 존중하는 것이다. 결과와 상관없이 그럼에도 불구하고 힘을 불어 넣어주는 것이다. 격려는 내적 동기 유발에 초점을 맞추고 있다. 격려하기는 과거나 미래가 아닌 현재에 초점을 맞추어져야 한다. '예전에도 힘든 일을 잘 극복했으니 이번에도 힘내과거'나 '넌 성실한 사람이 될 수 있을 것이라고 기대해미래'보다 '현재 열심히 친구와의 갈등 문제를 고민하는 것을 보니 정말 그 문제를 잘 해결하고 싶어 하는 것 같아현재'가 더 좋다.

다음은 격려의 표현들이다. 잘 기억하여 교실에서 활용하면 좋을 것이다.

- "넌 ~을 잘하는 것 같아"

- "너의 ~이 발전한 것 같아"

- "우리는 너를 좋아하지만, 네가 하는 행동에 대해서는 그렇지
  않다고 생각해"

- "네가 ~함으로써 우리를 도울 수 있을 것 같아"

- "함께 시도해보자"

- "자 한번 보자, 실수는 아무나 할 수 있는 거야. 네가 실수를 통해 무엇을 배웠는지가 더 중요해"

- "너는 못할 것이라고 생각하겠지만, 우리는 네가 할 수 있을 것이라고 믿어"

- "포기하지 말고 계속 시도해보렴"

- "네가 이 문제를 해결할 수 있을 것이라고 생각하지만, 도움이 필요하다면 내게 말하렴."

- "네가 어떻게 느끼는지 알지만, 네게 이것을 잘 다룰 수 있는 능력이 있다고 확신해"

도움을 받은 책들

* 김현섭 외 2012, "협동학습2", 한국협동학습센터
* 제인 넬슨 외, 김성환 외 역 2014, "학급긍정훈육법", 에듀니티
* 드레이커스 외, 전종국 외 역 2013, "아들러와 함께 하는 행복한 교실 만들기", 학지사
* 조세핀 김 2014, "교실 속 자존감", 비전리더쉽

내 수업의 고민
그리고 그 해답

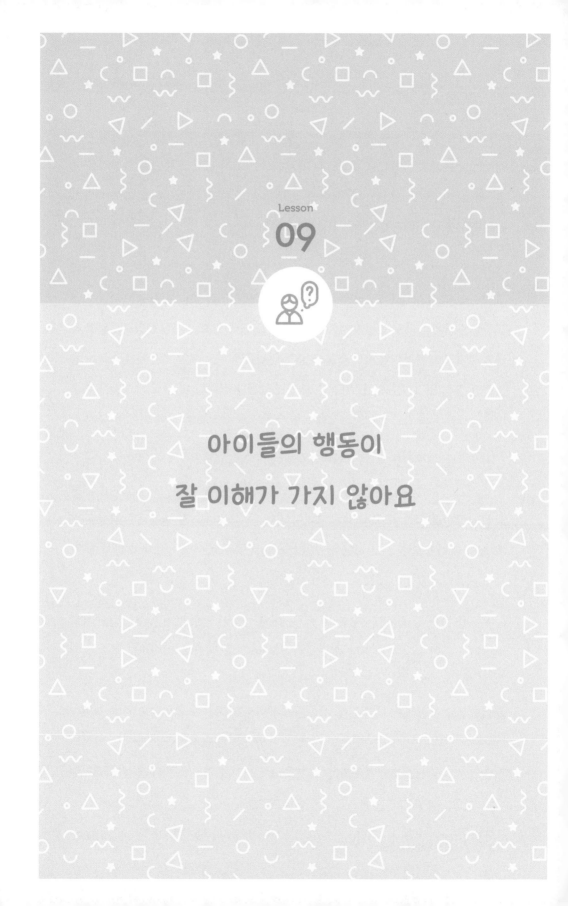

Lesson
09

아이들의 행동이
잘 이해가 가지 않아요

✎ 왜 욕구인가? ∼∼∽

교실에서 수많은 갈등과 문제들이 일어난다. 그런데 이러한 갈등과 문제를 논리적으로 판단하고 합리적인 해결책을 제시한다고 해서 갈등과 문제가 해결되는 것은 아니다. 현실에서 경험하는 갈등과 문제들이 잘 풀리지 않는 이유 중의 하나가 서로의 욕구와 이해관계가 충돌하고 있기 때문이다.

욕구를 알아가는 것이 자기를 잘 아는 것이라고 볼 수 있다. 어떤 행동이든 간에 그 속에는 동기가 있고 그 동기에 결정적인 영향을 주는 것이 욕구이다. 사실 많은 교사들은 자기의 욕구를 잘 알아차리지 못한다. 현재 교직 생활이 불만족스럽고 불만이 있다고 느껴진다면 자기의 욕구 중 무엇인가가 현재 교직 생활에서 충분히 충족되지 않고 있기 때문이다. 행복한 교직 생활을 꿈꾸려면 내가 교직 생활을 통해 바라는 욕구가 분명하게 무엇인지를 알면 행복한 교직 생활을 꿈꿀 수 있을 것이다.

욕구를 알아야 상황 파악이 잘 이루어진다. 인정받고자 하는 욕구가 강한 학생은 수업 시간에 튀는 행동을 하거나 자주 아프다고 하거나 다른 친구에게 상처 주는 농담이나 장난을 많이 하기도 한다. 심지어 비행을 저질러서라도 남들에게 관심을 받고 싶어 하기도 한다. 미성숙한 사람일수록 자기 욕구를 어떻게 채워야 할지 잘 모르기 때문에 잘못된 방법으로 욕구가 표출되면 다른 사람에게 피해를 주게 된다.

욕구를 알면 상대방을 수용할 수 있다. 어떤 학생이 꾀병을 자주 부린다고 해서 야단친다고 이 문제가 온전히 해결되는 것은 아니다. 예컨대, 사랑받고 싶은 욕구가 큰 학생이 몸이 아프다고 하니까 선생님이나 주변 친구들이 관심을 보여준 것을 경험했다고 가정해보자. 내면이 미숙한 학생이라면 아프지 않더라도 주변 사람에게 자주 아프다고 말할 수 있다. 교사가 그 학생을 꾀병을 부린다고 하면 그 학생의 행동이 짜증이 나겠지만 사랑받고 싶은 욕구가 크지만 이를 잘 채우지 못해 왜곡된 방법으로 표현하는 행동이라는 것을 알게 되면 그 학생의 모습을 있는 그대로 받아 줄 수 있는 여유가 생길 수 있다.

욕구를 잘 이해하면 욕구의 차이 때문에 생기는 대인 관계 문제를 해결하는 방법을 알게 된다. 사람마다 자기가 중시여기는 욕구와 그 욕구의 강도가 각기 다르다. 상대방의 욕구에 맞는 선물을 해야 상대방이 좋아하지만 나의 욕구를 충족시키는 선물을 하면 상대방은 그리 좋아하지 않을 수 있다. 우리는 사회생활을 하면서 주변 사람들과 관계를 맺고 살아가는데 때로는 상대방의 욕구를 내가 현실적으로 맞추기 힘든 경우가 생긴다. 이러한 경우 내 욕구를 포기하면서까지 상대방의 욕구를 맞추기는 쉽지 않다. 이때 어느 정도의 거리를 두어 갈등을 미리 예방할 수 있다.

✎ 욕구란 무엇인가? 〰〰✦

사람의 행동을 이해하려면 행동 속에 숨어있는 동기를 이해해야 한다. 그런데 동기에 가장 큰 영향을 미치는 것은 욕구이다. 욕구가 없으면 그와 관련된 행동을 하지 않는다. 인간의 내면과 행동을 이해하는 데 있어서 욕구는 매우 중요한 열쇠이다. 그런데 많은 사람들은 욕구 자체에 대하여 부정적으로 여기거나 긍정적으로 이해해도 자신의 욕구에 대하여 잘 알아차리지 못해서 힘들어하는 경우가 많다. 그 이유는 무엇일까? 욕구와 욕망의 차이점을 온전히 구분하지 못해서 오는 것이다.

그렇다면 욕구란 무엇인가? 욕구慾求의 사전적인 의미는 '무엇을 얻거나 무슨 일을 하고자 바라는 일'이다. 그에 비해 욕망慾望의 사전적인 의미는 '부족을 느껴 무엇을 가지거나 누리고자 탐하거나 탐하는 마음'을 말한다.

욕구와 욕망은 무엇인가를 바라는 것이라는 점에서 공통점을 가지고 있다. 즐거움을 추구하고 고통을 피하려는 속성을 가지고 있다. 무엇인가 부족한 것을 채우려고 한다.

하지만 욕구와 욕망은 중요한 차이점이 있다. 무엇보다 욕구는 인간으로서 살아가는데 필요한 필수 요소이다. 욕구가 없으면 생명을 유지하고 지속적으로 성장하는데 문제가 생긴다. 욕구는 충족되어야 할 것인지 나쁜 것이 아니다. 욕구가 제대로 충족되지 못하면 인격체로서 성숙하는데 방해가 된다. 특히 어렸을 때 욕구가 제대로 충족되지 않으면 성인이 되어도 그 결핍이 과도한 욕망으로 드러날 수 있다. 욕구가 문제가 되는 경우는 욕구 자체의 문제가 아니라 욕구를 채우는 방법이 문제가 되는 경우가 많다.

욕망은 욕구의 집착이다. 자기 욕구만 생각하고 자기 욕구를 잘 절제하지 못한다. 무엇보다 욕망은 자신의 욕구만 생각하고 다른 사람들의 욕구를 배려하지 않는다. 그래서 욕망은 사회적 갈등을 불러일으킨다.

욕구와 욕망의 차이점을 좀 더 세부적으로 비교하면 다음과 같다.

- 욕구는 충족이 가능하지만 욕망은 충족이 불가능하다.
- 욕구는 생명체를 유지하는데 필수적인 것이지만 욕망은 선택적인 것이다.
- 욕구는 충족되면 일시적으로 약해지지만 욕망은 결코 충족될 수 없다.
- 욕구는 개인적인 측면이 강하지만 욕망은 사회적인 측면이 강하다.
- 욕구는 조작하기 힘들지만 욕망은 조작이 가능하고 새로운 욕망을 만들 수 있다.
- 욕구 자체는 긍정적이지만 욕망 자체는 부정적일 수 있다.

- 욕구는 인간 생존을 위해 필요한 것을 채우려고 하지만 생존 이상의 수준까지 원하고 이루려고 한다.
- 욕구 자체는 사회적 갈등으로 연결되지 않지만 욕망이 커지면 사회적 갈등을 야기 시킬 수 있다.

욕구는 수단과도 구별된다. 예컨대, 돈을 벌고 싶다는 것은 욕구라기보다 수단에 가깝다. 돈을 왜 벌고 싶은지에 대한 근본 이유가 욕구에 해당된다. 생존인가? 사회적 인정인가? 이것이 바로 욕구에 해당된다.

욕구 충족은 평생의 과제이다. 욕구는 인간이면 누구나 가지고 있는 것이다. 욕구가 충족되지 않으면 불만족과 불안 혹은 우울감이 나타난다. 충족되지 않은 욕구는 사라지는 것이 아니라 평생 따라다닌다. 심지어 자기의 욕구를 온전히 채우지 못하면 다른 사람학생이나 자녀을 통해 대리 욕구를 충족시키려고 한다. 반대로 욕구가 온전히 충족되면 만족과 안정, 높은 자존감이 나타난다. 자기가 소중히 여기는 욕구가 충족되면 상대적으로 덜 소중히 여기는 욕구가 제대로 충족되지 않아도 힘들어하지 않는다. 욕구가 충족되면 다른 사람들을 잘 배려할 수 있는 여유가 생긴다. 행복은 욕구 충족과 밀접한 관련이 있다.

욕구의 종류는 매우 다양하다. 다양한 욕구들을 범주화한다면 크게 심리적 욕구, 사회적 욕구, 인지적 욕구, 자기 의지자율의 욕구, 개인차에 따른 욕구 등으로 구분할 수 있을 것이다. 글라써는 생존의 욕구, 사랑의 욕구, 힘의 욕구, 자유의 욕구, 즐거움의 욕구를 기본적인 욕구로 파악했다. 매슬로우는 다양한 욕구들 사이에도 위계적인 단계가 있다고 보았다. 즉, 생리적인 욕구, 안전의 욕구, 애정의 욕구, 자존의 욕구, 자아실현의 욕구의 순서로 이해했다.

✎ 욕구는 어떻게 표현되는가? 〰〰

욕구의 표현이 감정이다. 욕구가 충족되면 긍정적인 감정을 느끼고, 욕구가 채
워지지 않으면 부정적인 감정을 느낀다. 욕구 충족이 이루어졌을 때 느끼는 감정들
은 다음과 같다.

- 감동받은, 뭉클한, 즐거운, 따뜻한, 뿌듯한, 편안한, 평화로운, 흥미로운,
  활기찬, 흥분된 등

욕구 충족이 이루어지지 않을 때 생기는 감정들은 다음과 같다.

- 걱정되는, 무서운, 불안한, 불편한, 슬픈, 서운한, 외로운, 우울한, 피곤한,
  혐오스런, 혼란스러운, 화나는

자기의 욕구를 잘 알아차리지 못하는 경우가 많다. 하지만 감정을 상대적으로 쉽
게 느낄 수 있다. 감정 속에 욕구가 들어있으므로 욕구를 이해하려면 내 감정의 원
인을 파고들면 그 안에 숨겨진 욕구를 찾을 수 있게 된다.

욕구는 행동으로 표현된다. 예컨대, 집에서 배가 고프다는 것을 느끼면 먹을 것
을 찾으러 부엌에 갈 것이다. 주변 사람들에게 인정받고 싶다는 것을 느끼면 열심히
일을 하려고 할 것이다. 그런데 어떠한 행동 속에 숨겨져 있는 욕구는 한 가지가 아
니라 여러 가지 욕구들이 섞여 있는 경우가 많다. 예컨대, 어떤 학생이 열심히 공부
를 한다면 부모님이나 선생님에게 인정받고자 하는 것 뿐 아니라 생존의 수단과 자
아실현의 도구라고 생각할 수 있기 때문이다.

자기 내면의 힘을 기르려면 자기 행동 속에 숨겨진 욕구와 동기가 구체적으로 무
엇인지 분별하여 알아차리는 것이 필요하다. 예컨대, 아무 것도 하기가 귀찮아서
하루 종일 멍하니 TV시청을 했다고 가정해 보자. 멍하게 TV를 시청하는 것은 행동

이다. 그런데 자신이 귀찮다고 느끼는 것은 감정이다. 아무 것도 하기 귀찮다고 느끼는 이유가 일주일 동안 열심히 일을 해서 체력이 방전된 상태라면 육체적으로 쉬고 싶다는 것이 욕구가 될 것이다. 그런데 육체적인 쉼의 욕구는 TV 시청으로만 해결되는 것은 아니다. 찜질방에 가서 반신욕으로 해결할 수도 있고 맛있는 것을 먹으면서 해결할 수도 있을 것이다. 욕구는 단 한 가지 방법이 아니라 다양한 방법으로 채울 수 있다.

사람은 누구나 자기 욕구가 채워지지 않으면 내면이 무너지기 쉽고, 다른 사람을 배려할 수 있는 여유가 사라진다. 중독증도 이러한 맥락에서 이해할 수 있다. 중독증은 어떤 것에 집착하면서 그것에 대한 통제가 되지 않는 것이다. 어떤 학생이 성적에 대한 부담감을 피하기 위해 게임 중독에 빠졌다면 주변에서 게임을 강제로 하지 못하게 한다고 해서 그 학생의 내면 문제(성적에 대한 압박)가 해결되는 것은 아닐 것이다.

사람은 누구나 행복을 꿈꾼다. 욕구가 충족이 되면 사람은 행복을 누릴 수 있지만 그렇지 않으면 불행해진다. 그러므로 진정한 행복을 추구하기 위해서는 자기 속에 숨어있는 욕구를 잘 분별해야 한다.

✎ 사람마다 느끼는 욕구 강도가 다르다?! 〰〰〰

개인이 선호하는 욕구에도 강도가 각기 다르다. 사람마다 강한 욕구와 낮은 욕구가 있다. 사람은 자기의 모든 욕구가 다 채워지지 않아도 자기에게 강한 욕구만 채워져도 나머지 욕구를 좀 덜 채워지더라도 크게 불만을 가지지 않을 수 있다. 낮은 욕구는 그다시 채우려고 노력하지 않고, 안 채워도 그만인 경우가 있다. 먼저 자기의 욕구 강도를 '욕구 강도 프로파일'을 통해 확인해 보도록 하자.

욕구강도 프로파일

아래 질문에 답하고 아래에 있는 점수를 적어 보세요.

전혀 그렇지 않다(1) 별로 그렇지 않다(2) 때때로 그렇다(3) 자주 그렇다(4) 언제나 그렇다(5)

- -

A 생존의 욕구

- 돈이나 물건을 절약하는가? (　)

- 돈으로 살 수 있는 것을 좋아하고 만족을 느끼는가? (　)

- 자신의 건강관리와 유지에 관심을 가지고 있는가? (　)

- 균형 잡힌 식생활을 하려고 노력하는가? (　)

- 이성 친구에 대한 관심이 있는가? (　)

- 매사에 보수적인 편인가? (　)

- 안정된 미래를 위해 공부하거나 저축(투자)하는가? (　)

- 부득이한 경우가 아니면 모험을 피하고 싶은가? (　)

- 외모를 단정하게 가꾸는데 관심이 있는가? (　)

- 쓸 수 있는 물건은 버리지 않고 간직하는가? (　)

점수 합계 (　　　)

- -

B 사랑의 욕구

- 나는 사랑과 친근감을 많이 필요로 하는가? (　)

- 다른 사람의 삶에 관심이 있는가? (　)

- 친구를 위한 일에 시간을 기꺼이 내는가? (　)

- 장거리 여행 때 옆자리의 사람에게 말을 거는가? (　)

- 사람들과 함께 있거나 노는 것을 좋아하는가? (　)

- 아는 사람과는 가깝고 친밀하게 지내는가? (　)

· 친한 친구가 나에게 관심을 가져주기 바라는가? (　　)

· 다른 사람이 나를 좋아해 주기 바라는가? (　　)

· 다른 사람들에게 친절하게 대하는가? (　　)

· 친한 친구가 나의 모든 것을 좋아해 주기를 바라는가? (　　)

점수 합계 (　　　　)

- -

C 힘의 욕구

· 내가 하는 공부나 일(직업)에 대해 사람들로부터 인정받고 싶은가? (　　)

· 다른 사람에게 충고나 조언을 잘 하는가? (　　)

· 다른 사람에게 무엇을 하라고 잘 지시하는가? (　　)

· 경제적으로 남보다 잘 살고 싶은가? (　　)

· 사람들에게 칭찬 듣는 것을 좋아하는가? (　　)

· 내 말을 잘 듣지 않은 친구가 있으면 이를 잘 무시하거나 의도적으로
　무관심하게 대하는가? (　　)

· 내 분야에서 탁월한 사람이 되고 싶은가? (　　)

· 어떤 집단에서든 지도자가 되고 싶은가? (　　)

· 자신을 가치 있는 인간이라고 느끼는가? (　　)

· 내 능력과 재능을 자랑스럽게 여기는가? (　　)

점수 합계 (　　　　)

- -

D 자유의 욕구

· 사람들이 내게 어떻게 하라고 지시하는 것이 싫은가? (　　)

· 내가 원하지 않는 일을 하라고 하면 참기 어려운가? (　　)

· 다른 사람에게 어떻게 살아야 한다고 강요하면 안된다고 믿는가? (　　)

· 인간의 자유로운 선택능력을 믿는가? (　　)

· 내가 하고 싶은 일을, 하고 싶을 때 하고 싶은가? (　　)

· 누가 뭐라고 해도 내 방식대로 살고 싶은가? (　　)

· 누구나 인생을 살고 싶은 대로 살 권리가 있다고 믿는가? (   )

· 인간은 모두 자유로운가? (   )

· 친한 친구의 자유를 구속하고 싶은 생각이 없는가? (   )

· 나는 열린 마음을 지니고 있는가? (   )

점수 합계 (   )

- -

E 즐거움의 욕구

· 큰소리로 웃기를 좋아하는가? (   )

· 유머를 사용하거나 듣는 것이 즐거운가? (   )

· 나 자신에 대해서도 웃을 때가 있는가? (   )

· 뭐든지 유익하고 새로운 것을 배우는 것이 즐거운가? (   )

· 흥미있는 게임이나 놀이를 좋아하는가? (   )

· 여행하기를 좋아하는가? (   )

· 독서하기를 좋아하는가? (   )

· 영화 구경 가기를 좋아하는가? (   )

· 음악 감상하기를 좋아하는가? (   )

· 새로운 방식으로 일하거나 생각해 보는 것이 즐거운가? (   )

점수 합계 (   )

- -

● 욕구강도 순위 (년   월   일)

A 생존의 욕구 (   )

B 사랑의 욕구 (   )

C 힘의 욕구 (   )

D 자유의 욕구 (   )

E 즐거움의 욕구 (   )

윌리엄 글라써^{William Glasser}는 개인의 욕구를 다음의 5가지로 나누었다.

- **생존의 욕구**
  · 생존을 위한 자기 관리, 안정에 대한 욕구

- **사랑의 욕구**
  · 사랑을 받고 싶은 욕구

- **힘의 욕구**
  · 다른 사람에게 영향을 미치고 싶은 욕구

- **자유의 욕구**
  · 무엇인가에 구속받지 않고 자유로우며 자율적으로 선택하고 싶은 욕구

- **즐거움의 욕구**
  · 즐거움 자체를 추구하는 욕구

🖋 교사와 학생의 관계를 욕구로 이해하기 〜〜〜〜

도형심리학과 욕구의 관계

5가지 욕구는 누구에게나 존재하지만 사람들의 유형에 따라 자기가 선호하는 욕구의 정도가 각기 다르다. 도형심리학의 유형과 욕구를 관련하여 살펴보면 대체로 다음과 같은 연관성을 분석할 수 있다. 네모형 유형의 사람들은 생존의 욕구가 상대적으로 강하다. 그에 비해 동그라미형 유형의 사람들은 사랑, 자유의 욕구가 상대적으로 크다. 세모형 유형의 사람들은 힘의 욕구가 상대적으로 강하고, 별형 유형의 사람들은 자유와 즐거움의 욕구가 상대적으로 강하다.

교사 리더쉽 유형과 욕구

일반적으로 교사들의 리더쉽 유형들은 허용적인 교사 유형, 방임적인 교사 유형, 권위주의적인 교사 유형, 민주적인 교사 유형을 나눌 수 있다. 허용적인 교사 유형은 학생들이 원하는 것은 그대로 들어주는 경향이 있다. 이 경우, 생존, 힘의 욕구는 낮으나 상대적으로 자유, 즐거움, 사랑의 욕구가 높다. 방임적인 교사 유형은 피곤하고 무기력한 교사가 학생들을 방치하는 경향이 있다. 이 경우, 생존, 사랑, 힘의 욕구는 낮으나 자유의 욕구는 높다. 권위주의적인 교사 유형은 방임적인 교사 유형과는 정반대로 일방적으로 규칙을 정해놓고 학생들에게 그 규칙을 절대로 지킬 것을 강요하는 경향이 있다. 이 경우, 생존, 힘의 욕구는 크나 사랑의 욕구는 낮다. 민주적인 교사 유형은 학생들을 인격적으로 대하고 민주적인 의사결정을 중시 여기는 경향을 가지고 있다. 이 경우, 다른 욕구에 비해 생존, 사랑, 힘의 욕구 높다고 할 수 있다.

문제 학생의 내면적 욕구를 바라보기

자기 마음대로 하는 학생들은 대체로 힘과 자유의 욕구가 상대적으로 크다. 자기 마음대로 하는 학생들은 교사 입장에서 다루기는 힘들지만 잘 지도하면 좋은 리더로 성장시킬 수 있다. 힘의 욕구가 낮은 학생이 리더가 되면 그 그룹(학급, 모둠)을 힘들게 할 수 있다. 힘의 욕구가 높은 학생들을 교사가 힘으로 꺾으려거나 포기하지 말고 그 학생의 장점을 인정하고 긍정적으로 그 힘을 발휘할 수 있도록 유도하는 것이 좋다.

순한 학생들은 생존의 욕구는 높으나 상대적으로 힘, 자유의 욕구는 낮다. 순한 학생들은 교사 입장에서는 다루기 좋을지 모르겠지만 자신이 원하는 것을 잘 모르고 나중에 스스로 해야 할 때 힘들어할 수 있다. 심한 경우, 결정 장애 현상이 나타날 수도 있다. 그러므로 힘과 자유의 욕구를 높일 수 있도록 배려할 수 있어야 한다.

주변 사람들에게 관심을 끌기 위해 오버하는 학생들은 사랑과 힘의 욕구가 상대적으로 높은 경우라고 볼 수 있다. 교사가 이러한 학생들을 잘못 대하면 학생 페이스에 말려들 수 있거나 오버하는 행동이 더 심해질 수 있다. 관심을 끌기 위해 오버된 행동을 하는 경우, 부정적인 행동은 교사가 학생이 기분 나쁘지 않게 무시하거나 무반응을 보이는 것이 좋고, 긍정적인 행동은 적극적으로 반응을 보이면 좋다. 그리고 교사가 개인적으로 만나서 특별한 만남이나 대화를 가지는 것도 좋다.

갈등을 욕구로 이해하기

자기가 선호하는 강한 욕구가 무엇인지를 잘 알아차리고 상대방의 강한 욕구가 무엇인지 잘 이해하면 갈등 해결이 상대적으로 쉽게 풀려갈 수 있다.

예컨대, 모둠 활동의 주도권을 가지려고 모둠 안에서 갈등이 일어나는 경우 해당 학생들의 유형과 강한 욕구를 이해하면 쉽게 문제를 해결할 수 있다. 만약 힘의 욕구가 강한 학생들끼리 부딪히는 경우라면 세부적인 역할 분담을 통해 갈등을 최소화하거나 이끔이 역할을 돌아가면서 할 수 있도록 하여 모둠 안에서의 힘을 공유할 수 있는 방안을 모색하는 것이다. 또 다른 예를 들 수 있다. 만약 자유의 욕구가 강한 학생을 힘의 욕구가 강한 교사가 통제하려고 하면 교사와 학생과의 갈등만 더욱 커질 것이다. 이 경우, 교사가 해당 학생의 자유의 욕구를 어느 정도까지 인정하되, 최소한의 지켜야 할 기준을 함께 만들어 게으름이나 방종으로 흐르지 않도록 지도해 나갈 수 있도록 하는 것이다.

욕구를 긍정적으로 이해하고 서로의 욕구를 충족할 수 있는 방안을 모색하는 것이 필요하다. 억압과 충돌보다는 타협을 통해 서로의 욕구를 채울 수 있는 현실적인 대안을 모색하는 것이 필요하다. 욕구는 충족되어야 하면서도 동시에 조절될 수 있어야 한다. 그러므로 학생들의 욕구 특성을 이해하고 그에 맞는 접근을 시도하는 지혜가 필요하다.

✎ 욕구를 잘 알아차리고 배려하기 위한 방법 〜〜〜〈

도형 욕구 카드 활동

자기의 욕구를 분별하거나 다른 사람의 욕구를 알아차리는데 도움이 되는 활동 중의 하나가 도형욕구 카드 활동이다. 도형 욕구 카드 활동에 대하여 소개하면 다음과 같다.

① 도형 카드를 책상 위에 펼쳐 놓고 자기 마음의 상태를 잘 표현하는 도형 카드를 선택할 수 있도록 한다.

② 각자가 선택한 도형 카드를 나머지 모둠원들에게 보여주면 나머지 모둠원들이 그 사람이 그 도형 카드를 선택한 이유를 유추한다.

③ 나머지 모둠원들의 유추 활동이 마치면 카드 주인공이 자기 도형 카드 선택 이유에 대하여 자유롭게 이야기한다.

④ 위의 방식으로 돌아가며 이야기를 한다.

⑤ 도형 카드를 뒤집어서 욕구 카드를 펼친다.

⑥ 한 사람을 정해 나머지 사람들이 그 사람 이야기 속에 숨겨진 욕구들을 1-2장 정도 욕구 카드를 통해 찾아낸다.

⑦ 각자가 찾은 욕구 카드를 통해 그 이야기 속에 숨겨진 욕구들을 돌아가며 이야기한다. 이때 이야기 주인공은 가만히 경청한다.

⑧ 나머지 모둠원들의 이야기가 다 마치면 찾아준 욕구 카드를 통해 검증 활동을 한다. 어떠한 욕구가 가장 크고 그렇지 않은지에 대하여 이야기를 나눈다.

"~구나" 용법 활용하기

상대방과의 대화에서 상대방 이야기 속에 숨어있는 욕구와 감정을 읽어주는 대표적인 대화 방법이 '~구나' 용법이다. 상대방의 이야기에 대하여 사실, 감정, 욕구를 구분하여 반응을 보이는 대화 방법이다.

예) "얼굴 표정이 별로 안 좋은 것을 보니 분명 시험을 망쳤구나? 네가 그럴 줄 알았어!
그러니까 네가 평상시 열심히 공부하라고 했지?"

>> "시험을 잘 보지 못해서 속상하구나. 네가 이번 시험 성적이 향상되길 간절히
원하는 것 같았는데……"

· 사실 : 시험을 잘 보지 못했음
· 감정 : 속상함
· 욕구 : 능력 있는 사람(공부 잘하는 사람)이 되고 싶음(숨어있는 욕구)

"~구나" 용법을 잘 활용하면 상대방을 잘 격려하여 힘을 북돋아 줄 수 있고, 상대방의 마음을 얻으면서도 자신이 원하는 것을 상대방에게 부담 없이 전할 수 있다.

도움을 받은 책들

* 김현섭 외 2004, "아이들과 함께 하는 협동학습2", 한국협동학습센터
* 윌리엄 글라써, 우애령 역 2005, "결혼의 기술", 하늘재
* 토마스 고든, 김홍옥 역 2003, "교사역할훈련", 양철북
* 존 마샬 리브, 정봉교 외 역 2003, "동기와 정서의 이해", 박학사
* 김현섭, 김성경 2017, "욕구 코칭", 수업디자인연구소 (근간 예정)

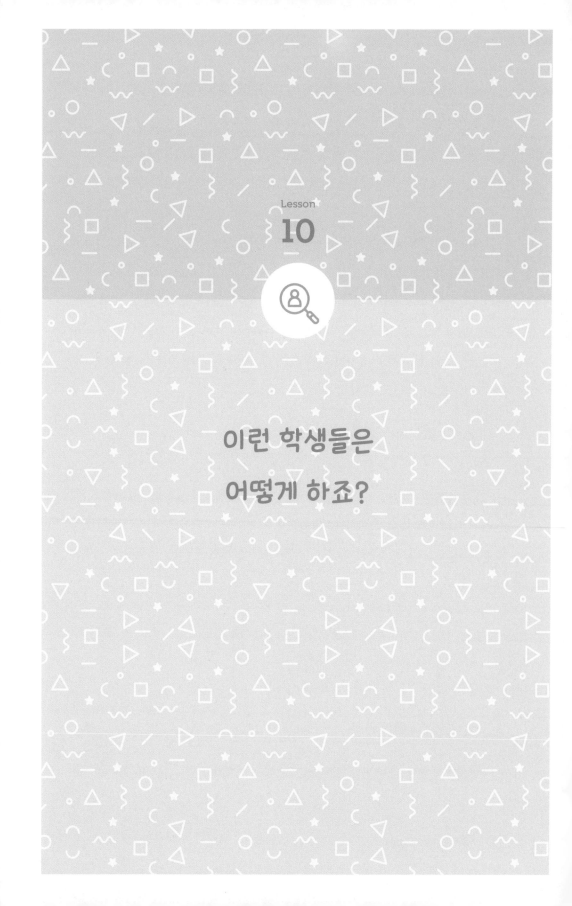

Lesson

10

이런 학생들은

어떻게 하죠?

P교사는 2년차 인문계 고등학교 수학 교사이다. P교사는 학생들과 친밀하고 털털한 스타일의 열정적인 여교사이다. 이 학교 학생들은 다른 학교 학생들에 비해 학습 의지나 수준이 그리 높지 않다. 학습 흥미가 낮은 외향적인 일부 남학생들은 수업을 하기 싫으면 수업 내용과 상관없는 엉뚱한 질문을 던진다. 그러면 P교사는 그 질문에 반응을 보이면서 딴 길로 나간다. P교사는 수학을 힘들어하는 학생들이 많다고 생각하기에 수업 내용과 상관없는 이야기를 하는 것이 큰 문제라고 생각하지 않는다. 그런데 열심히 수업에 참여하던 여학생들은 P교사가 다른 이야기로 빠지면 집중도가 흐트러진다. 대다수의 여학생들은 교사의 질문에도 별 다른 반응을 보이지 않고 교사의 설명에만 주의를 기울인다. 그런데 P교사는 이 문제에 대하여 잘 인식하지 못한다. 교사가 질문하면 소수의 남학생들이 대답하고 질문할 뿐 나머지 학생들은 수업 시간 내내 침묵을 지킨다.

"학생들의 질문을 어디까지 받아주어야 하나요?"

많은 교사들이 가지고 있는 고민들 중 하나이다. 수업 내용과 관련이 있는 질문이라면 얼마든지 받아줄 수도 있겠지만 반대로 수업 내용과 상관없는 질문들이 수업 흐름에 방해가 되기 때문이다. 그리고 반대로 질문을 하지 않고 교사의 질문에도 별 다른 반응 없이 묵묵하게 있는 학생도 있다. 이러한 학생들을 어떻게 지도해야 할까?

쓸데없는(?) 질문을 많이 하는 학생 〰️

"선생님, 하늘은 왜 파랗죠?"

쓸데없는 질문을 하는 유난히 많이 던지는 학생들이 있다. 대개 교사들은 처음에는 이러한 학생들에 대하여 친절하게 대답을 해주기도 하지만 이러한 일들이 반복되면 슬슬 짜증이 나기 시작한다. 특히 수업 진도 문제로 인하여 힘들 때 일부 학생들이 이러한 일을 하면 교사 자신도 모르게 퉁명스럽게 반응을 보이곤 한다. 그렇다면 이러한 학생들을 어떻게 대해야 할까?

쓸데없는 질문은 없다!

쓸데없다는 기준은 교사가 느끼는 기준일 수 있다. 모든 질문들은 각각의 의미가 있다. 아예 질문이 없는 것보다 엉뚱한 질문이 더 의미가 있다. 왜냐하면 질문을 한다는 것은 학생의 배움이 살아있다는 증거로 해석할 수 있기 때문이다. 교사 입장에서는 쓸데없는 질문이라도 그 질문 자체를 부정적으로만 생각하지 않는 것이 필요하다.

학생들의 발달 단계를 고려하여 반응을 보인다.

초등학교 저학년 학생들의 경우, 주변에 대한 호기심이 많아 다양한 질문을 쏟아내는 경우가 많다. 그런데 초등학교 고학년이 되면 점차 질문을 줄어들게 된다. 중고등학교로 올라가면 더욱 질문을 기피하는 현상이 나타난다. 궁금한 것이 생겨도 웬만해서는 질문하지 않는다.

교사는 학생들의 발달 단계와 특성을 고려하여 학생들의 질문에 반응하면 좋다. 초등학교 저학년 학생들의 경우, 교사가 학생들의 엉뚱한 질문들을 보다 친절하게 받아주는 것이 필요하다. 다만 수업 방해가 될 정도로 질문들이 너무 많아 문제가 되는 경우는 규칙을 만들어 적당한 선을 지킬 수 있도록 하면 좋다. 학생들의 질문이 너무 많은 경우, 접착식 메모지나 쪽지에 질문을 써서 이를 모아서 교사가 한꺼번에 질문들에 대한 대답을 해주는 것도 좋다.

질문이 많은 학생들은 다른 학생들의 질문에 대하여 관심을 가지지 않는 경우가 많다. 그러므로 자기 질문이 소중한 것처럼 다른 친구들의 질문도 경청할 수 있도록 지도하는 것이 필요하다. 예컨대, 다른 사람이 질문하거나 발표할 때 집중하지 않고 오히려 손을 들고 있다면 질문할 기회 자체를 주지 않도록 하는 것이다.

초등학교 고학년이 되면 점차 학습 내용이 많아지고 난도가 높아지기 시작한다. 이에 따라 학생들의 질문 횟수로 자연스럽게 줄어드는 경우가 있다. 교사가 수업 시간 중간에 학생들이 질문을 할 수 있도록 여백을 두는 것이 좋다. 질문이 없는 경우는 학생들이 수업 내용을 잘 이해했는지 점검하거나 교사가 질문을 던져 학생들이 학습 주제에 대하여 생각할 수 있도록 기회를 주는 것이 좋다.

중·고등학생들은 거의 질문을 하지 않는 경우가 많다. 이러한 경우는 교사가 수업 시간에 질문의 중요성을 이야기하고 하브루타 수업 모형 등을 활용하여 학생들이 생각할 수 있는 시간과 질문할 수 있는 공간을 만들어내면 좋다. 학생들의 질문 수준이 배움의 상태를 표현한다. 학습 내용을 온전히 이해했으면 심화된 질문이 나올 것이고, 학습 내용을 제대로 이해하지 못하면 질문 수준도 낮거나 엉뚱한 질문이 나올 수 있다. 그러므로 교사는 학생들의 질문 수준을 통해 학생들의 전반적인 배움 상태를 이해하고 그에 맞는 교수학습 전략을 찾는 것이 필요하다.

교사가 해당 학생에게 질문의 의도를 물어본다.

"하늘 색깔이 파란 것에 대하여 궁금해진 이유는 무엇일까?"

교사가 엉뚱한 질문을 한 학생에게 그 질문의 의도를 확인한다.

"그냥요."

특히 별형 학생들은 다양한 아이디어가 머릿속에서 생성되기 때문에 때로는 별 의미 없이 생각나는 대로 질문을 하는 경우가 있다. 이러한 경우는 가볍게 반응을 보여주면 된다.

하지만 별형 학생들이라 하더라도 의미 있는 질문을 던질 수 있다.

"어제 우연히 우주 관련 다큐 프로그램을 보았는데, 우주에서 바라본 공간은 검은데, 낮에 지구에서 바라본 공간은 파란 것이 궁금해서요."

이러한 경우는 학습 주제와의 연관성이 떨어져도 좀 더 친절하게 학생들의 질문에 반응을 보이는 것이 좋다.

때로는 그 학생의 질문을 다른 학생들에게 연결하여 준다.

"그래 좋은 질문이야, 민철이의 질문에 대하여 소희는 어떻게 생각하니?"

엉뚱한 질문이지만 의미가 있는 질문이라고 생각되는 경우에는 다른 학생들에게 그 질문을 연결하여 주면 좋다. 질문 연결 짓기를 통해 다른 학생들의 참여를 이끌어낼 수 있기 때문이다. 그리고 다른 학생들의 동료 피드백을 유도할 수 있다.

학생이 스스로 자기 질문에 대한 정답을 찾아갈 수 있도록 유도한다.

"민철아, 좋은 질문을 해줘서 고마워. 그런데 오늘 수업은 다른 주제라서 일단 오늘 수업 주제에 대하여 살펴보면 좋겠어. 대신 그 질문에 대하여 네가 집에서 조사해서 내일 수업에 발표해주면 어떻겠니? 네가 조사해서 발표한다면 선생님이 수행평가 수업태도 점수에 가산점을 부여하도록 할게."

학생이 자기 질문에 대하여 스스로 정답을 찾아갈 수 있도록 유도하는 것이다. 특히 하브루타에서는 질문에 대하여 질문으로 반응하는 것을 이야기한다. 물론 예외는 있다. 질문 유형이 지식과 이해 수준의 질문이라면 교사가 그 질문에 대하여 즉문즉답即問即答하는 것이 좋다.

경계선 학생, 학습 부진 학생들의 경우 일반 학생들과 다른 기준으로 접근한다.

학습 이해 수준이 느린 학생들이 있다. 이러한 학생들의 질문은 교사 입장에서는 약간 당혹감을 느낄 수 있다. 이 경우는 일반 학생들과는 달리 그 학생들의 학습 수준과 속도에 맞추어 보다 친절하게 반응을 보이는 것이 필요하다.

수업 방해 목적이 있는 경우 단호하게 선을 긋고 질서 세우기 입장에서 접근한다.

"선생님, 어제 드라마 보셨어요?"

일부 학생들이 공부하기 싫어서 엉뚱한 질문을 던지거나 교사에게 짓궂은 장난을 치기 위해 이상한 질문을 던지는 경우가 있다. 이러한 경우는 질서 세우기 입장에서 보다 단호하게 반응을 보이는 자세가 필요하다.

그러므로 학생들의 특성, 수준, 의도 등에 따라 교사가 지혜롭게 반응을 보이는 것이 필요하다.

✏️ 아예 질문을 하지 않는 학생 〰️〰️

침묵을 지키는 학생들의 이유를 분석한다.

질문을 전혀 하지 않거나 교사가 질문을 해도 아무런 반응을 보이지 않는 경우가 있다. 반응이 없다는 것은 학생들의 배움 상태가 높지 않을 가능성이 있다. 학생들이 질문을 하지 않는 이유를 이해하고 이에 따른 대처 방안을 모색해야 한다.

- 학습 내용이 너무 많거나 어려워서 질문을 하기 쉽지 않은 경우
- 교사가 원하는 정답만 강요하는 경우
- 교사가 엄격하고 실수를 잘 용납하지 않는 경우
- 다른 학생들의 시선을 인식하는 경우
- 성격이 내성적이라서 먼저 질문을 하는 것이 심리적으로 부담이 되는 경우
- 학습 내용이 전혀 이해가 되지 않는 경우
- 질문을 하는 방법을 모르거나 질문의 기회를 주지 않는 경우 등

**침묵을 지키는 학생들 중
특정 학생을 구체적으로 선정하여 질문을 유도한다.**

수업 시간에 질문을 하는 학생들만 질문을 독점하는 경우가 있다. 이러한 경우는 교사가 질문을 잘 하지 않는 학생들에게 구체적으로 지목하여 질문을 할 수 있는 기회를 주면 좋다. 질문하기를 두려워하는 학생들에게 의도적으로 기회를 주는 것이다.

학생들이 가지고 있는 질문에 대한 두려움을 깰 수 있도록 교사가 배려해야 한다.

내성적인 학생들의 경우 궁금한 것이 있어도 성격상 질문하는 것에 대한 심리적인 부담감을 느낄 수 있다. 이러한 경우는 시간을 주고 기다리는 자세가 필요하다. 아니면 질문지 작성을 통해 간접적으로 질문을 받아내는 방법을 사용할 수 있다. 질문에 대하여 교사가 부정적인 반응을 보이면 학생 입장에서는 다음 질문을 꺼려할 수 있다. 학생이 오답을 했더라도 평가만 하지 말고 다른 질문을 통해 스스로 정답을 찾아갈 수 있도록 유도하는 것이 좋다. 그러므로 학생들의 질문에 대하여 교사가 친절하게 반응을 보이는 자세가 중요하다.

동등한 참여의 원리에 따라
침묵을 지키는 학생들이 수업 활동에 참여할 수 있도록 노력해야 한다.

하브루타 수업 모형을 통해 침묵을 지키는 학생들도 생각할 수 있는 시간을 부여하고 질문을 할 수 있는 기회를 많이 제공하는 것이 필요하다. 교사는 모든 학생들이 골고루 질문을 하거나 이야기할 수 있는 기회를 주는 것이 필요하다. 학급 전체 활동에서 모든 학생들이 질문하기는 현실적으로 어려우므로 모둠 활동을 통해 모든 학생들이 질문을 할 수 있도록 노력하는 것이 좋다.

"……"

"영석아, 일어나야지? 지금 수업 시간이야"

"……"

이제는 중·고등학교 교실에서 수업 시간에 잠자는 학생들을 찾아보는 것이 어렵지 않다. 오후 수업 시간 식곤증으로 인하여 잠시 조는 것은 충분히 이해할 수 있는 일이지만 문제는 아침부터 대놓고 잠자는 학생들이 많아지고 있다는 것이다.

먼저 잠자는 학생의 이유를 분석하고 그에 맞는 지도 방법을 찾는다.

학생들이 수업 시간에 잠자는 이유를 살펴보면 학생들의 생활 습관과 관련이 있는 경우가 있다. 경기도교육청에서 조사한 중·고등학생의 라이프스타일 조사 결과에 따르면 대개 밤 12-1시 사이에 잠이 들고 아침 6-7시에 일어난다고 한다. 개인 차는 있겠지만 이 통계에 따르면 많은 학생들이 6시간 정도 잠을 자고 학교에서 생활한다고 볼 수 있다. 잠자는 학생은 공부 못하는 학생들만의 문제가 아니다. 공부 잘하는 학생들은 학교나 학원에서 늦게 까지 공부하다가 잠이 들고, 공부에 관심이 없는 학생들은 TV 시청, 온라인 게임, SNS 활동, 아르바이트 등 늦은 밤까지 활동을 한다. 우리나라는 공부든 노는 것이든 늦은 밤 할 수 있는 것이 많다. 그 이유야 어찌되었든 간에 밤늦게 잠을 자고 일찍 일어나다 보니 학교생활에 임하는 학생들은 절대 수면 부족으로 만성 피로 상태에 빠져 있는 경우가 많다. 특히 저학년 보다는 고학년일수록 잠자는 시간이 짧다. 초등학생과 중학생의 경우 수업에 집중하지 못하면 장난을 치거나 떠드는 등 그 에너지가 외적으로 표출된다. 그에 비해 고등학생은 절대 수면 부족으로 인하여 잠자는 경우가 많다. 잘못된 생활 습관이 근본 이유라면 생활 습관을 바꿀 수 있도록 지도해야 한다. 이 경우 교사의 노력만으로는 쉽지 않으므로 학부모와의 상담을 통해 함께 잘못된 생활 습관을 고칠 수 있도록 노력해야 한다.

학생들이 수업 시간에 잠자는 이유는 수업 내용이 잘 이해되지 않아서인 경우도 있다. 고학년일수록 학습 무기력 현상이 심각해 질 수 있다. 초등학생과 중학생 시기에는 학습 격차가 벌어져도 어느 정도 노력하면 그 격차를 줄일 수 있겠지만 고등학생 시기에는 이미 격차가 심해져서 일시적으로 열심히 노력한다고 해서 바로 성적 향상으로 연결되지 않는다. 결국 많은 학생들은 수업을 포기하게 되고 부족한 잠을 보충하는 시간으로 수업 시간을 활용하게 된다. 이럴 때는 보충 수업이나 개별 지도 등을 통해 기초 학력을 보완할 수 있도록 해야 할 것이다.

또한 교사의 수업 방식에 문제가 있는 경우도 있다. 교사가 지식 전달형 강의식 수업으로만 진행하면 잠자는 학생이 나올 수밖에 없다. 학생 참여식 교수전략을 적용하려는 노력이 필요할 것이다.

학생이 공부를 왜 해야 하는지 분명한 목표가 없거나 그 이유를 잘 모르는 상태라면 수업에 대한 집중도가 떨어져서 결국 잠을 자는 일이 생긴다. 이러한 학생은 개인별 상담을 통해 충분한 학습 동기 유발을 시도해야 한다.

수업 규칙에 따라 잠자는 학생들의 문제를 다룬다.

질서 세우기 차원에서 잠자는 학생에 대한 문제를 다루어야 한다. 학기 초 수업 규칙 세우기를 할 때 이 문제를 다루는 것이 좋다. 교사가 규칙을 일방적으로 제시할 수도 있겠지만 학생들과 함께 규칙 세우기 활동을 통하여 잠자는 학생에 대한 문제를 다루면 좋다. 예를 들어 수업 시간에 잠자는 학생의 경우 교사가 지적하면 잠을 깰 때까지 교실 뒤편에 서 있다가 잠이 깨면 알아서 자기 자리로 돌아가게 하는 것이다. 물론 잠자는 학생을 깨우는 것이 교사 입장에서 그리 쉬운 일은 아니다. 하지만 학생들이 수업 시간에 잠자는 것을 방치하게 되면 해당 학생만 수업에 참여하지 않는 수준으로 그치는 것이 아니라 다른 학생들에게도 부정적인 영향을 미친다. 친구의 잠이 전염되어서 옆 학생도 잠자게 만들거나 무기력에 빠지게 만든다. 나중에는 잠자는 학생들의 수가 점차 늘어나게 되어서 교사가 감당하기 힘든 상황이 벌어질 수 있다. 깨진 유리창은 바로 새 유리창으로 바꾸어야만 한다. 그렇지 않으면 깨진 유리창이 늘어나게 된다.

긍정적인 타임아웃을 활용한다.

잠자는 학생들을 지도하는 가장 일반적인 방법은 타임아웃Time-out이다. 교사가 잠자는 학생을 학습 활동에서 제외하는 방법이다. 대개 자기 자리나 교실 뒤편으로 이동하여 잠이 깰 동안 서있도록 하는 것이다.

긍정적인 타임아웃은 타임아웃 공간을 부정적인 공간이 아니라 긍정적인 공간으로 이해하고 학생들이 자발적으로 타임아웃을 활용할 수 있도록 하는 것이다. 즉, 교사가 지적하지 않더라도 졸리면 학생이 타임아웃 공간으로 이동하여 잠이 깰 때까지 서 있거나 잠을 참기 힘든 경우 정해진 규칙에 따라 잠을 잘 수 있도록 허용하는 것이다. 최근 일부 학교에서는 입식 책상을 배치하여 서서 수업에 참여할 수 있도록 하는 경우도 있다.

사회 구조적인 접근도 필요하다.

학교 차원에서 교육과정을 재구성해야 하고 나아가 국가 차원에서 교육과정의 분량 역시 줄여야 한다. 많은 교사들이 강의식 수업에 의존하는 이유는 교육과정의 분량이 많기 때문이다. 국가 수준 교육과정 구성 시 학습 분량이 과다하지 않도록 노력해야 한다. 또한 학생들의 학습 수준과 특성에 따라 교사와 학교가 교육과정을 재구성할 수 있어야 한다.

고교의 경우 학점제 학교 운영을 통해 필수와 선택 과목을 구분하여 학생들의 학습 수준과 흥미에 맞추어 수업에 참여할 수 있는 장치를 마련하는 것이 필요하다.

선행 학습을 과감하게 없애고 고교 교육과정만으로도 대학 입학이 가능할 수 있도록 입시 제도를 개선해야 한다. 물론 쉬운 일은 아니다. 대학과 사회가 이를 뒷받침하는 실질적인 노력이 있어야만 가능한 일이다. 이러한 사회 구조를 개선하려면 전체 사회 구조 문제를 한꺼번에 바꾸는 방식보다는 구조 속에 숨어있는 균열점을 찾아 조금씩 무너뜨리는 일이 필요하다.

도움을 받은 책들

• 김현섭 2015, "질문이 살아있는 수업", 한국협동학습센터
• 제인 넬슨 외, 김성환 외 역 2014, "학급긍정훈육법", 에듀니티

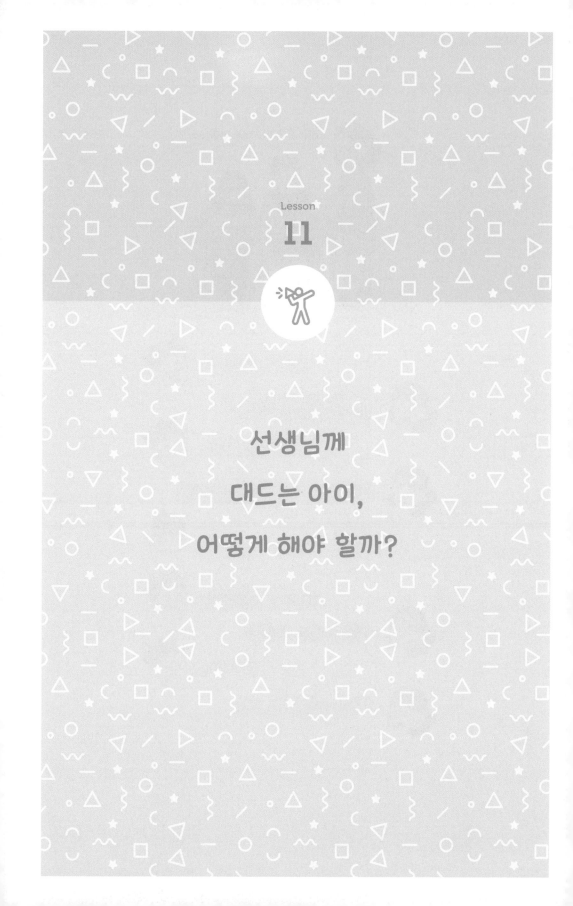

Lesson

11

선생님께
대드는 아이,
어떻게 해야 할까?

잠깐 민철아, 지금 뭐하니?

아무것도 안했는데요.

 아무것도 안하긴...
아까부터 왜 짝꿍을 괴롭히니?

괴롭힌 적이 없어요.

 괴롭히지 않았다니? 짝꿍, 네가 말해봐?

 ......

그냥 장난친 것 뿐이에요.

 아까는 아무것도 안했다며?

 아이, 씨X

 너 방금 나에게 뭐라고 했니?

수업 시간에 교사가 수업을 하다보면 예기치 않은 일로 일부 문제 학생들과 부딪히는 일이 발생한다. 특히 위의 교실 상황처럼 교사의 정당한 지도에 대하여 불응하고 오히려 교사에게 대드는 학생이 나타난다면 교사는 너무나 당혹스럽고 화가 난다.

예전에는 이러한 학생들을 교사가 힘으로 제압하여 해결하려고 했다. 일명 '기꺾기' 방식으로 강한 체벌이나 큰 소리로 야단치는 것이었다. 체벌이 허용되는 시기에서는 강한 체벌을 통해서 문제 학생을 혼내줄 수 있었다. 그래도 잘 해결되지 않으면 학부모 소환이나 선도위원회로 넘기는 경우도 있었다. 그런데 이제는 그러한 방식이 통하지도 않을 뿐만 아니라 이 방식을 사용했다가는 오히려 교사만 더 큰 문제에 빠질 수 있다. 그러다보니 일부 교사들은 문제 학생 지도 자체를 기피한다. 괜히 대드는 학생을 건들었다가 교사만 낭패 보기 쉽다고 생각하기 때문이다. 그런데 이러한 방안은 해결책이 아니라 오히려 문제만 더 키우는 경우가 많다. 왜냐하면 해당 학생이 적극적인 수업 방해자 역할을 하거나 오만해져서 더 큰 문제를 일으키기 쉽기 때문이다. 또한 교사가 학생의 문제 행동을 논리적으로 따지기 시작한다고 해서 문제가 해결되는 것도 아니다.

교사   너, 방금 선생님에게 욕했지?

민철   욕하지 않았는데요. 그냥 저에게 한 말인데요.

교사   이제는 다른 친구들이 보는 앞에서 대놓고 거짓말까지 하네?

민철   에이~ (물건을 던지고 교실 밖으로 나가 버린다)

교사   ......

🖊 그렇다면 선생님께 대드는 아이를 어떻게 지도해야 할까? ∿∿∿∿

먼저 문제 학생이 교사에게 대드는 이유를 살펴볼 필요가 있다. 즉, '이렇게 무례한 행동을 하다니? 이게 나를 무시하는 거야?'라고 생각하지 말고 '왜 이렇게 행동할까?'에 대한 생각을 해야 한다.

우선 교사의 지도 방식에 대하여 불만을 가질 수 있다.

교사   내가 3월 달부터 너를 지켜보았는데 영어 시간에 제대로 교과서를 가져온 것을 본 적이 없어. 지난 수업 시간에도 선생님이 분명히 경고했었지? 그리고 머리 모양이 그게 뭐냐? 네가 학생이 맞긴 하냐?

∿∿∿∿∿∿∿∿∿∿∿∿∿∿∿∿∿∿∿∿∿∿∿∿∿∿

교사가 문제 학생을 야단치는 데 있어서 학생의 감정을 자극하거나 인신공격, 다른 학생이나 형제와 비교하기, 불공평하게 야단치기, 교사가 오해하고 야단치기 등을 할 수 있다. 이러한 경우 학생이 아무리 잘못된 행동을 했다 하더라도 학생이 감정적으로 교사에게 대들 수 있다.

또한 교사가 야단칠 때 학생의 잘못된 행동 자체에만 집중하는 것이 아니라 예전의 잘못된 행동까지 일일이 거론하면 문제가 더 커질 수 있다. 해당 학생 입장에서는 자기가 잘못했다는 생각이 들기보다 선생님이 나를 싫어한다고 느낄 수 있기 때문이다.

교사의 지도 방식이 문제가 없는데도 불구하고 학생이 반발하는 경우는 학생 내면의 상처와 관련이 깊은 경우가 많다. 특히 가정 문제로 인한 갈등과 불만 등이 엉뚱하게 교실에서 분출되는 경우가 있다. 심리학에서 말하는 일종의 '감정 전이'

현상이 일어난다. 예컨대, 아침에 엄마와 크게 싸워 감정적으로 기분이 나쁜 상태에 있는데 이러한 부정적이고 적대적인 감정이 학교에서 다른 친구나 교사에게 사소한 계기로 인하여 분출될 수 있다. 내면의 상처가 깊은 학생들은 일상적인 질서 세우기 지도 방식으로 쉽게 해결하기 힘들다. 이 경우 교사가 해당 문제 학생에 대한 충분한 이해를 가지고 일반 학생들과 다르게 지도할 필요가 있다. 예외 없는 규칙은 없다는 격언을 생각해보아야 한다. 일반적인 규칙은 일반적인 상황에는 맞는 이야기이지만 특수한 상황에서는 잘 맞지 않을 수 있기 때문이다. 교사가 문제 학생에 대하여 도덕적인 판단은 하는 것보다 문제 행동의 원인에 대한 호기심을 가지고 조심스럽게 접근하는 것이 필요하다. 학생이 감정적으로 행동한다고 교사도 똑같이 감정적으로 행동하는 것은 그리 좋은 대처 방안이 아니다. 감정 대 감정의 대결은 문제 해결이 이루어지는 것이 아니라 오히려 더 큰 부정적인 감정만 불러일으키기 쉽기 때문이다.

교사에게 대드는 학생들 중에는 일종의 영웅 심리에 빠지거나 친구들에게 인정받고자 하는 욕구가 강해서 의도적으로 도발적인 행동을 하는 경우도 있다. 사람에게는 누구나 인정받고자 하는 욕구가 있다. 그 말은 모든 학생들은 교사에게 인정받고 싶은 욕구가 있다는 말이기도 하다. 그런데 교사에게 인정받는 학생들은 주로 도덕적으로 올바른 행동을 하거나 공부를 잘하는 소위 모범생인 경우가 많다. 그런데 선생님의 기대 수준에 맞는 행동을 하기가 쉽지 않고, 공부도 못하는 학생들은 교사에게 인정받을 수 있는 기회가 거의 없다. 인정의 욕구는 강하지만 교사에게 인정을 받지 못하는 학생들의 경우 또래 친구들로부터 인정받고자 노력하는 경향이 강하다. 교사에게 대드는 행동을 통해 자기 힘을 또래 친구들에게 과시하거나 친구들에게 인정받는다고 생각하는 것이다. 교사가 이러한 학생을 전체 학생들 앞에서 야단치게 되면 그 학생은 잘못한 행동 자체를 생각하는 것이 아니라 친구들 앞에서 자기를 망신 준다고 생각하여 강하게 정서적으로 반발할 수 있는 것이다. 교사와 학생과의 감정적 대립이 일어나면 소위 '검투사의 법칙'이 적용되면서 다른 학생들이 심정적으로 교사가 아니라 대드는 학생 편을 들 수 있다. 이 사실을 나중에 알게 되면 교사는 더 큰 상처를 입을 수 있다.

그러므로 교사에게 대드는 아이의 경우 그 원인에 따라 교사가 차분하게 대응 방안을 모색할 필요가 있다. 만약 교사가 학생에 대하여 오해했거나 잘못된 방식으로 야단쳐서 실수했다면 그 학생에게 솔직하게 잘못을 인정하고 용서를 구할 수 있어야 한다.

나중에 짝꿍에게 물어보았더니 네 말이 맞았더구나. 선생님이 민철이의 행동을 오해했어. 미안해.

아까는 선생님도 화가 나서 나도 모르게 너에게 실수를 한 것 같아. 용서해줄 수 있겠니?

일부 교사들은 학생 생활 지도상 자기 실수를 알아도 해당 학생에게 그 사실을 인정하거나 사과하지 않는 경우가 있다. 자존감이 낮은 교사일수록 그렇게 행동하는 경우가 있다. 교사가 실수해도 학생에게 사과할 필요가 없다는 잘못된 인식과 비합리적인 신념을 가진 경우도 있다. 성숙한 교사는 자기 실수에 대하여 학생들 앞에서 용서를 구할 수 있어야 한다. 이를 통해 학생들은 교사에 대한 신뢰와 권위를 회복할 수 있다.

학생에게 문제가 있는 경우에도 잘 지도할 수 있어야 한다. 일부 학생들이 상황에 따라 순간적으로 욱할 수 있다. 특히 중2 학생처럼 청소년기 발달 단계 특성상 자기감정을 잘 알아차리지 못하고 분노 조절이 잘 이루어지지 않는 시기가 있다. 이때 교사가 똑같이 감정적으로 대응하면 교사 속에 숨어있는 '어른 아이'가 툭 튀어나올 수 있다. 그렇게 되면 14세 학생과 교사 속에 숨어 있던 14세 '어른 아이'가 나와서 똑같이 싸우는 형태로 흘러갈 수 있다. 학생이 감정적으로 행동할수록 교사는 오히려 더 차분하게 대응할 필요가 있다. 젊은 교사의 경우 혈기왕성하기 때문에 문제 학생의 행동에 대하여 더 쉽게 흥분할 수 있다. 교사가 일단 흥분하면 교육적이고 합리적인 생활 지도가 어렵다. 그러므로 만약 학생의 무례한 행동에 대하여 교사가 흥분했다면 자기의 감정을 재빨리 알아차리고 의도적으로 냉각기를 가질 필요가 있다.

교사 민철이가 선생님께 이러한 행동을 하는 것을 보니 선생님에게 무엇인가 불만이 있는 것 같아 보이는데... 좋아 잠깐 뒤로 나가 서 있어 볼래? 그리고 수업 시간 이후에 선생님과 이야기해보자.

교사의 흥분된 감정이 어느 정도 추슬러진 다음에 차분하게 지도하는 것이 필요하다. 불은 불이 아니라 물로 꺼야 한다. 그리고 학생에게도 냉각기가 필요하다. 학생이 감정적으로 흥분된 상태라면 조금 시간을 주고 흥분된 감정을 가라앉힐 기회를 주어야 한다. 그리고 수업 이후 조용한 공간에서 자기 스스로 성찰할 수 있는 시간을 부여하는 것이 좋다. 예를 들면 왜 수업 시간에 그렇게 말하고 행동했는지 그 상황에 대하여 글로 쓰도록 하는 것이다. 글로 정리하는 시간을 통해 자기 행동에 대하여 성찰할 수 있도록 하는 것이다. 그런데 이때 교사가 반성문을 쓰라고 강요할 필요는 없다. 그 상황에 대하여 자기 생각을 있는 그대로만 쓰게 하는 것이 좋다. 왜냐하면 글을 통해 자기 성찰을 할 수 있는 기회를 주는 것이 목적이기 때문이다.

교사가 해당 학생과의 개인적인 대화를 통해 학생의 마음을 잘 이해하고 풀어줄 필요가 있다. 일단 조용한 공간에서 상담을 하는 것이 좋다. 많은 사람들이 있는 교무실은 그리 좋은 상담 환경이 아니다.

이때 중요한 것이 질문이다. 다음의 코칭 질문 방법을 잘 익혀서 활용하면 좋다.

- **도덕적인 판단이나 해석을 하지 않고 사실에 기초하여 질문하기**

  "선생님에게 분명 욕한 것 같은데, 네가 날 어떻게 보고 그런 행동을 하니?"

  ▶▶ <u>선생님이 듣기에 네가 방금 선생님에게 욕을 한 것 같았는데, 실제로 그러한 행동을 했니?</u>

- **문제 행동 자체보다는 행동의 원인에 대하여 질문하기**

  "학생이 그런 상스러운 욕을 하다니? 너도 누군가에게 그런 욕을 먹으면 기분이 좋겠니?"

  ▶▶ <u>선생님에게 욕을 한 이유가 있을 것 같은데, 욕을 한 이유가 무엇이니?</u>

- **교사 입장이 아니라 학생 입장에서 질문하기**

  "넌 처음부터 문제가 많았어. 설령 선생님이 실수했다 하더라도 내가 선생님 이라는 사실을 잊지 않으면 좋겠어."

  ▶▶ <u>네가 그러한 문제 행동을 했을 때는 분명한 이유가 있었을 것 같은데, 그 이유가 무엇이니?</u>

- **탐색 질문에서 집중 질문으로 전환하기**

  "네가 갑자기 화를 낸 이유가 무엇이니?", "네가 지난 번 비슷한 상황에서 선생님과 약속한 것은 무엇이니?", "머리를 염색했니? 그것은 교칙 위반인 것 같은데?"

>> 네가 갑자기 화를 낸 이유가 무엇이니? 화를 낸 이유가 억울함일까?
좌절감일까? 억울하다면 구체적으로 무엇 때문에 억울하다고 생각했니?

그리고 학생과 이야기할 때 가장 좋은 대화법이 '나-전달법I-message'이다. '나-전달법'은 상대방에게 도덕적으로 비난하는 것이 아니라 내 입장에서 받은 경험이나 감정을 '있는 그대로' 표현하는 대화법이다.

교사 (부드럽게) 민철아, 아까 수업 시간에 짝꿍에게 어떻게 행동했니?

민철 녀석이 쉬는 시간부터 저에게 심한 장난을 쳤어요. 저도 짝꿍에게 그냥 장난친 것뿐이에요.

교사 그러니? 그런데 선생님이 수업 시간에 볼 때는 단순한 장난처럼 느껴지지 않았어. 짝꿍의 표정을 보니까 별로 좋지 않아 보이더라고.

민철 제 말이 맞는지 아닌지는 짝꿍에게 물어보시면 알 것 같아요.

교사 그러니? 좋아 그 문제는 선생님이 따로 알아보도록 할게. 그런데 아까 선생님에게 네가 한 말은 선생님이 듣기에 너무 불편하고 거북했어. 선생님은 수업 시간 내내 네가 한 말 때문에 너무 힘들었고 화가 났거든.

민철 그건 제가 죄송해요. 처음부터 선생님에게 욕을 하려고 한 것은 아니었고, 저도 모르게 입에서 나온 말이라서...

교사 자기 잘못에 대하여 인정해줘서 고마워.

또한 대화 시 눈 맞춤Eye-contact과 눈빛, 억양 등 신체적인 언어를 잘 사용해야 한다. 공격적인 자세가 아니라 부드러운 자세로 대해야 한다. 우리 대화는 언어적 표현보다 비언어적 표현, 신체적인 언어가 심리적으로 차지하는 비중이 크기 때문이다.

문제 행동에 대하여 학생이 스스로 자기 잘못을 인정했다면 그 행동에 대한 책임을 지게 하는 것도 필요하다. 사소한 실수가 아니라 중대한 실수라면 말로만 죄송하다고 해서 적당히 넘어가는 것은 그리 바람직하지 않다. 이때 수업 규칙이나 생활 규칙에 따라 책임을 지도록 하거나 자기가 스스로 책임을 질 수 있는 행동을 할 수 있도록 기회를 부여하는 것이 좋다. 예컨대, 교실에서 자기 잘못에 대하여 인정하고 사과하거나 자기가 스스로 벌칙을 정해 그 벌칙을 수행하도록 할 수 있다.

교사   네가 이제 자기 잘못을 인정했으니, 그 문제에 대한 책임 있는 행동을 보여주면 좋겠어. 민철아, 어떻게 하면 좋을까?

만약 학생이 자기 잘못을 인정하지 않았는데, 교사가 강제로 벌칙을 주는 것은 좋지 않다. 만약 끝까지 해당 학생이 자기 잘못을 인정하지 않으면 시간을 두고 기다려 주는 것이 좋다.

질서 세우기는 관계 세우기를 바탕으로 이루어져야 한다. 특히 학기 초부터 감정 계좌에 좋은 감정을 쌓아둘 필요가 있다. 문제 학생일수록 학기 초에 좋은 감정을 많이 쌓아 두어야 문제 발생 시 관계를 바탕으로 문제를 해결할 수 있다. 교사가 학기 초 바쁜 업무로 인하여 관계 세우기에 소홀한 상태에서 문제 학생과의 생활 지도를 하려면 자칫 관계만 더 깨질 수 있다. 교사가 부담스럽게 느껴지는 문제 학생일수록 교사가 의지적으로 더욱 사랑해야 한다. '미운 아이, 떡 하나 더 준다.' 고 말한 우리 선조들의 지혜를 잊지 말아야 한다.

그리고 학기 초에 수업 규칙을 학생들과 협약 형태로 만들어 운영하면 좋다.

교사가 수업 규칙에 따라 문제 행동을 지도해야 해당 학생들에게 불만을 가지지 않게 할 수 있다. 교사가 문제 학생을 싫어서 야단치는 것이 아니라 객관적인 규칙에 의거하여 지도한다는 것을 알게 해야 한다.

📝 감정 코칭의 접근법 〜〜〜〜〜

감정 코칭에서는 교사가 감정 코치 역할을 해야 한다고 말한다. 학생들이 교사에게 부정적인 감정을 보일 때가 좋은 기회이다. 감정에 대해 훈계하거나 야단치지 말고 공감해 주어야 한다. 그리고 나서 대처 방법이나 문제 해결 방법을 안내해 준다. 감정은 수용하되 부정적인 행동에 대하여 분명한 한계를 그어주어야 한다.

다음 감정 코칭의 5단계를 잘 이해하고 실천하면 좋다.

1단계 … 학생의 감정을 알아차린다.

행동보다 행동 속에 숨겨진 감정을 찾아야 한다. 학생 얼굴 표정에 나타나는 다양한 감정들을 있는 그대로 알 수 있어야 한다. 그 감정을 단정 짓기 전에 대화를 통해서 확인하는 것이 필요하다.

2단계 … 강한 감정을 표현하는 것을 좋은 기회로 여긴다.

감정을 보일 때가 마음으로 연결할 수 있는 기회라고 생각해야 한다. 강한 감정일수록 좋은 기회라는 것을 놓치지 말아야 한다. 학생이 강한 감정을 보였을 때 교사도 강한 심성으로 내하지 말고 부드럽게 반응하여 학생이 안전감을 느낄 수 있도록 해야 한다.

3단계 … 감정을 들어주고 공감한다.

학생의 이야기를 잘 들어주고 수용하는 것이 필요하다. 학생의 감정에 대하여 공감해 주어야 한다. 대화를 통해 긴장감을 풀어주고 스트레스를 줄여주어야 한다. 교사가 자기감정을 잘 알아차릴 수 있어야 학생의 감정도 잘 알아차릴 수 있다. 문제 해결식 접근보다 열린 질문을 통해 탐색하는 것이 좋다.

4단계 … 감정에 이름을 붙여준다.

감정에 이름을 붙이면 감정이 명료화되어 대화하기가 쉽다. 예컨대, 현재 감정이 억울한 것인지, 서운함인지를 대화를 통해 확인하고 이를 명료화시키는 것이다. 그래야 이에 대한 대처법을 모색하기 쉽다. 감정에 이름을 제대로 붙이려면 충분히 학생의 이야기를 듣고 공감할 수 있어야 한다.

5단계 … 바람직한 행동으로 이끈다.

학생이 스스로 자기 문제의 해결책을 찾을 수 있도록 이끌어 주어야 한다. 교사가 먼저 해결책을 제시하지 말고 학생 스스로 해결책을 찾을 수 있도록 유도하는 것이다. 학생 스스로 해결책을 찾지 못하거나 해결책을 요구하는 경우 조심스럽게 해결책을 제시하면 좋다.

도움을 받은 자료들

- 김현섭 외 2012, "협동학습3", 한국협동학습센터
- 최성애 외 2012, "청소년 감정 코칭", 해냄
- 루돌프 드레이커스 외, 전종국 외 역 2013, "아들러의 행복한 교실 만들기", 학지사
- 토마스 고든, 김홍옥 역 2003, "교사 역할 훈련", 양철북

Lesson

12

강의식 수업을
매력적으로
하려면?

🖊 강의식 수업은 수업 혁신의 걸림돌이다? 〰〰〰

대개 일반적인 수업 혁신 담론에서는 '설명식 강의법'(이하 강의식 수업 방법)에 대하여 비판적인 경우가 많다. 하지만 강의식 수업은 다른 수업 방법에 비해 다음과 같은 많은 장점을 가지고 있는 것도 사실이다.

- 짧은 시간 안에 많은 학습 내용을 전달할 수 있다.
- 어려운 학습 내용을 교사가 손쉽게 풀어줄 수 있다.
- 경제적이다. 특별한 시설이나 매체가 없어도 가능하다.

그래서 많은 사람들이 강의식 수업 방법에 대하여 비판해도 강의식 수업 방법은 여전히 학교 교육에 큰 영향력을 발휘할 것이다. 강의식 수업 방법이 절대악이라기보다는 강의식 수업 방법으로만 수업을 진행하기 때문에 발생하는 문제들이 있다. 강의식 수업 방법의 문제점들을 정리하면 다음과 같다.

- 학생 입장에서 강의식 수업에 집중할 수 있는 시간이 정해져 있다.(초등학교 저학년 5분, 초등학교 고학년, 10분, 중학생 15분, 고등학생 20분 정도)
- 교사 성향과 개별 능력에 따라 학습 효과가 다르게 나타난다.
- 교사가 아무리 잘 가르쳐도 학생 입장에서는 수동적인 태도일 수밖에 없다.

고교 선생님들은 대부분 강의식 수업방법으로 수업을 진행하는 경우가 많다. 그 이유는 중학교에 비해 고교 학습 분량이 3배 이상이기 때문이다. 학생 참여 수업,

소위 배움 중심 수업으로 수업을 진행하면 교육과정대로 수업 진도를 나가기 힘든 문제점이 생긴다. 일반적으로 고교생의 경우 강의식 수업에 대하여 15-20분 정도 집중할 수 있는데 만약 교사가 50분 내내 강의로 풀어간다면 학생들이 집중력 있게 수업에 참여하기 힘들다.

왜 많은 교사들이 일상 수업에서 주로 강의식 수업으로 진행하려고 할까?

첫째, 대부분의 교사들이 학창 시절 주로 강의식 수업 방법으로 학습했기 때문이다. 우리는 삶으로 배운 것만 가르칠 수 있다. 예컨대, 교사가 학창 시절 협동학습으로 주로 공부했다면 교사가 되었어도 손쉽게 협동학습으로 수업을 진행할 수 있을 것이다. 하지만 학창 시절 경쟁 학습으로 배웠는데 교사가 된 뒤 갑자기 협동학습 방식으로 수업을 해야 한다면 참 난감해질 것이다. 대부분의 교사들은 학창 시절 강의식 수업을 통해 학습했는데, 강의식 수업 방식을 버리고 새로운 수업 방식으로 수업을 하라고 하면 많은 어려움이 생길 수밖에 없다.

둘째, 많은 교사들이 진도에 대한 부담감을 가지고 있기 때문이다. 지식의 분량이 많지 않고 강의식 수업에 집중하기 힘든 초등학생들을 대상으로 수업하는 초등학교 교사들은 진도에 대한 부담이 중등 교사들에 비해 적다. 초등학교의 경우 활동 중심으로 수업을 풀지 않으면 수업 진행 자체가 쉽지 않다. 하지만 중등학교의 경우는 반대로 지식의 분량과 깊이가 있고 시간이 넉넉하지 않다. 짧은 시간 안에 진도를 나가야 한다는 부담감을 가지고 있는 교사들은 현실적으로 강의식 수업 방법을 선호하게 된다. 진도를 나가지 않은 단원에서 시험 문제를 출제한다는 것은 현실적으로 불가능하기 때문에 시험 범위에 맞추어 교과서 진도 나가기에 초점을 두는 경우가 많다.

셋째, 교사 입장에서는 심리적으로 볼 때 강의식 수업을 해야 수업을 한 느낌이 들기 때문이다. 일상 수업의 경우 수업 준비 단계에서 수업 준비한 것보다 수업 실행 단계에서 가르치는 것이 더 많다. 그러기에 수업을 하면서 교사는 자신이 대단하다고 느낄 때가 많다. 그래서 대부분의 교사들이 자신이 '수업을 잘한다.' 내지 '중간 이상은 한다.'고 생각한다. 교사 입장에서는 직접 자신이 지식을 가르치는 과정에서 일한 보람을 상대적으로 더 많이 느낀다. 활동 중심 수업을 많이 하다보면 활동 진행자 같은 느낌이 들고 가르쳤다는 느낌은 잘 들지 않는다.

넷째, 교사가 되고 나서도 가장 많이 사용했던 수업 방식이기 때문이다. 강의식 수업은 교사들이 가장 많이 활용하는 수업이다. 왜냐하면 많은 학습 분량을 가르쳐야 하는 경우 강의식 수업이 가장 좋은 수업 방식이기 때문이다. 교사 입장에서는 아무래도 가장 많이 활용하는 수업 방식이 강의식 수업이기 때문에 강의식 수업이 가장 익숙하다. 그래서 강의식 수업의 틀 안에서 몇 가지 활동을 첨가하는 방식으로 수업을 진행하는 경우가 많다. 고경력 교사일수록 강의식 수업에 익숙하기 때문에 강의식 수업이 아닌 다른 방식으로 수업을 끌어가야 하는 경우 심리적으로 큰 부담을 느낀다.

하지만 주로 강의식 수업을 하니까 자신이 강의식 수업을 잘하고 있다고 생각하기 쉽지만 실제로는 그렇지 않다. 익숙하다고 해서 잘하고 있다는 것은 아니다. 강의식 수업이야말로 사실 제일 어려운 수업 방식이다. 왜냐하면 교사의 의존도가 매우 높은 수업 방식이기 때문이다. 교사의 역량에 따라 강의식 수업 성공 여부가 결정된다. 좋은 강의들을 차분하게 분석해보면 좋은 강의를 위한 비법들이 숨어 있다. 강의를 잘하려면 매력 있는 강의식 수업의 비법을 잘 알고 실천할 수 있어야 한다. 강의를 잘할 수 있는 교사가 학생들의 발표에 대하여도 의미 있는 피드백을 해줄 수 있다.

✎ 강의를 확실하게 망칠 수 있는 방법 〰〰〰

- 길게 말하라. 가급적 복문을 활용하라.

- 누구나 다 아는 일반적인 이야기로 서두를 시작하라.

- 지나친 겸손한 표현으로 시작하라.

- 시작은 열정적으로 이야기하고 마무리는 허둥지둥하라.

- 수업 내용과 직접 관련이 없는 내용도 그냥 생각나면 말하라.

- 가급적 말로만 승부하라.

- 어설픈 농담을 하라.

- 강의 시 파워포인트 등의 시각적 자료를 내세우고 교사는 뒤로 숨어라.

- 교사가 학생들에게 질문하지 말고, 학생들의 질문도 받지 마라.

- 가급적 학생들과 눈맞춤을 하지 않고 교과서나 교실 뒤편 게시판을 보면서
  이야기하라.

- 강의 중간 학생들의 강의 집중도가 흐트러지면 야한 농담, 딴 이야기,
  어설픈 개인기 등을 보여주라.

- 상대방이 알아듣기 힘들도록 빨리 말하거나 발음을 얼버무리라.
  아니면 학생들이 답답함을 느낄 수 있도록 가급적 천천히 이야기하라.

- 가급적 억양의 변화 없이 책 읽듯이 이야기한다.

- 교사가 가지고 있는 지식을 자랑할 수 있도록 현학적으로 설명하라.
  쉬운 내용도 가급적 어렵게 설명하라.

✏️ 좋은 강의를 위한 3가지 키워드 〰️〰️

좋은 강의를 위한 다음의 3가지 키워드를 이해하면 좋은 강의를 하는데 큰 도움이 된다.

첫째, 재미와 흥미이다. 재미란 강의를 통해 경험하는 즐거움이고 흥미는 학습 주제에 몰입할 수 있도록 하는 것이다. 교사가 재미있는 강의를 하려면 교사 자신이 수업 자체를 즐길 수 있어야 한다. 교사가 자기 수업이 재미있다는 느낌이 들지 않으면 결코 학생들도 수업의 재미를 느끼기 힘들다. 교사가 수업을 즐기려면 먼저 철저하게 수업 준비가 이루어져야 한다. 지식에 대한 이해와 교육과정 분석이 잘 이루어져야 하고 그에 맞는 다양한 교수학습방법을 진행할 수 있어야 한다. 흥미는 교사가 학생들에게 지적인 호기심을 자극하면서 그 지식에 몰입할 수 있도록 교사가 유도할 수 있어야 한다. 그런데 흥미 유발은 교사의 화려한 언변이나 자극적인 이미지와 동영상, 많은 학습 활동으로 생기는 것은 아니다. 학습 주제를 학생의 경험과 관심사와 자연스럽게 연결할 수 있어야 흥미가 유발된다. 흥미가 유발되면 재미는 자연스럽게 따라온다. 하지만 재미가 있다고 해서 흥미가 자연스럽게 따라오는 것은 아니다.

둘째, 새로운 지식과 학생의 필요이다. 교사가 다 알고 있는 내용을 강의하면 학생 입장에서는 그것에 집중하기 힘들다. 학생들은 뻔한 학습 내용과 활동 전개 방식에 흥미를 느끼기 힘들다. 새로운 지식이라고 해서 늘 흥미를 유발하는 것은 아니다. 지식과 삶을 연결하여 지식의 필요성을 학생들이 자연스럽게 느낄 수 있어야 한다. 적절한 난도 조절도 필요하다. 학생들의 학습 수준과 의지에 따라 동일 학습 주제도 적절한 난도 조절을 할 수 있어야 한다. 수준별 격차가 많이 나는 학습 집단이라면 그에 맞게 개별 학습 과제와 협동 학습 과제를 섞어서 부여하는 것이 필요할 것이다. 너무 쉬운 내용이면 흥미 유발에 한계가 있으므로 적절한 난도의 도전 과제 제시는 학생들의 흥미를 유발하는 데 도움이 된다. 철저한 학습자 분석의 토대 위에 필요Need에 맞는 강의를 구성해야 좋은 강의를 할 수 있다. 교사가 '하고 싶은 말'을 하는 것이 아니라 학생들에게 '필요한 말'을 하는 것이 좋은 강의이다.

셋째는 감동과 공감이다. 좋은 강의는 인지적 영역 뿐 아니라 정서적인 영역과 실천적 영역에도 영향을 미친다. 감동의 사전적 의미는 '깊이 느껴 마음이 움직임'을 말한다. 대개 강의에 감동받는 경우는 교사의 삶과 강의한 것이 일치될 때 경험하거나 학생의 기대 수준을 넘어서 진리에 대한 깊은 깨달음을 줄 때 경험한다. 학생들에게 감동이 일어나면 깨달음을 넘어 행동의 변화로 이어질 수 있다.

물론 일상 수업에서 수업 시간마다 감동을 줄 수는 없다. 왜냐하면 50m달리기 같은 단기 특강과는 달리 일반 수업은 1년짜리 마라톤에 비유할 수 있기 때문이다. 모든 시간에 감동을 준다는 것은 교사 입장에서는 가장 큰 부담이고 현실적으로 쉽지 않다.

하지만 공감은 감동과 다르다. 내 수업 시간마다 감동을 주는 것은 현실적으로 어렵겠지만 공감을 주는 것은 가능하다. 공감이란 '다른 대상의 감정과 감각을 자신에게 이입하는 행위'이다. 수업에서의 공감이란 학습 주제에 대하여 공감하거나 교사와 학생과의 관계에서 동일한 감정을 공유하는 것이다. 교사-학생, 교사-지식-학생을 이어주는 연결 고리가 형성될 때 공감이 이루어질 수 있다. 수업 공감을 이루기 위해서는 교사가 학생의 삶에 대하여 관심을 가지고 학생 존재에 대한 애정을 가져야 하고, 교사가 학습 주제와 학생의 삶을 연결할 수 있는 역량을 가질 수 있어야 한다. 관계를 연결하는 구체적인 수업 기술이 바로 질문과 반응이다.

 ## 매력 있는 강의식 수업을 위한 비법 ~~~

강의 도입 단계

- 첫 시작 5분 안에 학생들이 이번 강의를 들을지 말지 여부를 결정한다. 호기심을 자극할 수 있는 흥미 있는 소재를 질문으로 만들어 활용하라.
- 공감하는 표현을 사용하여 친밀감과 호감을 얻어야 한다.
- 학습 주제와 관련한 예화나 이야기, 사진이나 동영상 등으로 시작하는 것이 좋다.
- 선입견을 깨거나 호기심을 불러일으키는 말, 전체 내용을 포괄하는 내용을 사용하라.
- 강의할 내용을 미리 개괄하여 보여주라.

강의 진행 단계

- 노트나 교재를 그대로 읽는 어투에서 벗어나 자연스럽게 이야기해야 한다.
- 발음과 억양에 신경을 써야 한다.
- 강의 시 소리의 강약 조절을 해야 한다.
- 때로는 침묵도 중요한 집중 방법이 될 수 있다.

- 복문보다는 단문(짧은 문장)을 사용하는 것이 좋다.

- 중요한 부분은 반복한다. 반복할 때에는 다른 표현을 활용하여 반복한다.

- 비언어적인 표현(제스처 등)을 적절하게 활용해야 한다.

- 시각 자료(디지털 프레젠테이션 자료, 이미지, 동영상)를 적절히 활용하라.

- 학생들에게 질문을 던지고 학생들의 대답에 대하여 적극적으로 반응한다.

- 강의에 대한 학생들의 집중도가 떨어지기 전에 학습 구조(수업 방식)의
  변화를 주라.

- 적절한 눈 맞춤을 시도하라.

* 눈 맞춤 Eye Contact 요령

- 상대방의 눈을 보면서 이야기하라.
- 한 사람씩 한 사람씩 전체에게 한다.
- 특정 학생에게 초점을 맞추어 강의한다.
- 열심히 참여하는 학생에게 초점을 맞추어 이야기한다.
- 보고 웃고 말하라(Look-Smile-Talk)
- 블록 이동법(앞-좌-뒤-우 순환/다이아몬드)을 사용하라.

강의 마무리 단계

- 지금까지 다루었던 내용을 요약하라.

- 새로운 지식을 제시하지 말라.

- 가장 좋은 것을 보여주라. 감동적으로 마무리하라.

- 학생이 미처 생각해 보지 못했지만 학습 주제와 관련된 사실을 이야기하라.

- 형성 평가 등을 활용하여 배운 내용을 다시 한 번 환기하라.

첫째, 학습자의 특성과 필요를 분석하고 이해하는 것이 필요하다. 가르침보다는 배움이 우선이다. 강의를 통해서 교사가 무엇을 이야기하느냐 보다 학생들이 교사의 강의를 통해서 무엇을 배웠는지 고민해야 한다. 가르침은 일어났으나 배움이 일어나지 않았다면 실패한 수업이 될 수밖에 없다. 학생들을 수업의 구경꾼으로 만들지 말라. 학생들의 배움을 극대화하기 위해서는 학생을 잘 이해해야 한다. 학생들의 관심사, 공유된 경험, 학습 수준, 학습 의지, 발달 단계적 특성 등을 잘 고려해야 한다. '의미 있는 학습'에서는 학생들의 경험과 지식을 연결하여 재구성하는 것을 강조한다.

둘째, 강의를 하기 전에 교사로서 자기의 교수 유형을 잘 파악해야 한다. 다중지능이론에 의하면 언어적 지능과 논리수학적 지능만 있는 것이 아니라 공간적 지능, 신체운동감각적 지능, 음악적 지능, 대인 지능, 자성지능, 자연이해 지능 등이 있다. 도형심리학에 따르면 목표 및 과업을 중시하는 지도자형인 세모(△)형, 성실한 업무 수행을 중시하는 실행자형인 네모(□)형, 감정과 사회성을 중시하는 동그라미(○)형, 창의적으로 문제 해결을 지향하는 별(☆)형이 존재한다. 각 교수 유형에 따라 선호하는 교수학습방법들이 다르고, 유형별 강점과 약점도 각기 다르다. 그러므로 교사의 강점과 약점을 파악하고 교사 자신의 강점이 잘 드러날 수 있도록 강의를 하는 것이 좋다. 약점만 없앤다고 해서 좋은 강의를 할 수 있는 것은 아니다.

셋째, 먼저 교사가 지식을 온전히 자기 것으로 만들어야 한다. 그래야 교사가 어려운 내용을 학생들에게 쉽게 설명할 수 있다. 대개 쉬운 내용을 쉽게 설명하거나 어려운 내용을 어렵게 설명한다. 최악의 방식은 쉬운 내용을 어렵게 설명하는 것이다. 교사가 쉬운 내용을 어렵게 설명하는 이유는 그 지식을 온전히 자기 것으로 소화해내지 못했거나 현학적인 태도로 자기 지식을 학생들에게 자랑하고 싶어 하기 때문이다. 절대 수업 준비 시간이 확보되어야 지식을 자기 것으로 소화할 수 있고, 그 지식을 실제 삶 속에서 활용해 본 경험이 있어야 그 지식에 생동감을 부여할 수 있다.

넷째, 지식을 핵심 질문을 중심으로 재구조화해야 한다. 1시간의 강의를 통해 풀 수 있는 지식은 한계가 있다. 그러므로 많은 지식을 쏟아내는 것보다 학생들에게 의미 있는 것을 찾아서 선택과 집중의 원리에 따라 풀어내는 접근이 필요하다. 즉, 핵심 질문을 만들어 강의를 디자인하는 것이 필요하다. 핵심 질문이란 학습 목표와 관련하여 그 강의를 통해 꼭 학생들이 배우기를 바라는 것으로 의문형 문장으로 표현하는 것이다. 핵심 질문이 흔들리지 않아야 전체 강의도 흔들리지 않는다. 핵심 질문을 중심으로 지식을 과감하게 덜어내면 공간이 발생하는데 이 공간을 통해 학생들과 호흡할 수 있는 여백으로 활용할 수 있어야 한다.

다섯째, 강의를 할 때 지식을 논리적으로 나열하지 말고 그 지식들을 이야기로 엮어낼 수 있어야 한다. '스토리텔링Storytelling' 기법을 적극적으로 활용하면 좋다. 스토리텔링을 통해 건조한 지식에 생기를 불어넣을 수 있다. 스토리텔링이란 '단어, 이미지, 소리를 통해 사건, 이야기를 전달하는 것'이다. 스토리텔링에는 줄거리Plot, 캐릭터, 그리고 시점이 포함되어야 한다. 해당 지식과 관련한 예화나 사례, 소재 등을 찾아 생동감 있게 교실에서 재연해 나갈 수 있어야 한다. 가장 좋은 예화는 교사가 직접 체험한 경험이다. 그러므로 다양한 경험을 많이 한 교사가 강의를 잘 풀어낼 수 있다.

여섯째, 배움의 리듬에 맞추어 강의를 진행할 수 있어야 한다. 강의 진행시 학생과의 '밀고 당기기밀당'를 잘해야 한다. 일제학습, 개별학습, 협동학습, 경쟁학습 등 학습내용에 맞는 적절한 학습 구조를 활용해야 효과적으로 강의를 할 수 있을 것이다. 강의식 수업만으로 1시간을 잘 운영할 수 있으면 제일 좋을 수 있겠지만 현실적으로 쉽지 않다. 그러므로 강의 중간 중간 학생들의 집중도가 흐트러지기 쉬운 시간에 강의 내용과 관련한 적절한 매체 활용과 시범 보이기Modeling, 참여적 학습 활동 등을 활용하면 좋다. 학습 의욕이 낮은 경우 학습 동기 유발에 초점을 두어 이야기하고 학습 의지가 높을 때는 지적 호기심을 자극하고 수준 높은 과제를 제시하여 스스로 생각할 수 있는 시간을 가질 수 있도록 이야기하는 것이 좋을 것이다. 교사가 사전 준비한 내용을 수업 시간에 다 풀어내는 것이 좋은 강의가 아니라 학생들의 원하고 필요한 내용을 중심으로 배움의 리듬에 맞추어 강의를 풀어가는 것이 좋다.

일곱째, 교사가 자신의 메타 인지 능력을 향상시킬 수 있어야 한다. 메타 인지 능력이 높으면 배움의 리듬에 맞추어 강의를 풀어낼 수 있는 힘을 가지게 된다. 메타 인지 능력이란 자신이 알고 있는 것과 모르고 있는 것을 알아차리는 능력을 말한다. 메타 인지 능력이 발달하면 자신의 생각과 행동을 객관적으로 바라볼 수 있고, 현재의 상황이 어떠한 상황인지를 잘 이해할 수 있다. 메타 인지 능력이 발달한 교사는 강의 시 돌발 상황에서도 순발력 있게 대처해 나갈 수 있고 학생들의 반응을 잘 파악할 수 있다. 또한 지식을 잘 이해하여 풀어낼 수 있고 강의를 잘하기 위한 노력을 기울이며 자기 강의 내용을 잘 성찰하고 점검하여 개선할 수 있는 힘을 가질 수 있다.

여덟째, 교사가 불안과 두려움을 떨쳐내고 열정으로 강의를 할 수 있어야 한다. 교사의 열정은 강의 시 목소리 억양과 크기, 말의 빠르기, 감정의 표현, 제스처 등으로 나타난다. 언어적 표현 뿐 아니라 비언어적인 표현 방식으로 열정이 분출된다. 교사 내면의 안정감이 있고 자존감이 높을 때 강의 속에 열정이 그대로 학생들에게 전달된다. 냉정한 교사의 강의 태도는 인지적인 동의를 이끌어내지만 열정적인 교사의 강의 태도는 정서적 공감과 실천적 동기 유발까지 이끌어낼 수 있다.

도움을 받은 자료들

* 김은성 2007, "파워 스피치", 위즈덤하우스
* 레이놀즈 2008, "프리젠테이션 젠", 에이콘
* 게리 보리크 저, 박승배 공역 2002, "효과적인 교수법", 피어슨 에듀케이션 코리아

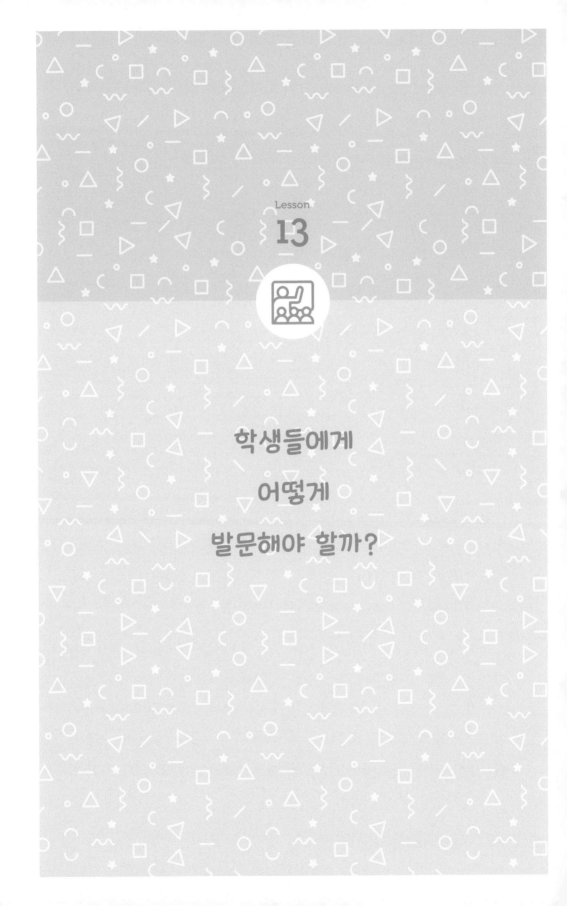

Lesson

13

학생들에게

어떻게

발문해야 할까?

교사가 질문을 할 때 저지르기 쉬운 실수들 ~~~

1. 자문자답 自問自答 하기

교사	지난 시간에 배운 공리주의에 대하여 생각하는 대로 이야기해볼 수 있을까요?
학생	......
교사	공리주의하면 잊지 말아야할 유명한 문구가 있죠?
학생	......
교사	최대 다수의 최대 행복! 공리주의는 사회적 쾌락을 강조했어요. 그리고 동기보다 결과를 중시하여 선악의 기준점을 삼았다는 것이 겠죠. 오늘은 칸트의 의무론적 윤리설에 대하여 살펴보도록 하죠.

많은 교사들이 수업 시간에 자문자답하는 이유는 학생들이 교사의 질문에 아무런 반응을 보이지 않거나 교사가 원하는 정답을 나오지 않기 때문이다. 교사가 질문해도 학생들이 별다른 반응이 즉각적으로 나타나지 않으면 그동안의 어색한(?) 침묵을 깨기 위해서 교사가 자기 질문에 대한 정답을 먼저 말하기 쉽다.

자문자답이 좋지 않은 이유는 학생들의 응답 반사를 없애기 때문이다. 응답 반사란 누군가 질문을 하면 질문을 받은 사람이 그 대답을 해야 할 것 같은 책임감을 느끼는 것이다. 교사의 자문자답 습관은 학생들이 생각하는 기회를 충분히 주지 못하게 한다. 만약 교사의 질문에 대하여 학생들이 아무도 대답하지 않는다면 특정 학생을 선택하여 질문하면 좋다. 가급적 공부를 잘하는 외향적인 학생보다는 내성적인 학생을 지목하면 좋다. 이 경우 그 학생이 대답할 때까지 최소 7초 정도는 기다려줄 수 있어야 한다. 왜냐하면 내성적인 학생의 경우 정답을 알고 있어도 자기 말로 표현하는데 다소 시간이 걸리기 때문이다.

2. 교사가 질문만 하고 학생 대답에 대하여 별다른 반응을 하지 않기

교사   원하는 자료나 정보를 찾으려면 어떻게 해야 할까요?

학생 A 인터넷에서 찾아봐요.

학생 B 도서관에서 책을 찾아봐요.

학생 C 선생님이나 부모님에게 물어봐요.

교사   교과서에서는 자료나 정보를 찾기 위한 방법으로 여러 가지가 나와 있는데 교과서 189쪽을 찾아볼까요?

학생들 ???

질문의 목적은 상대방의 대답을 듣기를 바라는 것이다. 그런데 때로는 종종 교사들이 이러한 질문의 목적을 잊어버리는 경우가 있다. 그래서 수업시간에 교사가 학생들에게 많은 질문을 하지만 정작 학생들의 대답에 대하여 관심이 없거나 적극적으로 반응을 보이지 않는 경우가 있다. 학생들의 대답과 상관없이 교사가 생각하는 것을 이야기하거나 교과서 진도대로 나가는 경우가 있다. 이러한 경우 교사와 학생과의 상호작용이 잘 일어나지 않을 뿐 아니라 수업 대화가 원활하지 않고 툭툭 끊기는 것처럼 느껴진다.

학생들 입장에서는 선생님의 질문에 대하여 대답을 했는데 선생님이 별다른 반응을 보이지 않는다면 더 이상 대답해야 할 이유를 느끼기 힘들 것이다. 많은 교사들이 문답법을 일제식 강의식 수업 방법의 변형으로 사용한다. 사용하는 문장 형태만 의문형일 뿐 학생들의 대답을 기다리거나 학생의 대답에 대하여 반응을 보이지 않는다면 그것은 질문이라고 보기 힘들 것이다. 교사가 질문을 했다면 학생의 대답이 오답이거나 엉뚱한 대답이라고 할지라도 대답을 기다리는 인내심을 발휘해야 한다.

3. 열린 질문을 하고 닫힌 질문처럼 교사가 반응하기

교사	사람이 행복해지려면 어떤 것을 추구해야 하나요?
학생 A	돈이요.
학생 B	사랑이라고 생각해요
학생 C	가족 간의 화목도 중요하다고 생각해요
학생 D	하고 싶은 일을 하는 것이요.
교사	맞아요. 사람이 행복해지려면 자기가 하고 싶은 일을 할 때 느낄 수 있겠죠. 행복이란 주관적 만족도라고 볼 수 있는데 자기가 하고 싶은 일을 해야만 긍정적인 에너지를 많이 얻을 수 있다고 생각해요.
학생 A, B, C	???

열린 질문은 정답이 여러 개인 질문이고, 닫힌 질문은 정답이 하나인 질문을 말한다. 그런데 많은 교사들이 자기가 생각한 정답이나 정답에 가깝게 말한 경우에만

긍정적이고 적극적으로 반응을 보이고 그렇지 않은 경우에는 별다른 반응 없이 그냥 지나치는 경우가 있다.

학생 입장에서는 다 정답으로 생각하는데 교사가 원하는 특정 대답에만 교사가 정답처럼 반응한다면 학생들도 교사의 질문에 대하여 쉽게 답변하기 곤란할 것이다. 때로는 교사의 질문 의도와 다르게 어떤 학생이 반응을 보였다 하더라도 부정적으로 피드백하지 않고 긍정적인 수용하고 피드백 할 수 있는 자세가 필요하다.

4. 교사가 추상적인 질문을 하고 학생들에게 구체적인 답변을 기대하기

교사   배려란 무엇일까요?

학생 A   좋은 것이요.

교사   물론 좋은 것이긴 하지만 좀 더 구체적으로 이야기해볼래요?

학생 B   다른 사람의 입장에서 생각하고 행동하는 것이요.

교사   배려에 대하여 좀 더 구체적인 사례를 들어줄 수 있을까요?

학생들   ???

교사의 질문 형식에 따라 학생들의 답변의 내용과 범위가 달라진다. 교사가 추상적으로 질문하면 학생들은 추상적으로 대답하고, 교사가 구체적으로 질문하면 학생들은 구체적으로 대답한다. 그런데 교사가 추상적인 질문을 사용했는데 학생들이 구체적인 답변을 하기는 쉽지 않다. 그러므로 교사는 추상적인 질문을 구체적인 질문으로 바꾸려는 노력과 연습이 필요하다. 예컨대, "배려란 무엇일까요?" 대신에

"최근 학교생활을 하면서 누군가로부터 배려 받았다고 느낀 적이 있었다면 구체적인 사례를 이야기해줄 수 있을까요? 그래, 민혁이가 이야기해볼래?"라고 질문하는 것이 좋다. "중력이란 무엇인가?" 대신 "지구 반대편에 있는 사람도 지구에서 떨어지지 않고 붙어 있는 이유는 무엇일까요?"라고 질문하는 것이 좋다.

5. 유도 질문 사용하기

교사　　OECD 국가 중 교통 사고율 1위, 자살율 1위인 한국이 살기 좋을
　　　　까? 아니면 행복만족도 1위인 덴마크가 살기 좋을까?

학생　　……

위의 수업 대화에서 어떤 학생이 "그래도 제가 태어난 한국이 살기 좋아요"라고 말하기는 쉽지 않을 것이다. 왜냐하면 교사의 질문 안에 교사가 정답이라고 생각하는 것이 보이기 때문이다. 그러므로 위의 질문을 "여러분이 생각하기에 세계 각국 중 가장 행복한 나라는 어디라고 생각하나요? 그 이유도 함께 말해볼래요?"라고 수정하는 것이 좋다.

유도 질문은 피하지만 프레이밍Framing 질문은 자주 사용하면 좋다. 프레이밍 질문이란 어떠한 방향성을 가지고 질문을 하되 질문 안에 정답을 포함시키지 않은 질문을 말한다. 예컨대, "다른 나라들에 비해 행복 만족도가 높은 나라들의 공통점은 무엇일까요?", "반대로 행복 만족도가 낮은 나라들의 공통점은 어떤 것이 있을까요?" 등의 질문을 던지는 것이다.

효과적으로 질문하는 방법 〰〰〰

1. 핵심 질문에 집중하라.

핵심 질문이란 수업에서 꼭 배워야 할 내용을 질문 형태로 표현한 것을 말한다. 그러므로 핵심 질문은 학습 목표와 밀접한 관련이 있다. 질문이 많이 한다고 해서 배움이 잘 일어나는 것이 아니다. 수업 시간에 교사가 질문을 너무 많이 던지면 오히려 배움에 방해가 된다. 왜냐하면 배움의 포인트가 흐려지고 학습 목표에 대한 집중도가 상대적으로 떨어지기 때문이다. 수업에서도 과유불급過猶不及 원칙이 적용된다. 그리고 핵심 질문은 가급적으로 구체적인 질문을 사용하면 좋다. 예컨대, "다음 세대를 위해 자원 보호가 중요한 이유는 무엇인가?"보다 "만약 3년 안에 석유가 고갈된다면?" 등의 질문이 더 좋다는 것이다.

2. 뻔한 질문을 버리고 낯선 질문을 던져라.

정답이 예상되는 뻔한 질문은 나쁜 질문이 아니지만 학생들의 흥미를 유발하기에는 부족하다. 낯선 질문은 뜬금없는 질문이 아니라 동일한 대상을 다른 관점으로 바라보게 하는 질문이다. 예컨대, "환경 보호를 위해 우리가 노력해야 할 자세는 무엇인가?"라는 질문보다 "중국에서 사막화 현상을 막고 황사 현상을 줄이기 위해 국가 차원에서 대대적으로 인공 강우를 뿌린다고 하는데 이것은 바람직한 것인가? 이러한 일은 우리에게 어떠한 영향을 미칠까?", "왜 자동차 회사들은 그동안 전기차 개발에 소극적이었을까?" 등이 더 좋다는 것이다.

3. 생각을 여는 질문을 사용하라.

교사는 질문을 통해 학생들의 사고를 확장시키고 심화시킬 수 있어야 한다. 사고의 깊이를 세우는 질문은 심화 질문이다. "왜?"라는 질문을 연속적으로 던지면서 학생들이 자기 생각과 주장의 근거를 스스로 찾아보고 다질 수 있는 기회를 주는 것이다. 예컨대, "사람이 사는 이유가 무엇일까?", "잘 먹고 잘 살기 위해서요.", "그래? 그렇다면 잘 산다는 것은 무슨 의미일까?" 등으로 이야기를 진행하는 것이다.

사고의 넓이를 세워주는 질문은 확장 질문이다. "그리고?" 내지 "또 다른 이유는?" 등의 질문을 던져서 다양한 생각을 병렬적으로 찾아낼 수 있도록 도와주는 것이다. 또는 "소희가 이 글의 주인공이라면 어떠한 선택을 했을 것 같니?", "저라면 이렇게 선택했을 것 같아요.", "그 선택 말고도 또 다른 선택을 한다면?", "다른 친구들은 어떤 선택을 했을까?" 등으로도 이야기할 수 있다.

문제 해결이나 혁신을 위한 질문은 삼박자 질문을 사용하면 좋다. 즉 "왜", "만약", "어떻게"라는 질문 순서로 연결하여 사용하는 것이다. "왜 소풍을 늘 가던 곳으로만 갈까?", "만약 새로운 소풍 장소나 새로운 아이디어를 찾는다면?", "소풍을 새로운 아이디어에 따라 어떻게 하면 즐겁게 보낼 수 있을까?" 등으로 연결하여 사용하는 것이다.

교과 지식과 연결하여 창의적으로 사고할 수 있는 질문을 던지는 것이 필요하다. 다음은 교과와 관련한 생각 질문들 사례이다.

- 1초 동안 일어날 수 있는 일은?

- 죽어가는 화초에게 살아야 할 이유는?

- '응 ' 만으로 대화하는 장면을 쓴다면?

- 정말 갖고 싶었는데 막상 가지고 나니 사용하지 않는 물건과 이유는?

- '불행 ' 이란 요리의 레시피를 만들어본다면?

- 집에서 불이 났다면 무엇을 가지고 나올 것인가?

- 김밥의 위대함은?

- 그동안 살아오면서 가장 질투를 느꼈거나 부러웠던 적은?

- 짧은 이야기의 2/3만 읽고 뒷이야기를 이어서 내가 쓴다면?

- 파란색을 '파랗다'는 표현을 사용하지 않고 묘사한다면?

    – 샌프란시스코 작가집단, 라이언 역(2013), "글쓰기 좋은 질문 642", 큐리어스 중에서

- 유대교, 이슬람, 기독교가 한 뿌리라고요?

- 같은 이슬람교도들끼리 왜 싸우나요?

- 왜 갑자기 우측통행을 하나요?

- 여자로 태어나나요? 여자로 키워지나요?

- 차이와 차별의 차이점은?

- 우리나라는 단일민족 국가인가요?

- 김치가 우리나라 고유 음식이 아니라고요?

- 아빠에게도 육아휴직이 필요한가요?

- 친구가 오토바이를 훔쳤는데 감옥에 가나요?

- 군대 안 가는 것이 어째서 양심적 병역 거부인가요?

- 헌법에 위배되는 법은 무효인가요?

- 흉악범에게도 인권을 존중해주어야 하나요?

  – 전국사회교사모임(2011), "사회선생님도 궁금한 101가지 사회질문 사전", 북멘토 중에서

4. 학생 입장에서 질문하라.

지식 측면에서는 좋은 질문이지만 학생 입장에서는 좋지 않는 질문이 될 수 있다. 학생 입장에서 답변하기 좋은 질문이 좋은 질문일 수 있다. 학생 입장에서 답변이 곤란하거나 애매한 질문은 좋지 않을 질문일 가능성이 높다.

예컨대, 초등학교 5학년 학생 대상 사회과 환경 주제 수업에서 "우리 동네에 골프장이 건설된다면?"이라는 질문은 얼핏 보기에 내용적으로 문제가 없는 좋은 질문처럼 느껴진다. 하지만 초등학생 입장에서 골프장을 다녀본 학생들의 거의 없을 것이다. 이 질문을 가지고 토론 수업이 진행되기 힘들 것이다. 왜냐하면 환경 문제가 아니더라도 골프장 건설을 긍정적으로 생각하는 초등학생은 현실적으로 거의 없을 것이기 때문이다. 그러기에 예상할 수 있는 답변들은 골프장 건설 반대 입장이 많을 것이다. 열린 질문이지만 실제로 닫힌 질문에 가깝고, 학생 입장에서도 관심이 없는 질문이기 때문에 풍성한 담론이 나오기 힘들 것이다. 하지만 이 질문을 "우리 동네에 놀이동산이 건설된다면?"이라는 질문으로 바꾸면 반응이 달라질 수 있을 것이다. 초등학생이라면 놀이동산에 가본 경험이 많이 있고, 놀이동산에 대하여 긍정

적으로 생각하는 학생들이 많이 있을 것이기 때문이다. 이 질문을 통해 토론 수업을 진행한다면 학생들이 찬성 입장과 반대 입장이 골고루 나타날 것이고, 토론 담론도 골프장에 비해 풍부하게 진행될 수 있을 것이다.

5. 지식과 학생의 삶을 연결하는 질문을 사용하라.

"지난 시간에 배운 3가지 내용에 대하여 누구 이야기해볼래요?" 등의 지식을 물어보는 질문을 넘어 "효성이가 이 글의 주인공이라면 어떠한 선택을 했을 것 같고, 그 이유는 무엇일까" 등의 지식과 학생의 삶을 연결하는 질문을 던지면 좋다. 지식-학생, 교사-학생 방식을 넘어 교사-지식-학생 방식으로 질문하면 좋다. 수업에서 배운 지식을 학생의 삶 속에서 의미 있는 반응을 보일 수 있도록 노력하면 좋다. 이러한 질문 방식은 재미있는 농담이나 활동이 하지 않아도 학생들에게 의미 있는 배움을 이끌어낼 수 있다.

6. 정답을 주려고 질문하지 마라.

모든 질문에 정답이 존재하는 것은 아니다. 교사가 생각한 정답만이 유일한 정답이 아닐 수 있다는 것을 기억해야 한다. 지식과 이해를 묻는 저차원적 질문은 유일한 정답이 존재할 수 있겠지만 적용, 분석, 종합, 평가 등 고차원적인 질문은 정답이 여러 개 이거나 아예 없는 경우도 있다.

특정한 정답으로 이끌려고 풀어가는 유도 질문은 학생들에게 부담이 될 수 있다. 질문에 대하여 스스로 학생들이 정답을 찾아갈 수 있도록 노력하는 것이 필요하다. 섣부른 정답 제시가 오히려 학생들의 호기심과 신뢰를 잃어버리게 할 수 있다.

교사의 수업 역량은 질문 역량과 비례한다. 교사가 좋은 질문을 해야 학생들의 사고 깊이와 넓이를 확장시킬 수 있고, 내재적인 학습 동기 유발을 이끌어낼 수 있다. 좋은 수업은 학생들 마음속에 좋은 질문을 남긴다.

도움을 받은 책들

- 김현섭 2015, "질문이 살아있는 수업", 한국협동학습센터
- 이종일 외 2006, "교육적으로 질문하기", 교육과학사

풍성한
수업 대화는
어떻게?

수업은 일방통행이 아니라 쌍방통행이다. 수업은 교사와 학생과의 대화로 이루어져있다. 대화Dialogue란 둘 이상의 실체 사이의 상호적인 언어 소통을 말한다. 비언어적인 소통도 넓은 의미의 대화에 포함시킨다면 교사와 학생과의 상호 작용을 수업 대화라고 표현할 수 있을 것이다. 그런데 교사의 표현 중 원활한 수업 대화를 방해하는 표현들이 있다.

✎ 수업 대화 시 교사가 피해야 할 표현들 〰〰

" 집중해라. 오늘 수업 내용에서 이번 시험 문제를 3개나 출제 했어."

많은 교사들이 수업 시간에 이러한 표현을 사용한다. 학생들이 수업 시간에 잘 집중하지 않는다고 판단될 때 수업에 집중하라는 의미에서 사용하는 표현이다. 대개 교사들이 이 표현을 쓸 때는 수업 분위기가 산만하거나 학생들이 교사에게 잘 집중하지 않는다고 느끼기 때문에 사용하는 경우가 많다. 그런데 학생 입장에서 살펴보면 상위권 학생들이나 시험 문제에 관심이 있는 학생들에게는 자극이 될 수 있겠지만 하위권 학생이나 시험에 관심이 없는 학생들에게는 별 의미가 없어 보인다. 일부 학생들은 오히려 교사가 평가권을 가지고 학생들을 협박한다고 느낄 수 있다. 그리고 교사가 시험 문제를 몇 문제 출제했다고 구체적으로 이야기하는 것은 일종의 힌트를 주는 것이기도 하기 때문에 다른 학급과의 형평성이나 평가의 공정성 문제에 휩쓸릴 수 있다. 대개 상위권 학생들은 수업 시간에 집중력을 가지고 수업에 임한다. 시험 기간이 아닌 이상 이 표현은 별 효과가 없다.

>> "......."(침묵), 침묵 신호, 흥미 있는 소재를 활용하여 질문 던지기

" 지난 시간에 배운 것, 벌써 까먹었니? 또 잊어 먹었어?"

에빙하우스에 의하면 학습 후 10분 후부터 망각이 시작되며 1시간 뒤에는 50%가, 하루 뒤에는 70%가, 한 달 뒤에는 80%를 망각하게 된다고 한다. 어제 수업 시간에 배운 학습 내용도 별도의 복습을 하지 않는 한 30% 밖에 기억하지 못한다. 게다가 학생이 강의식 수업에서 수동적으로 듣기만 경우, 5%정도만 기억을 할 수 있다. 그에 비해 교사는 1차적으로 수업을 준비하면서 공부하고, 2차적으로 가르치면서 공부하고, 3차적으로 다른 학급에서 반복하면서 가르치면서 공부하기 때문에 학습 내용은 온전히 기억한다. 남을 가르치게 되면 그 내용을 90%이상을 기억할 수 있다. 가르치는 것이 가장 좋은 배움의 방식이다. 그러므로 교사가 학생들이 지난 수업 시간에 배운 것을 온전히 기억하지 못한다고 해서 학생들을 야단칠 필요가 없다. 학생 입장에서 생각해보자.

>> "지난 시간에 배운 것을 누가 이야기해볼래? 기억나는 만큼만 이야기해도 좋아. 선생님이 다시 한 번 기억할 수 있도록 간단히 정리해 줄게."

" 오늘 수업 내용, 너무 쉽지? 누가 이 문제를 풀어볼래?"

교사가 먼저 수업한 내용에 대하여 쉽다고 단정해 버리면 학생들 입장에서는 난감하다. 왜냐하면 수업 내용을 이해하지 못한 학생들은 쉬운 것도 이해하지 못한 학생이 되기 때문이다. 특히 하위권 학생 입장에서는 자존감을 떨어뜨리는 효과를 낸다. 상위권 학생 입장에서도 부담이 된다. 정답을 풀어도 당연한 결과이고 오답을 말하면 비난을 받을 수 있기 때문이다.

>> "이 문제에 대하여 누가 도전해볼래? 오늘 내용을 이해하면 충분히 잘 풀 수 있다고 생각해."

" 넌 이런 것도 이해 못하니?"

교사들이 쉽다고 생각한 내용을 학생이 잘 이해하지 못할 때 자주 사용하는 표현이다. 교사들은 대개 언어적 지능, 논리·수학적 지능이 탁월한 사람들이다. 교사들은 학창 시절 모범생으로 살아오면서 공부도 매우 잘했던 사람이다. 그런데 교실에서 만나는 학생들은 교사 학창 시절처럼 모범생인 학생은 소수이고, 대부분의 학생들은 학습 의지가 높고 머리가 똑똑한 학생들이 아니다. 교사 입장에서 쉬운 것이 학생 입장에서는 결코 쉽지 않게 느껴질 수 있다. 만약 중학교 교사라면 초졸자들을 대상으로 수업을 하고 있는 것이다. 학생을 성적으로 무시하지 말고 성적과 상관없이 학생의 인격을 존중해야 한다.

>> "이 문제를 이해하면 재미있을 거야.
어디까지 이해했니? 선생님과 함께 풀어볼까?"

" 모르는 것이 있으면 나중에 질문해."

강의식 수업 방식에 익숙한 교사들은 강의 중 누군가 중간에 흐름을 끊어버리는 것을 좋아하지 않는다. 그것이 의미 있는 학생의 질문이라도 말이다. 왜냐하면 교사가 강의를 하다보면 이야기(설명)에 흐름이 생기기 때문에 중간에 어떤 이유로든 그것이 끊어지면 다시 흐름을 연결하는 것이 쉽지 않기 때문이다. 교직 경력이 쌓일수록 교사가 이야기를 펼쳐내는 능력이 생겨서 별 내용이 아니라도 길게 늘어뜨릴 수 있게 된다. 그런데 학생 입장에서는 이해가지 않는 내용을 중간에 물어볼 기회가 없으면 충분히 이해되지 않는 상태로 다음 학습 내용을 접하게 되면 더 이해가 가지 않는 상황이 생긴다. 대개 수업 내용은 인과적인 내용으로 구성되어 있다. 만약 수업 시간에 A, B, C를 배운다면 A를 이해해야 B를 이해할 수 있고 B를 이해해야 C를 이해할 수 있는 경우가 많다. 이러한 경우 어떤 학생이 A를 몰라서 A를 질문하고 싶은데 제대로 질문하지 못해 이해가 이루어지지 않으면 다음 내용인 B, C는 당연히 이해하기 힘들게 된다. 교사가 수업 마무리 단계에서 학생들에게 질문할 기회를 주어도 그 학생은 A를 물어보기 힘든 상황이 된다.

>> "모르는 것이 있으면 수업 중간이라도 언제든지 손들고 질문하렴."

" 너, 학교는 왜 나오는 거야. 그렇게 공부하기 싫으면 학교에 나오지 마."

교사들이 이 표현을 사용하는 경우는 해당 학생이 자기 의도대로 행동하지 않거나 수업에 집중하지 못하고 딴 짓을 할 때 자주 사용한다. 학생들의 행동에 전적으로 문제가 있다고 전제하여 공격하는 표현이다. 학생들 입장에서는 공격적인 이야기를 들으면 가만히 있거나 스스로 자책하거나 반발한다. 학생이 가만히 있는 경우는 교사의 권위와 힘을 눌린 경우가 있다. 자칫 반응을 보였다가 더 큰 공격을 받을 수 있다고 생각하기 때문이다. 스스로 자책하는 경우는 학생이 자기 자신에게 잘못을 돌리고 공격하는 것이다. '그래, 난 원래 그런 놈이야'라고 생각하게 되면 학생의 자존감이 무너지게 되고 나중에 학습 무기력 증세로 이어질 수 있다. 반발하는 경우는 학생이 나름대로 힘이 있거나 억울하다고 생각하는 경우이다. 일부 학생들은 공부를 포기하고 대신 친구들과의 교우 관계에 관심을 가지는 경우가 있다. 이러한 학생들은 자기가 잘못을 했어도 친구들 앞에서 교사가 자기 자신을 무시한다고 생각하면 오히려 정서적인 반발을 할 수 있다. 지렁이도 밟으면 꿈틀거린다. 교사는 학생들의 배움이 일어나지 않는 이유를 먼저 생각해야 한다. 기초 학력이 부족해서 이해가 되지 않아서인지, 튀는 행동을 통해 친구들에게 인정받고 싶어서인지, 수업하기 싫어서 딴 이야기를 하는 것인지, 교사의 권위를 인정하지 않아서인지 등등 배움이 일어나지 않는 이유를 정확히 이해해야 그에 맞는 생활 지도를 할 수 있다.

>> "선생님은 네가 이런 행동을 할 때 마음이 답답해. 네가 열심히 공부하는 모습을 보고 싶어. 잠깐 멈추고 선생님 이야기를 들어줄래?"

❝좀 더 의욕을 가지고 공부해봐."

학생이 슬럼프에 빠져서 공부가 잘 되지 않거나 학습 무기력에 빠져 있는 학생들에게 자주 사용하는 표현이다. 공부를 잘하는 학생도 때로는 여러 가지 이유로 인하여 슬럼프에 빠진다. 슬럼프에 빠지게 되면 학생 자신도 그것을 느낀다. 노력을 해도 결과가 잘 나타나지 않게 되는 상황이 생긴다. 이러한 상황에서 교사가 의욕을 가지고 노력하라고 말한다고 해서 갑자기 의욕이 불끈 불끈 생길 수 있을까?

수업 내용을 잘 이해하지 못한 상태에서 시간이 지나면 기초 학력 부진으로 이어진다. 기초 학력 부진 학생이 수업 시간에 집중을 해도 선생님 이야기를 제대로 이해할 수 없고, 노력해도 별다른 효과를 경험하지 못하면 스스로 좌절하고 체념하게 된다. 학습 무기력에 빠지게 되면 학습 의지 자체가 사라지게 된다. 그런데 교사가 좀 더 의욕을 가지고 공부하라고 해서 오랜 동안 쌓인 학습 무기력 증세가 갑자기 사라지기는 현실적으로 힘들 것이다.

>> "공부가 자기가 생각한 것보다 잘 안 되는 것 같아 보이네, 무슨 일이 있니?"
"누구에게나 슬럼프는 있어. 지금은 좀 더 기다리는 것이 필요할 수도 있어."
"선생님이 너를 위해 어떻게 도와주면 좋겠니?"

"너희들 중 누가 더 잘하나 볼 거야!"

"네 오빠는 너보다 훨씬 공부를 잘했는데......"

이는 교사가 학생들에게 경쟁심을 유발하는 표현이다. 교사의 언어적 표현은 학생들의 관계에도 영향을 미친다. 교사가 다른 학생을 경쟁자로 여기게 만들면 친한 관계에 있는 친구조차 경쟁자로 여겨서 상호 관계가 깨질 수 있다. 경쟁심 유발이 당장의 효과를 어느 정도 낼 수 있을 수 있겠지만 치뤄야 할 부작용의 대가는 크다. 학습은 '너의 성공이 나의 실패' 관계가 아니다. '너의 성공이 나의 성공'인 관계로 만들어야 깊은 공동체적인 배움을 경험할 수 있다.

교사들은 종종 형제자매를 학교에서 가르치는 경우가 있다. 이때 교사가 학생을 형제자매 간에 비교하는 것은 학생의 자존감을 무너뜨리는 방법이다. 비교의식에 빠지게 되면 자기만족을 모른다. 자기의 절대적 가치를 상대적인 가치로 전환하는 것이다. 과정을 무시하고 결과만을 가지고 자기 가치를 매기는 것이다. 자기 존재의 의미를 자기 스스로 정하는 것이 아니라 다른 사람의 시각으로 정하는 것이다.

>> "목표를 향해 최선을 다해보자."
"네가 지난번에 한 것보다 좀 더 잘해보자."

" 글쎄, 네가 얼마나 오래갈지 모르겠다."

이 표현에서는 교사의 학생에 대한 신뢰를 찾아보기 힘들다. 학생 입장에서는 열심히 노력하려고 하는데 교사가 자신을 빈정댄다고 느껴지게 되면 열심히 노력할 마음이 생기지 않거나 교사에 대한 강한 반발심이 생길 수 있다. 교사가 학생을 믿지 못하면 학생도 교사를 믿지 않는다. 상호 간의 불신이 생기면 콩으로 메주를 쑨다고 해도 서로 믿지 않을 것이다. 교사는 학생을 사랑하고 존중하고 학생은 교사를 신뢰하고 순종할 때 온전한 관계를 형성하고 그 관계 안에서 깊은 가르침과 배움이 일어날 수 있다.

>> "열심히 노력하는 모습이 보기 좋아. 할 수 있는 만큼 최선을 다해보자."

 ## 마음을 여는 수업 대화의 원칙들 〰〰〰

1. 학생 대상에 따라 존댓말과 예삿말을 구분하여 사용하자.

먼저 교사가 학생들에게 예삿말을 사용해야 하는가, 존댓말을 사용해야 하는가의 문제가 있다. 많은 교사들이 수업 시간에 학생들에게 예삿말을 사용한다. 개인적으로는 수업을 하면서 20년 동안 예삿말을 사용했다. 학생들과 편안한 관계를 유지하고 싶었기에 예삿말을 사용하는 것에 대하여 자연스럽게 생각했다. 다만 공개수업할 때만 존댓말을 사용했었는데, 그러다보니 공개 수업할 때는 약간의 어색함을 느꼈다. 그런데 많은 선생님들의 수업을 참관하면서 깨달은 것은 예삿말보다는 존댓말이 좋다는 것이다. 학생들을 존중한다는 느낌이 들기 때문이다. 물론 상황에 따라 예외가 있다. 학급 전체에서 학생들과 이야기할 때는 존댓말이 좋고, 개별 학생이나 모둠 학생들에게 말할 때는 예삿말이 더 좋다는 것이다.

2. 큰 이야기와 작은 이야기를 공존시켜라.

많은 선생님들이 학생 전체 집단을 하나의 불특정 다수로 여기면서 이야기하는 경우가 많다. 개별 학생이나 모둠 학생들을 향한 이야기가 거의 없이 진행되는 경우가 많다. 파커 파머의 표현을 빌어서 말하자면 전체 학생들을 향한 큰 이야기는 있지만 개별 학생이나 모둠 학생들을 향한 작은 이야기를 찾아보기 힘들다. 큰 이야기와 작은 이야기가 공존해야 배움이 잘 일어날 수 있다.

3. 교사가 먼저 좋은 질문을 던져라.

대화의 시작은 질문이다. 학생들의 배움을 촉진하려면 교사가 좋은 질문을 던질 수 있어야 한다. 교사가 추상적인 질문을 하면 학생은 추상적인 대답을 한다. 교사가 구체적으로 질문을 하면 학생은 구체적인 대답을 한다. 교사가 닫힌 질문을 하면 학생은 정답 1가지를 말하거나 오답을 말한다. 교사가 열린 질문을 하면 학생은 여러 가지의 정답 중 1가지를 말한다.

4. 학생의 대답에 대하여 교사가 단순한 평가만 하지 말고 적극적으로 반응하라.

많은 교사들이 학생들에게 질문만 할 뿐 학생들의 대답에 교사가 반응을 잘하지 않는 경우가 있다. 교사는 학생의 대답을 듣고 그것에 반응할 수 있어야 한다.

● A 대화

교사   소희야, 지금까지 친구들과 지내오면서 가장 기분이 나빴던 순간은
      언제이니?

소희   제 허락 없이 제 물건을 함부로 사용하는 것이요.

교사   그래 맞아요. 선생님도 그러한 경험이 있어요.

위의 수업 대화를 분석하면 교사의 질문-학생의 대답-교사의 평가로 이루어져
있다.

● B 대화

교사   소희야, 지금까지 친구들과 지내오면서 가장 기분이 나빴던 순간은
      언제이니?

소희   제 허락 없이 제 물건을 함부로 사용하는 것이요.

교사   민철이는?

민철   머리를 치는 것처럼 심한 장난이요.

위의 B 대화는 질문과 대답이 단순히 오고가는 상황이다. 그런데 이 대화를 다음
과 같이 진행할 수도 있다.

● C 대화

교사   소희야, 지금까지 친구들과 지내오면서 가장 기분이 나빴던 순간은
      언제이니?

소희   제 허락 없이 제 물건을 함부로 사용하는 것이요.

교사	왜?
소희	누군가 제 물건을 자기 물건처럼 다룬다는 것은 저를 무시한다는 느낌이 들어서요.
교사	그래? 소희가 생각하기에 자기가 무시당한다는 느낌이 드는 순간이 이 경우 말고도 있니?
소희	친한 친구라도 말을 저에게 거친 말을 쓸 때요.
교사	그렇구나. 민철아, 네가 소희처럼 누군가로부터 무시당했다고 느껴지는 순간이 있었다면 언제이니? 네가 만약 소희라면 자기 물건을 허락 없이 함부로 사용한다면 어떨 것 같니?
민철	저도 비슷해요.(이하 생략)

위의 C 대화에서는 교사가 '꼬리 물기'라는 심화질문과 다른 학생에게 연결하는 질문으로 진행한 것이다. 즉, 근거를 묻는 질문을 통해 생각의 깊이를 다질 수 있고, 다른 학생에게 질문을 연결함으로써 다른 학생들을 논의 과정에 확대하여 참여시킬 수 있다.

5. 학생들의 엉뚱한 대답이나 오답에도 긍정적인 피드백을 하라.

● D 대화

교사	전통적으로 동양에서는 사람과 동물의 차이점을 도덕성을 우선했다면 서양에서는 무엇을 우선했을까?
학생	감정이요.
교사	틀렸어요. 지난번 수업 시간에 선생님이 여러 번 강조했는데, 그것도 기억이 잘 나지 않니?

앞의 대화를 긍정적인 피드백으로 풀어간다면 다음과 같이 진행할 수 있다.

● E 대화

교사　전통적으로 동양에서는 사람과 동물의 차이점을 도덕성을 우선했
　　　다면 서양에서는 무엇을 우선했을까?

학생　감정이요.

교사　근대 철학자 흄은 감정을 중시했지만 다른 주류 철학자들은 다른
　　　부분을 강조했는데요, 누가 한번 말해볼 수 있을까요?

수업 시간에 핵심적인 지식을 다루는데 있어서 오개념이 형성되지 않도록 해야
한다. 그러다보니 많은 교사들은 오개념이 생길까봐 평가에 초점을 맞추어 반응을
보이는 경우가 많다. 하지만 교사의 즉각적인 평가는 학생들의 마음을 닫게 만들 수
있다. 교사의 긍정적인 피드백을 통해서 학생들이 배움이 몰입할 수 있도록 유도하
는 것이 필요하다. [교사의 질문-학생의 대답-교사의 평가] 구조를 [교사의 질문-학
생의 대답-교사의 긍정적인 피드백-학생의 대답] 구조로 바꾸어 가면 좋다.

6. 메시지보다 중요한 것은 메신저에 대한 신뢰성이다.

교사가 전달하는 지식보다 중요한 것은 학생이 지식을 전달하는 교사의 인격에
대한 신뢰가 있는가의 문제이다. 아무리 옳은 말이라도 말하는 사람에 대한 신뢰가
없으면 말에 대한 영향력을 잃어버리기 쉽다. 교사와 학생과의 관계가 깨지면 교사
의 좋은 말도 학생에게 상처로 다가갈 수 있다. 수업 대화의 기본은 상호 작용 이전
에 교사와 학생과의 신뢰와 친밀성에 달려 있다.

7. 비언어적 표현에도 신경을 써라.

일상생활의 의사소통에서 비언어적 표현은 90%를 차지한다. 언어적 표현보다 비언어적인 표현이 학생들에게 더 큰 영향을 미친다. 지식의 전달은 언어적 표현으로 가능하지만 관계와 정서는 비언어적 표현으로 나타난다. 교사는 비언어적인 표현을 통해 자기표현, 규칙과 기대 확인, 피드백과 강화, 친밀감 전하기, 대화 흐름 조정, 교실 통제 등을 할 수 있다.

부정적인 비언어적 표현	긍정적인 비언어적 표현
· 학생들의 눈 맞춤을 피하기 · 교탁을 물건으로 쳐서 시끄런 소리 내기 · 엄지 내리기 · 밀쳐 내기 · 아무런 반응을 하지 않기, 무시하기 · 손으로 상대방 등짝을 세게 내려치기 · 화난 표정, 무시하는 표정, 무표정 등의 모습으로 반응하기	· 사랑스런 눈빛으로 눈 맞춤하기 · 박수 치기 · 엄지 올리기 · 가볍게 안아주기 · 악수하기 · 등을 토닥거리기 · 미소로 반응하기 등

도움을 받은 자료들

* 스와 고이치 외 2004, "교사의 마음을 제대로 전하는 대화의 기술", 양철북
* 김현섭 2015, "질문이 살아있는 수업", 한국협동학습센터

내 수업의 고민
그리고 그 해답

학습 수준이
다른 아이들을
어떻게?

　교직 10년차 일반계 고등학교 수학교사인 김민혁(가명) 교사는 교원능력개발평가 결과를 보고 마음이 무거워졌다. 왜냐하면 최선을 다해 수업을 했는데 아이들의 평가가 생각보다 그리 좋지 않았기 때문이다. 현재 근무하는 지역은 비평준화 지역인데 예전 근무 학교에 비해 현재 학교 아이들의 학습 수준이 그리 높지 않다. 처음에는 기존 수업 방식대로 강의식 수업을 했더니 많은 학생들이 수업 시간에 엎어져서 잠을 자는 경우가 많았다. 대부분의 학생들이 강의식 수업에 집중하기 힘들어했고 학생들의 학습 수준이 낮다보니 교과서대로 수업을 해도 제대로 따라오는 학생들이 별로 없었다. 그래서 고민 끝에 과감하게 수업 내용을 덜어내고 핵심적인 내용만 추려서 수업하면서 다양한 학습 활동을 도입하였다. 그랬더니 학생들이 수업 시간에 잠을 자는 학생들이 거의 없어졌고 수업에 집중하는 학생들이 많아졌다. 연말 학생들이 교원능력개발평가를 통해 나온 이야기들을 보니 대부분 수업에 만족하게 생각했지만 일부 상위권 학생들의 경우 수업에서 다루는 지식 분량이 적어서 아쉽다는 평가가 나왔다.

✎ 중간 수준에 맞추어서 수업한다? 〜〜〜〜〈

많은 교사들이 비슷한 고민을 한다. 특히 중등학교의 경우 영어과와 수학과 교사들은 이러한 문제가 심각하게 느껴진다. 다른 과목들은 학습 수준 차이가 나도 어느 정도 수업을 이끌어갈 수 있는데, 영어와 수학의 경우는 학습 수준이 벌어지게 되면 한 교실에서 수준이 다른 학생들을 함께 수업하기 쉽지 않다.

대개 많은 교사들은 수업을 할 때 중간 수준 학생들에게 초점을 맞추어 수업을 진행한다. 학생들의 성적이 정상 분포 형태로 있다면 중간 수준 학생들에 초점을 맞추어 수업을 하는 것이 상대적으로 많은 학생들에게 도움을 줄 수 있다. 하지만 이 경우 상위권 학생이나 하위권 학생들에게는 불만이 생길 수 있다. 상위권 학생 입장에서는 쉬운 내용을 반복한다는 느낌이 들 것이고 하위권 학생 입장에서는 학습 내용을 따라 가기 버겁게 느껴질 수 있다.

✎ 개별학습 〜〜〜〈

수준별 학습 격차 문제를 해결하기 위한 가장 좋은 이상적인 대안은 개별학습이다. 개별학습이란 학생 개개인의 특성과 수준에 맞추어 수업을 진행하는 것이다. 개별학습은 학생들의 개별적 성장에 맞추어 접근한다는 점에서 가장 이상적인 교육 접근 방식이라고 할 수 있다. 개별 학습의 일반적인 특징은 다음과 같다.

- 상호의존성이 없고 상호 작용이 없다. 개인의 성공과 실패는 타인에게 영향을 주지도 받지도 않는다.
- 개별적인 책무성이 분명하다. 그래서 각 개인이 사신이 해야 할 일이 무엇인지 분명하게 알고 있다.

- 목표가 매우 중요한 것으로 여긴다. 그래야 학습 과제에 집중할 수 있다.

- 분명하고 쉬운 과정과 규칙이 있어야 한다. 개인이 그 과정과 규칙을 따르기 만 하면 과제를 완성할 수 있다. 혼자서 과제를 해결할 수 있도록 풍부한 자료 를 제공할 수 있어야 한다.

개별 학습이 실패하기 쉬운 조건은 다음과 같다.

- 다른 학생과의 대화나 상호 작용이 많은 경우

- 다른 학생과 경쟁이 되는 경우

- 복잡하거나 어려운 과제가 주어지는 경우

- 목표가 중요하지 않는 경우

- 규칙과 절차가 분명하지 않는 경우

- 학습 자료가 부족한 경우

- 자기 주도적 학습 능력이나 의지가 없는 경우

개별 학습이 가지고 있는 장단점을 정리하면 다음과 같다.

| 장점 |

- 학생 개개인의 특성과 수준에 맞게 수업을 할 수 있다.

- 개인의 자아실현을 돕는 교육적 이상에 가깝다.

| 단점 |

- 교사 대 학생 비율이 낮아야 한다. 가장 이상적인 만남은 일대일이다. 교사가 충분히 확보되기 쉽지 않다.

- 학생의 자기주도적 능력이 약한 경우, 실패하기 쉽다.

- 학생 스스로 공부할 수 있는 여건(교실 공간이나 풍부한 학습 자료 등)이 전제되어야 한다.

- 다른 수업 방식에 비해 경제적인 부담이 제일 크다.

- 학업 성취도 문제는 일시적으로는 효과가 있으나 장기적으로는 기존 전통 교실과 큰 차이가 나지 않는다.

그런데 다인수 학급이나 경제적으로 넉넉하지 않은 경우 현실적으로 개별 학습을 실시하기 힘들다. 과외나 학원과 달리 학교에서는 개별 학습을 실시하기 힘든 부분이 있다. 그래서 개별 학습의 대안으로 등장한 것이 학교에서의 수준별 이동 수업이다.

수준별 수업이 최선의 대안인가? ～～～

수준별 수업은 기본적으로 개인별 학습이 힘들기 때문에 수준이 비슷한 학생들을 모아 수업하는 것이다. 그런데 수준별 수업은 기본적으로 개별 학습 구조에 해당한다. 그러기에 개별 학습의 장점 뿐 아니라 단점도 그대로 유지한다.

우리나라에서 7차 교육과정 이후 정책적으로 수준별 수업을 전면 도입한 이유는 당시 고교 평준화 정책에 대하여 하향평준화라는 비판이 있었기 때문이다. 정부 차원에서 이를 보완하기 위한 정책으로 수준별 수업을 도입하게 되었다. 하지만 수준별 수업이 학교나 교사 차원에서 필요에 의하여 도입한 것이 아니라 정치적인 판단 속에서 이루어지다보니 논란이 많았다. 수준별 수업을 찬성하는 입장에서는 학생들의 학업 수준에 맞는 수업을 통해 공교육을 활성화하고 사교육을 줄일 수 있으며 교사의 전문성 신장을 이룰 수 있다고 보았다. 즉, 사교육비를 줄이고 평준화의 한계를 보완할 수 있다고 보았다. 그에 비해 반대하는 입장에서는 우열반 교육과 크게 다르지 않고 상급반에 올라가기 위해 부모가 사교육을 더 강조할 것이라고 보았다. 그리고 학생 서열화를 부추기고 교수학습자료 부족으로 인하여 구현하기 쉽지 않을 것이라고 예상했다.

✎ 수준별 수업의 한계를 협동학습과 협력학습으로 극복하다 〰〰✎

수준별 수업의 현실적인 대안으로 협동학습을 들 수 있다. 협동학습이란 공동의 학습 목표를 이루기 위해 함께 학습하는 교수 전략을 말한다. '구조화된 또래 가르치기'라고 할 수 있다. 학생 간 상호 작용이 없는 개별 학습과 달리 협동학습에서는 학생 간 사회적 상호 작용을 중시한다. '나의 성공의 너의 성공'으로 연결될 수 있는 긍정적인 상호의존성을 강조한다.

협동학습에서는 상위권 학생들이 중하위권 학생들을 적극적으로 도울 수 있도록 한다. 개별학습에서는 교사가 개별 학생을 지도하는 방식이라면 협동학습에서는 또래 학생이 서로 도울 수 있도록 하는 방식이다.

그런데 협동학습은 고도의 기술이 필요한 접근이다. 교사만이 아니라 학생들도 협동학습 철학을 이해하고 다른 학생들을 배려하려는 마음과 기술을 가지고 있어야 학습 효과를 기대할 수 있다. 다음은 협동학습에서 제시하고 있는 수준별 학습 문제 해결 모형들이다.

1. 모둠 성취 분담 STAD, Student Teams – Achievement Division 모형

모둠 성취 분담STAD 모형은 대표적인 보상 중심 협동학습 모형으로서 모둠원들이 협력해야만 좋은 모둠 점수를 받아 보상을 받을 수 있도록 한 것이다. 공부를 잘하는 학생들만 열심히 공부한다고 좋은 성적을 얻을 수 있는 것이 아니라 공부를 잘하는 학생들이 공부를 못하는 학생들을 적극적으로 도와주어야만 좋은 모둠 점수를 받아 성공을 경험할 수 있도록 한 것이다.

[진행 단계]

① 교사가 설명한다.

② 이질적인 모둠으로 구성하여 자기 모둠 안에서 학습 활동을 한다.

③ 개인별로 퀴즈를 실시한다.

④ 향상 점수제로 퀴즈 점수를 환산하여 개인별 향상 점수의 합을 모둠 점수로 게시하고 이에 따라 보상을 실시한다.

> **＊ 향상 점수제**
>
> 자기 평균 점수를 기본 점수로 기준을 삼아 퀴즈 점수 결과 대비 향상 폭에 따라 향상 점수를 부여하는 것이다.
>
> ・ 기본 점수에서 10점 하락 : 향상 점수 0점
> ・ 기본 점수에서 1점~9점 하락 : 향상 점수 10점
> ・ 기본 점수에서 동점 내지 9점 상승 : 향상 점수 20점
> ・ 기본 점수에서 10점 이상 상승 : 향상 점수 30점
>
> 향상 점수는 기본적으로 개별 학습 평가 방식인데, 이를 모둠 단위로 합산하여 보상함으로써 협동학습 방식으로 보상하는 것이다.

2. 모둠 보조 개별학습 TAI, Team-Assisted Individualization 모형

[진행 단계]

① 학습 능력이 이질적인 학생들로 모둠을 구성한다. 수업 전에 사전 검사를 통해 각 학생 수준에 맞는 수준별 개별화 프로그램을 개인에게 부여한다.

② 교사가 학생들에게 학습 자료(학습지 등)를 배부한다. 학습 자료는 개념과 원리 중심의 지식 이해 자료, 관련 문제 자료, 형성 평가 등으로 구성되어 있다.

③ 모둠 안에서 각자 자기 학습 자료를 수행하면서 잘 모르면 모둠원 상호 간에 가르쳐 준다.

④ 학생들이 모둠 활동하는 동안 교사가 비슷한 수준의 학생들을 불러내어 직접 가르친다.

⑤ 주기별로 단원 평가를 실시하고 이를 모둠 점수로 계산하여 모둠별로 보상을 실시한다.

🖉 협력학습과 수준별 수업을 결합한 수업 디자인 사례 〰〰〰

협력학습은 '탈구조화된 또래 가르치기'로서 자발적인 학생들의 참여를 강조한 또래 가르치기이다. 최근에는 협력학습을 일반적인 '또래 가르치기'라는 포괄적인 개념으로 사용하기도 한다. 협력학습과 수준별 수업을 창의적으로 결합하여 다음 과 같이 수학과 수업을 진행할 수 있다.

1. 창의적인 TAI 수업

[진행단계]

① 교사가 개념과 원리를 설명하고 기본 문제 풀이를 한다.

② 교사가 이질적인 모둠(성적 기준)에게 학습지를 배부한다. 학습지 문제는 1단계 난도가 낮은 기본 예제 문제와 2단계 중간 수준의 문제, 3단계 난도가 높은 문제로 구성되어 있다.

③ 학생들이 1단계 기본 예제 문제와 2단계 중간 수준 문제를 개별적으로 풀어보도록 한다. 문제 풀이가 잘 이루어지지 않는 학생은 모둠 안에서 도움을 요청하여 모둠 안에서 문제 해결을 할 수 있도록 한다.

④ 상위권 학생들이 별도의 모둠을 구성하여 3단계 난도가 높은 문제를 풀 수 있도록 한다. 문제 풀이가 쉽지 않은 경우, 교사가 이를 도와준다. 이때, 나머지 학생들은 2단계 중간 수준의 또 다른 문제를 풀 수 있도록 한다.

2. 창의적인 또래 가르치기 동료 교수 모형

[진행 단계]

① 교사가 개념과 원리를 설명하고 기본 문제 풀이를 한다.

② 교사가 이질적인 모둠(성적 기준)에게 수준별 학습지를 배부한다.

③ 교사가 모둠 내 상위권 학생들이 교실 앞 쪽으로 불러내어 중간 수준의 문제 풀이 방법을 가르친다. 이때 나머지 학생들은 낮은 수준의 문제 풀이 활동을 한다.

④ 상위권 학생이 자기 모둠으로 돌아가 또래 교사 역할을 하면서 모둠원들에게 중간 수준의 문제 풀이를 한다.

⑤ 나머지 학생들이 중간 수준의 또 다른 문제 풀이를 하는 동안 상위권 학생들은 따로 모둠을 구성하여 높은 수준의 문제 풀이를 하고 그것에 대하여 교사가 별도로 피드백 한다.

※ 일부 상위권 학생들만 따로 모둠을 구성하여 교사가 그들에게 문제 풀이를 설명해주고 그들이 나머지 모둠 학생들에게 도움을 주게 할 수 있다.

[수준별 학습지 사례]

※ 1번-5번은 개념 이해를 돕는 기초 문제, 6번-8번 중간 수준 문제, 9번-10번 높은 수준 문제 (2차시 분량)

○○고등학교 일일 테스트

2학년 등차수열

1 ★	다음 수열 $-6, a, b, 3, \cdots$ 가 등차수열을 이룰 때 공차를 구하면? 2 3 4 -2 -3
2 ★	다음 수열 $3, a_1, a_2, \cdots, a_{10}, 36$이 등차수열을 이룰 때, 공차를 구하면? 1 2 3 4 5
3 ★	제 5항이 16, 제 8항이 25인 등차수열의 제 10항을 구하면? 31 32 33 34 35
4 ★	등차수열 $-5, -1, 3, 7, 11, \cdots, 31$의 합을 구하면? 110 120 130 140 150
5 ★	어떤 수열이 등차수열을 이룰 때, 첫째항부터 n항까지의 합을 S_n이라 하면 $S_{10}=55$, $S_{20}=210$이다. S_{30}의 값을 구하여라? 465 475 485 495 505
6 ★★	두 자리의 자연수 중에서 3과 4로 나누어지는 수들의 합을 구하면? 288 312 404 432 486
7 ★★	수열 $\{a_n\}$의 첫째항부터 제 n항까지의 합 $S_n=3n^2+n$일 때, 일반항 a_n을 구하면? $a_n=3n+1$ $a_n=2n+2$ $a_n=4n$ $a_n=6n-2$ $a_n=8n-4$
8 ★★	-5와 15사이에 n개의 수를 넣어서 전체가 등차수열이 되고 그 합이 100이 되게 하려고 할 때, n의 값은? 18 19 20 21 22
9 ★★★	등차수열 $\{a_n\}$에서 제 11항이 -10이고, 제 10항까지의 합이 65일 때, 몇 항까지의 합이 최대가 되는가? 제 5항 제 6항 제 7항 제 8항 제 9항
10 ★★★	5와 29사이에 n개의 수를 넣었더니 전체가 등차수열이 되었다. 이 때, 이 수열의 합이 204가 되었다면 항수와 공차는 각각 얼마인가?

3. 창의적인 또래 순회 교사 모형

[진행 단계]

① 교사가 개념과 원리를 설명하고 기본 문제 풀이를 한다.

② 교사가 문제 학습지를 배부한다.

③ 가장 빨리 문제 학습지를 푼 학생이 교사에게 나와 확인을 받는다. 교사는 모든 문제의 정답을 맞힌 학생을 선착순 4명을 또래 교사(수학 박사 등 ○○과목 박사)로 임명한다.

④ 나머지 학생들 중 문제 풀이 도움이 필요한 학생들이 손을 들어 요청을 하면 또래 교사들이 흩어져서 도움을 신청한 친구들의 문제 풀이를 도와준다.

※ 빨리 정답을 맞힌 사람이 또래 교사로 임명되기 때문에 특정 학생이 또래 교사를 독점하는 것은 아니다.

4. 거꾸로 수업을 통한 협력수업

[진행단계]

① 교사가 단원 개념 설명 동영상을 제작하여 미리 사이트에 게시한다.

② 수업 전에 인터넷을 활용하여 학생들이 단원 개념 설명 동영상을 보면서 학습한다.(개별학습)

③ 수업 시간 모둠 안에서 각자 배운 것을 토대로 문제 풀이 등 학습 과제를 수행한다. 학습 과제 수행이 힘든 학생들은 잘 수행한 학생들에게 질문을 통해 도움을 받는다.(협력학습)

✎ 선택형 교육과정과 방과 후 교육과정 〰

수준별 학습 문제는 교사 개인만의 노력만으로 해결하기 힘든 부분이 있다. 또한 수준별 수업이나 협동학습으로도 온전히 수준별 학습 문제를 해결하기 힘든 경우도 있다. 이러한 경우 단위학교 차원에서 선택형 교육과정을 운영하여 대응할 수도 있다. 과목을 필수과목과 선택과목을 구분하여 수준에 맞는 과목을 선택하여 이수할 수 있도록 하는 것이다. 실용 수학이나 기초 영어 과목 등을 개설하여 하위권 학생들이 해당 과목을 선택할 수 있는 기회를 주고 반대로 고급 수학이나 영어 토론 등을 개설하여 상위권 학생들이 해당 과목을 선택할 수 있도록 하는 것이다. 특히 고교의 경우, 학점제 운영을 통해 이를 실현할 수 있다.

싱가포르의 경우 정교사가 수업을 진행하고 수업 시간 중 보조 교사가 학습 수준이 낮은 학생들만 따로 개별 지도를 하기도 한다. 수준별 수업으로 분리하지 않고 통합 수업 형태로 진행하되 보조 교사가 하위권 학생들을 도와주는 방식으로 운영한다.

핀란드의 경우 학습 목표에 도달하지 못하는 학생들을 대상으로 방과 후에 남겨서 교사가 개별 지도를 한다. 우리나라에서도 많은 학교들이 방과 후 교육과정을 통해 수준별 필요에 맞는 과정을 개설하여 보완하고 있다. 수준별 학습 문제는 교사 개인 수준을 넘어 학교 수준 교육과정이나 교육 정책 차원에서도 다양한 지원 방안을 모색해야 한다.

도움을 받은 책들

* 김현섭 외 2012, "협동학습1,2,3", 한국협동학습센터
* 정문성 2006, "협동학습의 이해와 실천", 교육과학사
* 존 버그만 외, 정찬필 외 역 2015, "거꾸로 교실", 에듀니티

좋은 학습지를

만들려면?

✎ 학습지의 중요성과 기능 〰〰〰

교사가 학습지를 직접 제작하여 좋은 이유를 정리하면 다음과 같다.

첫째, 학생 눈높이에 맞게 교육과정을 재구성할 수 있다. 교사가 교과서를 직접 집필한 것이 아니기 때문에 교과서만을 가지고 수업하기에는 한계가 있다. 학생들의 학습 수준, 특성, 관심사에 맞추어 학습지를 만들어 활용하면 좋다. 학습지 제작 과정을 통해 교사는 교육과정을 재구성할 수 있는 실질적인 기회를 가질 수 있다. 교육과정 기획력을 신장시키는 첫 걸음이 학습지 제작이다.

둘째, 교사의 수업 구성 방식과 교수 유형에 맞게 수업을 디자인할 수 있다. 교사마다 수업하는 스타일과 전개 방식이 다르다. 교사가 개인적 특성과 선호하는 수업 디자인 방식에 맞추어 학습지를 직접 만들어 활용하면 좋다.

셋째, 학습 활동이나 수업 모형 운영 시 보조 자료로 활용할 수 있다. 예컨대, 협동학습의 과제분담학습 활동을 진행하려면 서로 다른 내용의 학습지 4개가 필요하다. 토의 토론 수업을 진행하려면 토의 토론 수업 모형에 맞는 토의 토론 학습지가 필요하다. 짧은 시간 안에 많은 학습 분량을 소화하려고 해도 교과서 요약형 학습지가 있어야 잘 진행할 수 있다.

✎ 학습지 구성 요소 〰〰〰

좋은 학습지를 제작하기 위해서는 먼저 학습지 구성 요소를 이해해야 한다. 학습지 구성 요소는 크게 텍스트, 질문, 반응 여백, 이미지 등으로 이루어져있다. 각 요소를 잘 이해하고 구성해야 전체적으로 좋은 학습지를 만들 수 있다.

텍스트 Text, 학습 내용

텍스트는 학습 내용을 말한다. 교과서 요약형은 교과서 내용을 요약한 것이고, 심화자료형은 교과서 지식을 좀 더 깊이 있게 이해할 수 있도록 도와주는 것이다. 수업 목표와 의도, 수업 단계에 따라 텍스트의 성격이 달라진다. 무엇보다 학습 주제와 관련하여 흥미 있는 소재를 텍스트로 넣는 것이 좋다. 텍스트 내용에 오류가 있다면 오개념을 학생들에게 심어줄 수 있기 때문에 조심해야 한다. 좋은 텍스트를 선정하려면 관련 단행본이나 다양한 학습 자료, 인터넷 서핑 등을 통해 잘 찾아내는 것이 필요하다.

질문

텍스트는 투입(Input)이라면 질문은 학생들의 학습 결과를 산출(Output)할 수 있도록 이끄는 도구이다. 질문을 어떻게 하느냐에 따라 학습의 방향이 달라진다. 좋은 질문을 만들 수 있어야 학습 목표 이상의 배움을 이끌어낼 수 있다. 그런데 좋은 질문을 만드는 것이 그리 쉽지는 않다. 그러므로 먼저 교사부터 좋은 질문을 만들 수 있는 능력을 기르는 것이 필요하다.

반응 여백

학생들의 학습 활동이 표현될 수 있는 공간을 말한다. 가급적 여유 있는 공간을 주는 것이 좋다. 공간 넓이만큼 학생들의 반응이 나타나는 경우가 많기 때문이다. 양은 질을 담보하기 위한 좋은 수단이 된다.

이미지

학습지 구성 시 이미지그림, 사진, 도표 등를 잘 활용하면 시각적인 즐거움을 줄 뿐 아니라 이미지 형태로 사고의 방향을 이끌어갈 수 있다. 기존 학습지는 주로 텍스트 중심 학습지였다면 최근에는 마인드맵, 비주얼 씽킹, 씽킹맵 등 이미지 중심 학습지가 많은 사람들에게 각광을 받고 있다. 특히 공간적 지능이 발달한 사람이나 시각형 학습자에게는 가장 좋은 학습 접근 도구가 된다.

✎ 학습지 유형 〰〰〰

텍스트형 교과서 요약형, 심화자료형

텍스트형이란 학습 내용을 문장 위주로 제시하는 학습지 유형이다. 교과서 핵심 내용을 개조식 형태로 정리한 교과서 요약형과 교과서 내용보다 심화된 지식을 소개하는 심화자료형이 있다. 교과서 요약형의 경우, 학습 내용 중간에 핵심 단어를 빈 칸 처리하여 강의를 들으면서 학생이 중간을 채워갈 수 있도록 하기도 한다.

텍스트 질문형

텍스트 질문형은 학습 내용과 관련한 텍스트를 제시하고 이와 관련한 질문들을 제시하는 학습지 유형이다. 가장 일반적으로 많이 활용하는 학습지 유형으로서 텍스트 성격에 따라 교과서 내용을 심화시킨 심화자료형과 교사가 학생들의 수준에 맞게 교육과정을 재구성한 교육과정 재구성형 등이 있다.

문제지형

문제지형은 학습 내용을 이해했는지 확인하는 문제들을 중심으로 정리한 학습지 유형이다. 퀴즈 문제를 중심으로 한 퀴즈형, 낱말 퍼즐을 활용한 낱말 퍼즐형, 논술 문제를 활용한 논술형, 학생들이 퀴즈 문제를 직접 출제하여 활용하는 하브루타형 등이 있다. 하브루타형의 경우 일반 평가 문항지처럼 제작할 수도 있겠지만 도표 방식 모양 안에 퀴즈 문제를 만들고 그 위에 접착식 메모지를 붙여서 문제를 가리었다가 하나씩 공개하는 것도 흥미유발 차원에서 가능하다.

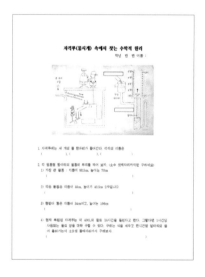

마인드맵 Mind-map 형 (씽킹맵(Thinking-map)형)형

마인드 맵형은 토니 부잔이 개발한 노트 정리 방법으로서 지도를 그리듯이 학습 내용을 정리하는 방법이다. 마인드맵형 안에는 웨빙Webbing, 클러스터링Clustering 형 등이 있고 모양에 따라 생선뼈형, 나무형, 조직형, 계단형 등이 있다.

데이비드 하이엘이 제시하는 8가지 씽킹 맵Thinking Map도 이 유형으로 분류할 수 있다. 씽킹 맵은 사고 유형에 따라 다음의 8가지 방식으로 구조화한다.

- **써클 맵 (Circle Map):** 개념 정의
  · 어떠한 개념이나 용어에 대해 정의를 내리거나 사실 관계를 나타내는 것
  · 이중의 원 안에 주제를 적어 넣고 주제에 대해 관계 되는 여러 가지 사실이나
    떠오르는 이미지 등 적어 보기

- **트리 맵 (Tree Map) :** 분류
  · 여러 가지 사물이나 지식을 일정한 기준에 따라 분류하기
  · 그룹을 만들거나 조직도를 그리는 기법

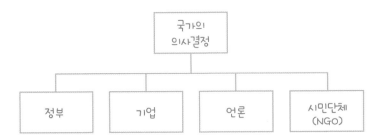

● **버블 맵 (Bubble Map)** : 묘사/종류 나열

· 어떠한 사물이나 지식에 대해 묘사하기

· 글을 쓰거나 작품을 구성 할 때 많이 활용함

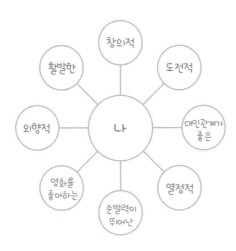

● **더블 버블 맵 (Double Bubble Map)** : 비교/대조

· 서로 다른 사물이나 개념 비교, 공통점과 차이점 찾기

· 두 가지를 놓고 서로 비교 대조하기

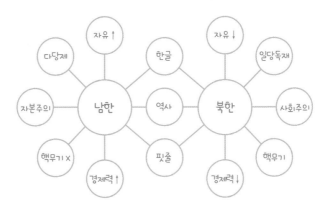

● **플로우 맵 (Flow Map)** : 순서 정렬
　・ 학습의 전개과정, 프로젝트 수행 단계를 계획하기
　・ 순서를 정해 일정한 규칙과 기준에 따라 정렬하기

● **멀티 플로우 맵 (Multi-Flow Map)** : 원인과 결과 분석
　・ 왼쪽은 투입(in put)요소, 가운데는 주제, 오른쪽은 산출(out put)요소를
　　규명하기
　・ 사건이나 현상에 대해 인과 관계를 찾아냄

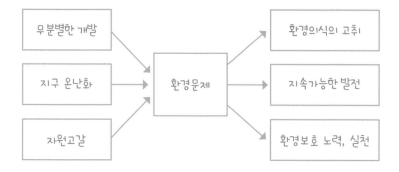

- **브레이스 맵 (Brace Map)** : 부분과 전체 파악
  - 부분과 전체에 대한 관계를 파악하기
  - 교과 단원의 요점 정리나 생물의 분류체계 정리하기 등

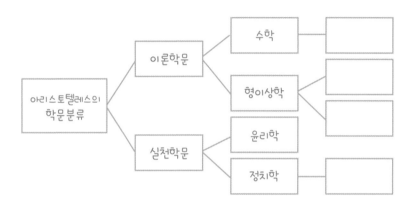

- **브릿지 맵 (Bridge Map)** : 유추
  - 한 가지 사실을 통하여 또 다른 사실을 유추하기
  - 한 가지 정보가 갖고 있는 기준과 원리가 또 다른 정보에도 적용될 수 있는지 유추해볼 때 활용하기

액자형

액자틀 모양을 제시하고 액자 모양 안쪽 공간에 학생들의 생각을 자유롭게 기록하는 학습지이다.

이미지형 만화형

이미지(그림, 사진)를 활용하여 만든 학습지 유형이다. 이미지를 활용하여 비유적으로 자기의 생각을 표현할 수도 있고, 학생들이 흥미 있는 만화를 통해 일부 컷 내용을 빈칸으로 만들고 그 안의 대사를 학생들이 채워볼 수도 있다.

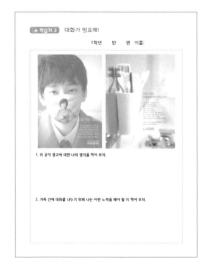

도표형 토론형, 스토리보드형

    도표 모양을 활용하여 도표 안에 해당하는 것을 기록할 수 있는 학습지이다. 함께 챠트, CEDA 토론 모형에 맞는 토론 학습지, UCC 활동을 위한 스토리보드 학습지 등도 여기에 속한다고 볼 수 있다.

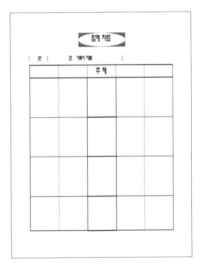

체크리스트형

자기의 상태를 점검하기 위한 질문 목록 중심의 학습지이다.

비주얼 씽킹 Visual Thinking형

비주얼 씽킹Visual Thinking, 시각적 사고이란 글과 그림을 함께 활용하여 정보, 생각을 표현하고 기록하는 것을 말한다. 가급적 학생들이 다양한 색깔을 사용하기 보다는 단순한 색깔을 통해 그림과 글을 직관적이고 즉각적으로 표현할 수 있도록 한다.

 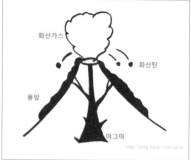

✎ 좋은 학습지 질문 만들기 〜〜〜〜

핵심 질문

학습 내용의 핵심적인 것을 질문 형태로 표현한 것이다. 학습 목표나 성취 기준을 의문형 형태로 전환하면 좋다. 그런데 대개 학습 목표는 추상적인 경우가 많아 추상적인 질문 형태로 표현되기 쉽다. 추상적인 질문은 가급적 구체적인 질문으로 표현하면 좋다.

| 핵심 질문 만들기 사례 |

- 학습 목표 : '해류의 특징을 설명할 수 있다.'
- 의문형 전환 : '해류의 특징은 무엇인가?'
- 구체적인 질문 : '바닷물이 컨베이어 벨트처럼 돌고 있는 이유는 무엇인가?'

그런데 핵심 질문 1가지로 전체적인 수업을 진행하기는 쉽지 않다. 그래서 수업 단계와 흐름에 따라 출발 질문, 전개 질문, 도착 질문을 만들어 활용하면 좋다.

- **출발 질문**
  수업을 여는 질문으로서 흥미를 유발하는 질문이다. 출발 질문은 열린 질문이 좋고 식상하지 않은 질문이 좋다. 질문의 난도가 너무 높지 않고 가급적 쉽게 답변하기 좋은 질문이 좋다. 좋은 출발 질문을 만들려면 학생들의 흥미를 자극할 수 있는 좋은 소재를 찾아야 한다.
  예) '제주도에서 편지를 빈병에 넣어 바다로 던진다면 누가 그 편지를 받을 수 있을까?', '컵라면에 뜨거운 물을 붓고 입김을 분다면 라면의 김 모양과 면발 덩어리는 어떻게 되는가?' 등

- **전개 질문**

  학습 내용의 이해를 돕는 질문이다. 대개 닫힌 질문, 지식과 이해를 묻는 저차원적인 질문, 정보 질문, 사실 질문 등을 사용한다. 평상시 교사들이 주로 사용하고 있는 질문들이다.

  예) '해류의 특징은 무엇인가?' 등

- **도착 질문**

  도착 질문은 심화 지식으로 도약할 수 있는 질문과 삶 속에 지식을 실천할 수 있는 질문이 있다. 열린 질문, 적용, 분석, 종합, 평가 등의 고차원적인 질문, 정보-관계 질문, 배움을 확인하는 메타인지 질문, 실천 질문 등이 좋다.

  예) '배로 한국에서 미국으로 이동하려면 가장 빠른 바닷길은?', '반대로 미국에서 한국으로 이동할 수 있는 가장 빠른 뱃길은?' 등

  핵심 질문을 통하여 교육과정 재구성과 그에 맞는 다양한 수업 활동을 찾아 학습지를 구성한다면 좋은 학습지를 만들 수 있다.

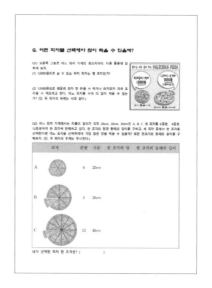

블룸의 질문 (교육목표분류체계학)

- **지식**

  '지식' 수준의 질문은 기억하고 있는 사실을 회상, 기술, 정의, 인지하도록 요구하는 질문이다. 이 질문에서 자주 사용하는 동사는 '정의하다, 열거하다, 묘사하다, 이름을 말하다, 확인하다, 암송하다' 등이다.

- **이해**

  '이해' 수준의 질문은 배운 사실을 설명, 요약, 정교화 하도록 요구하는 질문이다. 이 질문에서 자주 사용하는 동사는 '전환하다, 부연하다, 설명하다, 다시 말하다, 확대하다, 요약하다' 등이다.

- **적용**

  '적용' 수준의 질문은 처음 배울 때와는 다른 문제, 맥락에서 지식을 적용하도록 요구하는 질문이다. 이 질문에서 자주 사용하는 동사는 '응용하다, 작용하다, 증명하다, 해결하다, 채용하다, 활용하다' 등이다.

- **분석**

  '분석' 수준의 질문은 문제를 구성하는 요인을 분해하거나 그 사이의 관련성을 도출하도록 요구하는 질문이다. 이 질문에서 자주 사용하는 동사는 '분해하다, 가리키다, 구별하다, 관련짓다, 식별하다, 지지하다' 등이다.

- **종합**

  '종합' 수준의 질문은 다양한 요인을 연결하여 문제를 새롭고 독창적으로 해결하도록 요구하는 질문이다. 이 질문에서 자주 사용하는 동사는 '비교하다, 공식화하다, 창조하다, 예측하다, 고안하다, 산출하다' 등이다.

- **평가(비판)**

  '평가' 수준의 질문은 정해진 기준을 바탕으로 판단하고 의사 결정하도록 요구하는 질문이다. 이 질문에서 자주 사용하는 동사는 '평가하다, 옹호하다, 판단하다, 결정하다, 정당화하다' 등이다.

독서 학습지 질문

- **사실 질문**

  사실과 관련된 질문 혹은 이를 확인하는 질문이다.

  예) '이 글에서 주인공이 여자 친구를 만나게 된 계기는 무엇인가?'

- **해석 질문**

  해석 질문은 내용을 제대로 파악하고 있는지를 묻는 질문 혹은 사실을 토대로 암시된 정보를 추론하도록 하는 질문이다.

  예) '주인공이 여자 친구에게 사랑을 제대로 고백하지 않은 이유는?'

- **평가 질문**

  평가 질문은 사실에 대한 가치 판단을 묻는 질문을 말한다.

  예) '주인공이 결국 여자 친구와의 오해를 풀지 못하고 이별한 뒤 바로 다른 사람과 결혼한 것에 대하여 여러분은 어떻게 생각하는가?'

하브루타 학습지 질문

　하브루타는 교사가 학생들에게 질문을 던지는 발문법과는 달리 학생들이 학습 주제에 대하여 자유롭게 질문을 만들고 그 질문에 대한 생각을 정리하여 짝이나 모둠에서 나누는 활동을 말한다. 하브루타 활동은 대개 브레인라이팅 질문 만들기 → 대표 질문 선정 → 대표 질문에 대한 자기 생각 기록하기 → 짝과 토의 활동 → 모둠 토의 활동 → 전체 발표 → 교사의 피드백 질문 등으로 진행된다.

- **브레인라이팅(Brain writing) 질문**

  학습 주제와 관련하여 생각나는 대로 자유롭게 떠오르는 질문들을 기록한다. 발산적 사고 전략에 근거하여 질문을 만들고, 질문에 대하여 비판하지 않는다. 브레인스토밍(Brainstorming)을 생각나는 대로 말하는 것이지만 브레인라이팅(Brain writing)은 생각나는 대로 기록하는 것이다.

- ● 대표 질문

  브레인라이팅을 통해 만들어진 다양한 질문들 중에서 가장 마음에 드는 대표 질문 1가지 선정한다. 그리고 나서 대표 질문에 대한 자기의 생각을 자유롭게 서술하고 짝 토의 및 모둠 토의를 진행한다.

✎ 수업 시간에 학습지 활용할 시 유의해야 할 사항 〰️

다른 사람이 만든 학습지를 그대로 쓰기보다는 교사가 직접 제작하거나 변형하여 활용하라.

자신이 직접 만든 학습지가 최적화된 가장 좋은 학습지이다. 왜냐하면 학생들의 수준과 특성, 교사의 특성과 수업 디자인 방식 등을 반영한 학습지이기 때문이다. 만약 여유가 부족해서 다른 사람의 학습지를 활용하게 된다면 그대로 사용하기보다 자신의 수업 스타일에 맞게 변형하여 활용하면 좋다. 작년에 자신이 직접 제작한 학습지라고 하더라도 올해 수업에서는 별로 효과적이지 않을 수 있다. 해마다 대상 학생들이 바뀌기 때문에 학습지를 꾸준히 업데이트를 하는 것이 필요하다.

학습지 질문 문항 수를 적절하게 만들어 사용하라.

질문은 배움을 일으키는데 큰 도움이 되지만 질문이 너무 많으면 오히려 배움에 방해가 된다. 왜냐하면 질문이 너무 많으면 학습 포인트가 흐려질 수 있기 때문이다. 대신 질문 유형이 다른 질문들을 적절하게 배치하는 것이 좋다. 즉, 닫힌 질문, 열린 질문 / 지식-이해, 적용-분석, 종합-평가 / 관계 질문, 정보 질문, 정보-관계 질문 등 질문 유형이 다른 질문을 골고루 배치하는 것이 좋다.

학생들에게 포트폴리오 방식으로 관리하도록 하라.

학생들이 학습지들을 잘 관리할 수 있도록 해주는 것이 필요하다. 클리어파일 등을 활용하여 포트폴리오 방식으로 학습지들을 잘 정리할 수 있도록 해야 한다. 매 수업 시간마다 도입 단계에서 포트폴리오를 먼저 점검하고 나서 본격적으로 시작하는 것도 좋은 방법이다. 학습지 포트폴리오를 모아 다음 연도에서 수정 보완하여 워크북을 만들어 활용할 수 있다.

수행 평가에 반영하라.

　수업 활동은 그에 맞는 평가 활동으로 연결되어야 좋다. 학습지 평가를 수행 평가에 반영하면 좋다.

피드백의 기초 자료로 활용하라.

　학습지를 채점하고 등급 매기기로 그칠 것이 아니라 학생 성장을 위한 피드백의 기초 자료로 활용하는 것이 좋다. 학습지를 가지고 수업 활동을 전개할 때 수시로 피드백 하는 것이 가장 좋다.

학생이 사용한 좋은 학습지 결과 사례를 모아 모델링 자료로 활용하라.

　학생들이 사용한 학습지 결과물 중 좋은 사례들을 모아서 다른 학급이나 다음 해 수업에서 모델 자료로 활용하면 좋다. 모델 자료를 제시하면 학생들이 시행착오를 줄이고 보다 쉽게 학습 과제를 수행할 수 있다.

도움을 받은 책들

* 김현섭 2015, "질문이 살아있는 수업", 한국협동학습센터
* 김현섭 외 2003, "아이들과 함께 하는 협동학습2", 협동학습연구회
* 김현섭 외 2010, "신나는 도덕수업(중1)", 한국협동학습센터
* 김해동 2015, "교실 속 비주얼 씽킹", 맘에드림

내 수업의 고민
그리고 그 해답

효과적으로

학습 내용을 익히려면?

배움으로 그치지 말고 익힘을 통해 지식을 자기 것으로 소화하는 과정이 꼭 필요하다. 반복하여 익히지 않으면 배운 것을 쉽게 잊혀버린다. 대개 정보가 우리 두뇌에 들어오면 단기 기억으로 머물다가 시간이 지나면 일부만 장기 기억으로 남고 나머지는 자연스럽게 망각된다. 학습한 내용을 장기 기억으로 옮기려면 반복적으로 익혀야 한다. 복습하지 않으면 학생들은 배우지 않은 상태로 돌아가 버린다. 독일의 심리학자 에빙하우스는 다음과 같은 망각 곡선을 제시한다.

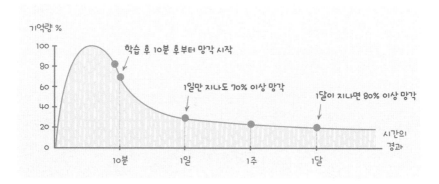

망각 곡선을 이해하면 반대로 망각하지 않고 장기 기억으로 옮길 수 있는 방법을 알 수 있다. 주기적으로 반복하여 복습하면 배운 지식을 오랫동안 간직할 수 있다.

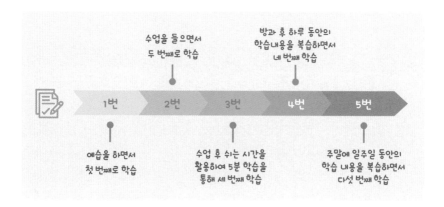

그러므로 교사가 수업 시간 마무리 단계에서 형성평가를 실시하거나 전시 학습 단계에서 전 시간에 배운 내용을 확인하는 것은 학생들의 학습에 큰 도움이 된다.

중단원이나 대단원을 단위로 배움의 매듭을 지을 필요가 있을 때 익힘을 위한 퀴즈 게임을 정기적으로 진행하면 좋다. 기존 쪽지 시험은 학생들에게 긴장감을 주지만 퀴즈 게임은 복습 효과를 주면서도 즐겁게 복습을 할 수 있도록 도와준다. 퀴즈 게임 점수를 수행 평가 점수에 반영하면 좋다. 학생 개인 차원에서 복습할 수 있는 방법들은 학습지 풀기, 코넬 노트로 스스로 정리하기, 배움 일지 쓰기 등이 있다. 그런데 모둠 활동을 통해 복습을 하면 개인이 할 때보다 더욱 즐겁게 복습할 수 있다.

수업 시간에 활용하면 좋은 모둠 퀴즈 게임 5가지를 소개한다.

번호별 퀴즈

"번호별 퀴즈는 각 모둠의 대표가 나와서 퀴즈 문제를 푼다."

[진행방법]

① 교사가 모둠 안에서 각 학생들에게 번호를 부여한다.

② 교사가 무작위로 번호를 호명하면 해당되는 학생들은 교실 뒤편으로 나가서 퀴즈 도구(모둠 칠판, 보드 마카)를 챙긴다.

③ 교사가 퀴즈 문제를 출제하고, 학생들은 퀴즈 문제에 대한 정답을 기록하여 동시에 보여주면서 정답을 확인한다.

④ 정답을 알아맞힌 학생들에게 개인 보상을 실시한다.

[유의사항 및 기타]

· 부정행위가 일어나지 않도록 공정하게 진행한다.

· 번호를 부여할 때 성적 등을 고려하면 수준별 퀴즈 게임도 가능하다.

서바이벌 모둠 퀴즈

"모둠 단위로 최후의 한 명까지 릴레이 방식으로 퀴즈 문제를 푼다."

[진행방법]

① 모둠 안에서 학생들끼리 퀴즈를 푸는 순서를 정한다.

② 학습 도구(모둠 칠판, 보드 마카)를 챙겨서 1번 학생부터 나온다.

③ 교사가 퀴즈 문제를 출제한다.

④ 정답을 알아맞히면 그대로 이어서 퀴즈 문제를 풀 수 있도록 하고 오답인 경우, 그 다음 순서 학생이 나와 이어서 퀴즈 문제를 푼다.

⑤ 최종적으로 살아남은 학생 수에 따라 모둠 보상을 실시한다.

[유의사항 및 기타]

· 모둠 단위 퀴즈 게임으로서 서로 간에 자연스러운 응원을 할 수 있다.

· 모둠원들끼리 손짓, 몸짓, 입모양 등으로 주고받는 부정행위를 하지 않도록 지도해야 한다.

사다리 OX 퀴즈

"사다리 게임을 응용하여 OX퀴즈 문제를 푼다."

[진행방법]

① 교사가 OX 퀴즈판을 모둠별로 배부한다.

② 교사가 퀴즈 문제를 내면 모둠원 학생들이 협력하여 문제를 푼다. O는 왼쪽, X는 오른쪽 방향으로 사다리를 내려간다.

③ 교사가 연속해서 퀴즈 문제를 출제한다.

④ 사다리 마지막에 해당하는 표시(숫자, 음식 메뉴, 연예인 이름 등)를 확인하여 모둠 칠판에 표시한다.

⑤ 교사가 정답을 말하고 정답을 맞힌 모둠에게 모둠 보상을 실시한다.

O, X 사다리 퀴즈

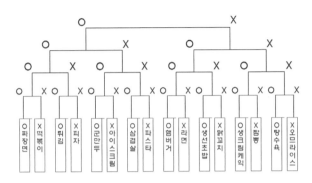

[유의사항 및 기타]

- 모둠 안에서 협력하여 퀴즈 문제를 해결할 수 있도록 고안된 퀴즈 게임이다.
  4단계 내지 5단계 사다리 퀴즈 게임이 있다.
- 마지막 도착지 이름은 숫자나 음식 메뉴, 연예인 이름 등 학생들이 좋아할만한
  소재를 활용하여 만들면 좋다.

모둠 게임 토너먼트(TGT) 모형

"수준별로 모둠을 재구성하여 퀴즈 문제를 푼다."

[진행방법]

① 교사가 모둠 학생들에게 빈 카드 용지를 4-8개를 배부한다.

② 학생들이 각자 공부한 학습 내용에서 퀴즈 문제를 출제한다.
  앞면에는 퀴즈 문제, 뒷면에는 자기 이름을 기록한다.

③ 모둠 이끔이 학생(성적 우수 학생)이 각 모둠원들의 퀴즈 문제를 검토하고
  수정 보완한다.

④ 번호별로 모둠을 재구성한다. 예컨대, 각 모둠의 1번 학생들은 1번 모둠으로 구성하는 것이다. 자기가 출제한 퀴즈 문제 카드를 가지고 이동한다.

⑤ 모둠 안에서 퀴즈 문제를 모아 동일한 수준의 다른 모둠과 카드 세트를 교환한다.

⑥ 모둠 안에서 돌아가며 퀴즈 문제 카드를 활용하여 돌아가며 퀴즈 문제를 풀어 간다. 정답을 아는 학생이 '정답'이나 자기 이름을 부른다.

⑦ 정답을 맞히면 출제자가 정답을 맞힌 학생에게 문제 카드를 선물로 준다. 오답이면 다른 학생들이 맞힐 수 있는 기회를 준다. 모든 학생들이 정답을 모르면 출제자가 정답을 알려주고 그 문제 카드를 카드 맨 뒷장에 넣고 다시 재활용할 수 있도록 한다.

⑧ 퀴즈 게임이 마치면 원래 자기 모둠으로 돌아간다.

⑨ 모둠 안에서 각자 얻은 문제 카드를 합산하여 모둠 점수로 환산한다.

⑩ 교사가 모둠 점수가 높은 모둠들에게 모둠 보상을 실시한다.

[유의사항 및 기타]

· 모둠 게임토너먼트 모형의 장점은 수준별 퀴즈 게임이 가능하다는 것이다. 성적이 비슷한 학생들끼리 퀴즈 게임을 할 수 있으므로 공정한 퀴즈 게임이 가능하다.

· 문제 실명제를 하는 이유는 문제 자체가 이상이 있는 경우, 책무성을 보다 강화하고 수정 보완할 수 있도록 하기 위해서이다.

질문 보드 게임 활동

"보드 게임 방식으로 퀴즈 문제를 푼다."

[진행방법]

① 교사가 4인 1모둠으로 구성하고 질문 보드 게임 세트를 1세트씩 배부한다.

② 교사의 지시에 따라 모둠 이끔이 학생이 각 학생들에게 질문(Q) 카드 5장과 포스트(P) 카드를 배부한다. (나머지 4장의 질문 카드는 여분이다. 5인 1모둠인 경우 질문(Q) 카드를 4장씩 배부할 수 있다.)

③ 학생들이 각자 학습 내용을 토대로 질문 카드 앞면(Q)에 문제를 출제하여 기록하고, 뒷면(A)에는 정답을 기록한다. 질문(P) 카드를 중간 연결 자리에 무작위로 배열한다. 질문이 위로 갈 수 있도록 한다.

④ 포스트(P) 카드에 간단한 미션 활동을 기록한다.(미션 사례 : 윙크하기, 안마해주기, 애교부리기, 옆 사람 칭찬하기 등)

⑤ 각자 마음에 드는 칩을 선택하여 말로 삼는다. 자기 자리에 가까운 포스트(P) 카드 위에 자기 말을 올려놓는다.

⑥ 교사가 모둠별로 모둠 이끔이 학생 1명을 선택한다. 모둠 이끔이 학생부터 주사위를 던진다. 나온 숫자만큼 이동한다. 왼쪽이든, 오른쪽이든 자기가 가고 싶은 방향으로 이동한다. 이동 방향은 자유롭게 좌우로 선택하여 이동할 수 있다.

⑦ 주사위를 던진 사람이 선택한 카드에 기록된 질문을 읽고 정답을 말한다.

⑧ 정답을 말한 뒤 카드를 뒤집는다. 카드 뒷면에 기록한 정답과 일치하면 카드 위에 자기 이름을 기록한다. 오답인 경우는 정답을 확인한 후 다시 원래 상태로 뒤집어 놓는다. 나중에 이 카드를 다시 활용할 수 있게 된다.

⑨ 모둠 이끔이 학생을 기준으로 오른쪽 방향으로 돌아가며 주사위를 던져서 위의 방식으로 퀴즈 알아맞히기 게임 활동을 진행한다.

⑩ 퀴즈 활동이 마친 뒤 교사가 자기가 알아맞힌 카드 개수에 따라 칭찬 박수를 하거나 수행 평가 점수 반영 내지 간단한 선물로 보상한다.

[유의사항]

· 질문 보드 게임 도구를 활용하면 좋다.
· 질문 보드 게임이 없더라도 쉽게 활용할 수 있다.
  이때는 접착식 메모지(포스트 잇)을 활용하면 좋다.

도움을 받은 책들

* 김현섭 2016, "수업성장", 수업디자인연구소
* 김현섭 외 2012, "협동학습1", 한국협동학습센터

내 수업의 고민
그리고 그 해답

왜 공부를 해야 하는가?

공부工夫란 '학문이나 기술을 배우고 익히는 것'이다. 학생들이 왜 공부를 하는지 물어보면 다양한 대답이 나오지만 그 이유들을 정리해 보면 목표 자체가 불투명하거나 목표가 추상적이고 외적인 결과에 맞추어진 경우가 많다. 학생들이 대답하는 공부의 이유들을 하나씩 비판적으로 검토해 보자.

✎ 학생들이 공부하는 이유들에 대하여 비판적으로 검토해보기

"......", "그냥"

공부하는 이유 자체를 모르는 경우이다. 사람이 어떠한 행동을 할 때는 행동 속에 숨겨진 동기와 욕구가 분명히 있다. 그런데 목표 자체가 없거나 모르면 지속적으로 그 행동을 하지는 않는다. 학생들이 공부하도록 노력하게 하려면 먼저 학생들 마음속에 숨겨진 동기와 욕구를 이해해야 한다. 학생들이 공부의 목표가 없거나 모르면 지속적으로 공부를 하지 않게 된다.

"부모님(선생님)이 원하시니까"

부모나 교사 등의 압력에 의하여 공부하는 경우이다. 이 경우는 외부의 압력이 사라지게 되면 더 이상 공부를 하지 않게 된다.

"해야만 하니까"

공부에 대한 외부의 압력은 크지만 학생 내면의 동기가 뒷받침되지 않으면 외부의 압력이 학생 내면 속의 부담감과 당위성으로 들어오게 된다. 자칫 자기가 자기를 스스로 괴롭힐 수 있게 만든다.

"남들도 하니까"

주변 사람들의 행동이나 분위기에 의하여 공부하는 경우이다. 주변 학생들이 공부를 하지 않거나 학습 분위기가 좋지 않으면 더 이상 공부를 하지 않는다. 자칫 비교의식에 빠지기 쉽다.

"나중에 잘 살기 위해서"

여기에서 잘 산다는 것의 의미가 무엇인지 생각해보아야 한다. 잘 산다는 것이 단순히 돈을 많이 벌고 다른 사람에게 인정받는 것을 말한다면 문제가 있다. 왜냐하면 현재 좋은 일자리가 많이 줄어들고 있고 공부를 잘해도 좋은 일자리를 얻기 힘든 것이 현실이기 때문이다.

"돈을 많이 벌기 위해"

예전에는 공부를 통해 대학을 진학하여 졸업하면 좋은 일자리를 얻을 수 있어서 합법적인 신분 상승이 가능했다. 하지만 현재는 공부만 잘한다고 좋은 일자리를 얻기는 힘든 상황이 되었다. 돈만을 벌기 위해서라면 공부 말고도 돈을 벌 수 있는 다양한 방법들이 있다. 만약 돈을 위해 공부를 해서 좋은 일자리를 얻었다면 나중에 윤리적 문제를 일으킬 가능성이 있다. 돈을 위해 공부한 사람은 돈을 위해 일할 가능성이 높다. 돈이 되는 일이라면 윤리적인 문제가 발생하더라도 어떠한 일이든 할 가능성이 높다.

"사는데 도움이 되니까"

공부를 하면 살아가는 데 도움이 되는 것이 사실이다. 그런데 여기에서 말하는 실제적 도움이 실용적 가치라면 고민할 필요가 있다. 학문은 실용적인 가치만을 추구하지 않는다. 실용주의는 학문을 오히려 이론과 실천의 분리를 현상시킬 수 있고, 학문의 성격을 왜곡시킬 가능성이 있다. 우리 나라의 경우, 실용 학문은 각광받지만 상대적으로 기초 학문은 외면당하고 있다.

"훌륭한 사람이 되기 위해"

훌륭하다는 말이 추상적이고 모호한 개념이다. 추상적인 목표는 학생들의 구체적인 행동을 이끌어가는 동기를 이끌어내기 힘들다.

"공부를 못하면 무시당하니까"

많은 사람들이 공부를 하면 주변 사람들이나 사회에서 무시당하지 않는다고 생각한다. 그런데 공부의 목적은 다른 사람들에게 무시당하지 않게 살기 위함이 아니다. 공부 대신 권력을 가져야 다른 사람에게 무시당하지 않을 수 있다. 상대적인 비교 의식은 오히려 자기 자신을 초라하게 만들 수 있다.

"경쟁에 뒤지지 않기 위해"

좋은 일자리가 부족하다 보니까 취직 경쟁이 더욱 치열해졌다. 명문 대학 정원은 정해져 있는데 들어가고자 하는 학생들은 많다보니까 경쟁은 지속된다. 그런데 이 말을 뒤집어 보면 경쟁이 사라지면 더 이상 학생들이 공부해야 할 이유가 사라진다는 것을 의미한다. 경쟁이 없다고 해서 공부가 사라지는 것은 결코 아니다.

"사회적으로 인정받기 위해"

공부를 하면 사회적으로 인정받을 수 있는 기회가 생기는 것은 사실이지만 사회적 인정을 받기 위해 공부하는 것은 아니다. 공부와 사회적 인정과의 관계는 필요충분조건이 아니다. 실제로 사회적 인정을 받지 못해도 열심히 공부하는 사람들이 많이 존재한다.

"지금 공부하지 않으면 나중에 공부하기 힘드니까"

물론 젊었을 때 공부하는 것이 뇌 과학적인 측면에서 나이가 먹었을 때보다 유리한 것이 사실이다. 하지만 공부는 젊었을 때만 하는 것이 아니라 평생을 하는 것이다. 사회는 늘 변화하기 때문에 평생 공부해야 한다. 그리고 공부를 하지 않으면 사람은 성장하지 않고 퇴보한다.

✐ 공부에 대한 왜곡이 일어난 이유와 그 결과 〜〜〜〜

위에서 대답한 이유를 살펴보면 공부에 대한 인식이 많이 왜곡되어져 있다는 것을 알 수 있다. 왜 공부에 대한 인식이 왜곡되었을까?

첫째, 학교와 사회의 과도한 경쟁이 있다. 과도한 경쟁에서 살아남기 위한 수단으로 공부가 활용되는 경우가 많았다. 그 결과 학생들은 혼자 공부하는 것에 익숙해지고 경쟁에 유리한 것만 공부하면서 다른 사람들의 성공을 온전히 축하해 주지 못하는 현상이 나타나게 되었다.

둘째, 대학 진학이나 취직, 돈이나 명예라는 실용적인 가치에 목표를 두는 사회적 풍토와 관련이 있다. 공부하는 데 있어서 실용적 가치에 초점을 두면 이해 타산적인 태도를 취하기 쉽다. 이미 우리나라 사회는 공부를 통해 사회적 신분이 상승할 수 있는 기회가 거의 줄어들었다. 열심히 공부했는데도 결과가 좋지 않으면 공부 자체를 포기하는 경우가 생긴다. 성적에 영향을 미치는 주요 요인은 유전, 환경, 노력이다. 그런데 유전과 환경은 학생 개인이 선택할 수 있는 요인이 아니다. 점차 개인의 노력만으로는 성적을 올려서 높은 사회적 지위를 얻을 수 있는 기회가 줄어들었다.

셋째, 공부 철학의 부재이다. 대부분의 사람들이 공부의 목적에 대한 고민을 충분히 하지 못했다. 그동안 주변에서 공부를 열심히 해야 한다는 말은 수 없이 들었지만 왜 공부해야 하는지 근본적인 질문을 던지고 진지한 성찰을 가질 수 있었던 기회는 거의 없었다. 공부 철학이 없었기에 그 공백을 실용적인 가치나 추상적인 목표로만 채워졌던 것이다. 그래서 많은 사람들이 실용적인 가치를 얻으면 더 이상 공부하려고 하지 않는다. 공부 철학이 바로 서야 제대로 된 공부를 할 수 있다.

🖊 그렇다면 공부를 왜 해야 하는가? 〰〰⟨

"인생을 살아갈 수 있는 힘을 가질 수 있으니까"

공부를 통해 우리는 삶을 살아가는 지혜를 배운다. 지혜란 지식을 활용할 수 있는 능력을 말한다. 인생을 잘 살아 가려면 인생의 의미와 가치를 알아야 하고, 주변 사람들, 사회와 국가, 세계를 이해하고 정의를 실현해야 하고, 자연을 이해하고 자연과의 좋은 관계를 맺을 수 있어야 한다. 지식은 아는 것을 말하지만 지혜는 아는 것을 실천할 수 있도록 해준다.

"내 꿈을 이루는데 필요하니까"

여기에서 말하는 꿈은 학생들이 원하는 '희망 직업'이 아니라 인생에서 이루고 싶은 가치와 인생의 방향을 말한다. 실용적인 가치는 도구일 뿐 궁극적인 가치가 될 수 없다. '의사가 되는 것'이 꿈이 아니라 '환자를 돕는 것'이 꿈이다. 그런데 많은 사람들이 환자를 돕기 위해 의사가 되는 것이 아니라 돈과 사회적 지위를 얻기 위해 의사가 되니까 의사가 돈을 위해 의료 행위를 하게 되고 과잉 치료나 치료 기피 현상으로 이어진다. 결과적으로 관행적인 의료계 비리가 발생하는 것도 그 이유이다.

"자기 자신과 세상을 제대로 알아갈 수 있으니까"

학문은 사람과 사회와 자연 등 만물의 이치를 연구하는 것이다. 세상을 알아야 인생이 풍요로워지고 세상을 위해 노력할 수 있는 사람이 될 수 있다. 공부를 해야 자기 자신을 객관적으로 바라보게 되고 자아실현을 할 수 있다. 공부를 해야 세상의 이치를 깨달을 수 있다. 우리는 아는 만큼 볼 수 있고, 아는 만큼 실천할 수 있다. 즉, 알지 못하면 볼 수 없고, 행할 수도 없다.

"다른 사람과 사회에 기여할 수 있으니까"

우리는 공부를 통해 다른 사람과 사회에 기여할 수 있는 능력을 가질 수 있다. 정치학을 제대로 배우면 정치 현상을 이해하고 사회 정의를 위해 정치를 할 수 있게 된다. 반대로 정치를 공부하지 않으면 국민들에게 피해를 주게 된다. 철학을 제대로 공부하면 사고의 힘을 가지고 올바른 가치를 위해 살면서 다른 사람에게 피해를 주지 않게 된다. 하지만 철학을 모르면 맹목적인 행동으로 인하여 자기 자신과 주변 사람들에게 피해를 주게 된다. 상담 심리학을 제대로 공부하면 다른 사람의 내면의 아픔을 치유할 수 있다. 하지만 상담심리학을 모르면 다른 사람의 내적인 상처를 제대로 치유할 수 없고 오히려 더 큰 상처를 줄 수 있다. 과학을 제대로 공부하면 과학 기술을 통해 인류 발전에 크게 기여할 수 있다. 하지만 과학을 모르면 과학기술적 성과를 거둘 수 없고 과학기술을 오히려 인류에게 재앙의 도구로 사용할 수 있다. 교육학을 제대로 배우면 교육적 가치를 실현하고 학생들의 인격적인 성숙과 성장에 기여할 수 있다. 하지만 교육학을 모르면 비교육적 행동을 하게 되고 학생들에게 상처와 피해를 줄 뿐이다.

"새로운 것을 배우는 것 자체가 즐거우니까"

공부를 하는 과정에서 느끼는 즐거움이 있다. 공부란 힘들기도 하지만 동시에 그 자체가 즐거움이 되기도 한다. 공부를 통해서 배우는 즐거움을 알게 되면 외적인 결과나 성취가 없어도 지속적으로 공부할 수 있는 힘을 가질 수 있게 된다.

이제 결과 중심적 관점에서 학습 중심적 관점으로 공부 철학의 패러다임의 전환이 필요하다.

돈을 얻기 위해 공부한다	➤	가치를 위해 공부한다
인정받기 위해 공부한다	➤	즐기기 위해 공부한다
공부하기 위해 쉰다	➤	쉬기 위해 공부한다
운명은 정해져 있다	➤	성장하고 변화 가능하다
결과만이 중요하다	➤	과정이 중요하다

과목	대상	목적과 가치	지식의 왜곡	추구하는 인간상
국어	우리말	언어를 통한 소통	언어폭력, 단절, 분리	사람들과 소통하고 표현할 수 있는 사람
도덕·윤리	선 (옳음)	인간이 추구해야 할 철학과 가치	비도덕, 반윤리	앎과 삶이 일치하는 사람
수학	수, 법칙	수로 나타나는 만물의 질서	무질서	수를 통해 세계 법칙을 이해하고 활용하는 사람
사회	공동체	공동체 유지와 사회 정의 실현	이기주의	공동체를 세우고 사회 정의를 실현하는 사람
역사	역사	과거를 통해 현재를 살고 미래를 준비함	역사 망각	과거를 통해 현재를 살고 미래를 준비할 수 있는 사람
기술·가정	생활	생활을 풍요롭게 하는 기술 습득과 훈련	무능한 삶의 기술, 불성실	생활의 달인
미술	미 (아름다움)	미의 인식과 표현	파괴, 무미건조	아름다움을 세상에 표현할 수 있는 사람
체육	몸	몸의 바른 사용과 체력 관리	건강 및 체력 관리 실패	몸의 소중함을 알고 건강과 체력을 관리하는 사람
외국어	외국어	외국 사람들과의 의사소통 및 문화 이해	지적 교만, 의사소통 부족	외국인과 소통하며 외국 문화를 이해하고 국제 사회에 기여하는 사람

✎ 내적 학습 동기 유발을 위한 방안 〰〰〰

학생 스스로 공부할 수 있는 힘을 가지도록 하기 위해서는 내적 학습 동기 방안을 이해하고 실천할 수 있어야 한다.

1. 무엇보다 교사가 자기 수업에 대하여 열정과 흥미를 가지고 있어야 한다.
학생들의 마음을 설레게 할 수 있는 그 무엇을 학생들에게 던져라.

무엇보다 교사가 자기 수업에 대한 열정과 흥미를 가지고 있어야 한다. 교사가 자기 수업에 대하여 흥미를 느낄 수 있어야 그 흥미가 학생들에게 전달될 수 있다. 그런데 교사가 자기 수업에서 별 다른 흥미를 느끼지 못하고 지루하다는 것을 느끼면 그 지루함이 그대로 수업 시간에 학생들에게 전달되어진다. 교사가 자기 수업에 대한 흥미를 유지하려면 수업 준비를 열심히 해야 한다. 수업 준비 부족은 교사에게 수업에 대한 자신감을 잃게 하는 주원인이고 지루한 수업으로 가는 지름길이다. 학생들의 마음을 설레게 할 수 있는 공부 철학과 가치를 줄 수 있어야 한다.

2. 학습 과제를 학생 생활 경험에 맞게 재구성하라.

수업 시간에 다루는 학습 과제를 학생의 눈높이에 맞추어 재구성할 수 있어야 한다. 좋은 수업을 하려면 교사가 학생들의 필요와 요구에 맞추어 교육과정을 재구성하여 가르칠 수 있는 교육과정 기획력이 필요하다. 즉, 교사가 교과서만을 가지고 수업을 하는 것이 아니라 학생 수준에 맞게 교육과정을 재구성한 학습지나 워크북을 만들어 활용할 수 있도록 해야 한다는 것이다. 교사는 수업에서 학생의 삶과 교과 지식을 연결하는 중매자 역할을 해야 한다.

재미보다 흥미가 좀 더 깊은 단계의 학습 경험이다. 그러므로 교사가 수업을 할 때 수업의 재미보다 흥미를 유발할 수 있도록 수업을 디자인해야 한다. 몰입은 학생들의 참여를 통해 이루어진다. 학생들의 참여가 이루어지려면 교사가 일방적으로 이야기하는 태도로는 이루어질 수 없다. 질문과 답변의 과정을 통해 수업의 몰입을 이끌어 내야 한다. 좋은 질문이 학생들의 사고에 변화를 준다. 좋은 질문이 학생들의 참여를 이끌어낸다. 교사가 학생들이 수업 시간에 배우는 학습 과제에 몰입할 수 있도록 하려면 교사의 수업 디자인 능력이 매우 중요하다.

3. 학생 스스로 자기가 결정할 수 있도록 기회를 주라.

학생 스스로 학습 과제를 직접 선택할 수 있도록 교사가 기회를 주는 것이 좋다. 기존 발표식 수업보다 프로젝트 수업이 학생들의 교육적 성과를 더 이끌어내는 이유는 학생들의 자율성을 극대화했기 때문이다. 프로젝트 수업의 경우, 교사가 직접 탐구 과제를 개인이나 모둠에게 일방적으로 부여하는 것이 아니라 학생 개인의 의사나 모둠 단위에서 협의과정을 통해 학생 스스로 학습 주제를 선정할 수 있도록 하는 것이다. 과제 수행 방식이나 발표 형식, 보고서 구성 방식에 있어서 학생들의 자율성을 최대로 보장해줄 수 있도록 하는 것이다. 평가도 동료 평가 방식을 도입하여 학생들이 평가 과정에도 참여할 수 있도록 하면 수업 내용에 보다 몰입할 수 있도록 도와준다.

4. 자기가 속한 학습 집단(모둠, 학급, 학교)을 사랑할 수 있도록 하라.

자기가 속한 학습 집단(모둠, 학급, 학교)에 대한 소속감과 공동체 의식 그리고 애정을 심어야 주면 학생들이 적극적으로 수업 활동에 참여할 수 있다. 사람은 사회적 존재로서 자기 소속 집단 안에서 인정받고자 하는 기본적인 욕구가 있다. 자기 학습 집단에 대한 소속감과 애정이 있어야 학생들이 자기가 속한 학습 집단에 대하여 헌신과 노력을 기울일 수 있다. 학습 주제에 관심이 없어도 학급 분위기나 모둠 내 문화가 협력적인 관계가 형성되면 또래 친구들의 영향으로 열심히 학습 활동에 참여할 수 있다. 교사는 학생들에게 모둠 세우기 활동, 학급 세우기 활동, 학교 세우기 활동을 통해 자기 학습 집단에 대한 애정과 소속감을 심어주어야 한다. 이를 위해 교사는 모둠의 정체성과 애정을 심어주는 모둠 세우기 활동Team-Building과 학급 정체성과 애정을 심어주는 학급세우기 활동Class-Building을 해야 한다.

5. 교사와 학생과의 인격적 관계를 형성하라.

교사와 학생과의 인격적인 관계가 전제되어야 진정한 배움이 일어날 수 있다. 사람들은 누구나 주변 사람들로부터 인정받고자 하는 욕구가 있다. 특히 권위자로부터 인정받는 것을 좋아한다. 교실에서 학생들은 교사에게 인정받고자 노력한다. 교사와 학생과의 인격적인 관계가 형성되고 내가 좋아하고 존경하는 교사로부터 인정받는 기회가 생기면 열심히 학습 활동에 참여할 수 있게 된다. 예컨대, 어떤 학생이 영어 선생님을 좋아하게 되면 그 선생님이 가르치는 영어과 수업도 열심히 참여하게 된다. 반대로 영어 선생님이 싫으면 영어 선생님만 싫은 것이 아니라 영어과 수업 내용도 싫어져서 영어 성적이 떨어지게 될 가능성이 높다는 것이다. 교사는 상위권 학생과 문제 학생만 관심을 가지지 말고 존재감이 적은 다수의 학생들까지 신경 써야 한다.

6. 구체적인 학습 목표를 제시하고 도달할 수 있도록 점검하라.

학생이 자신이 발견한 비전과 가치를 이루려면 이에 도달할 수 있는 현실적이고 도달하기 쉬운 세부 목표가 함께 제시되어야 한다. 즉, 세부 목표들이 잘 구성되어 제시되어야 하고 학습 활동 이후 잘 성취했는지 점검할 수 있어야 한다. 학습 플래닝은 학생들의 자기주도적 학습을 이루는데 큰 도움이 된다. 학생들이 꾸준히 학습 활동에 참여하고 반성할 수 있도록 학습 플래닝을 활용하는 것이 좋다. 또한 교사가 수업 시간에 형성평가와 총괄평가를 통해 매 시간 배운 학습 내용을 점검할 수 있도록 하면 좋다. 배움일지를 통해서 학생들의 배움 정도를 확인하는 것도 좋다. 학생들이 수업 시간을 통해서 무엇을 배웠고 무엇이 이해가 덜 갔는지 그리고 선생님에게 하고 싶은 말이 무엇인지 간단하게라도 꾸준히 쓰게 한다면 교사가 학생들의 학습 상황과 수준을 이해하는 데 큰 도움이 된다.

7. 지적 호기심을 가지고 새로운 도전을 할 수 있도록 하라.

학생들에게 지적 호기심을 불러일으킬 수 있어야 한다. 예컨대, 현장 체험 학습을 자주 간다고 학생들이 많이 배우는 것이 아니다. 박물관을 방문한다면 박물관에 가기 전에 박물관에 전시되어 있는 전시물에 대한 이해와 애정이 있도록 수업 시간에 충분히 다룬 다음 박물관을 방문하는 것이 좋다. 학생들에게 학습 주제에 대한 지적 호기심과 도전 의식을 심어주기 위해서는 교사가 우선 학습 과제를 흥미있게 재구성해야 하고 수준 높은 도전 과제를 제시할 수 있어야 한다.

8. 학생들이 잘할 수 있는 방식으로 수업 안에서 성공을 경험하게 하라.

학생들이 배움의 과정에서 상처를 입는 이유는 성공 대신 실패를 많이 맛보기 때문이다. 학생마다 자기가 가지고 있는 특성이나 적성이 각기 다르다. 어떤 학생은 공부를 잘하지만 어떤 학생은 공부보다 운동을 잘하고 또 어떤 학생은 노래를 잘 부른다. 학생들마다 능력과 적성이 다르기 때문에 자기가 잘하는 능력을 통해 학습 과정에 있어서 성공을 맛보게 하는 것은 매우 중요하다. 다중지능이론에 의하면 사람에게는 언어적 지능과 논리수학적 지능 이외에도 공간적 지능, 신체적 지능, 음악적 지능, 대인 지능, 자성 지능, 자연 이해 지능 등이 있다. 사람은 누구나 강점 지능이 있고 약점 지능이 있기 마련이다. 학생들이 학습 과정에서 성공을 경험할 수 있도록 하기 위해서는 자기의 강점 지능을 활용하여 학습을 할 수 있는 기회를 부여해야 한다. 공부를 못하는 학생들에게도 수업 시간 안에서 성공할 수 있는 기회를 의도적으로 부여할 수 있도록 해야 한다. 학습 무기력에 빠진 학생들도 자기 존중과 자기효능감을 경험할 수 있도록 배려해야 한다.

9. 성공하면 칭찬하고 실패하면 격려하라.

교사는 학생들이 수업 시간에 성공하면 칭찬을 해야 하고 실패할 때 학생들을 격려할 수 있어야 한다. 칭찬은 긍정적인 행동을 지속적으로 유지할 수 있도록 만들어준다. 칭찬을 할 때에는 단순한 칭찬보다는 구체적인 이유를 들어서 칭찬하거나 존재 자체를 칭찬하는 것이 좋다. 구체적인 이유를 들어 칭찬하는 사례로는 '대단해', '잘했어'보다는 '짧은 시간 안에 어려운 학습 과제를 수행하다니 놀라운데~', '자기 모둠의 성공 이상으로 다른 모둠의 성공을 진심으로 축하해주는 모습이 너무 아름다워' 등으로 칭찬하는 것이다. 존재 자체를 칭찬하는 사례로는 '비록 이번 프로젝트 과제를 다른 학생들만큼 수행하지 않았어도 중간에 포기하지 않고 끝까지 프로젝트 과제를 수행한 것만으로도 선생님은 대단하다고 생각해', '네가 우리 반 학생이라는 것이 얼마나 귀하고 소중한지 모르겠어.'라고 칭찬하는 것이다. 학생들이 수업 시간에서 종종 실패를 경험할 수 있다. 실패했을 때 교사가 학생을 야단을 치거나 책임을 강하게 묻게 되면 학생들은 수업에 대한 자신감을 잃어버리고 소극적인 태도를 가지게 된다. 학생들의 실패했을 때 느끼는 부정적인 감정을 있는 그대로 인정해주고 공감하면서 힘을 북돋아주는 것이 필요하다.

10. 학생들의 메타인지(초인지) 능력을 길러주라.

메타 인지 능력이란 자기가 알고 있는 것과 모르고 있는 것을 구별해낼 수 있는 인지 능력이다. 메타 인지 능력을 뛰어난 학생들이 학업 성취도가 높다. 그 이유는 공부할 때 알고 있는 것은 넘기고 모르는 것을 집중적으로 공부하기 때문에 학습 효율성이 높아진다. 반대로 그렇지 않은 학생들은 알고 있는 것과 모르고 있는 것을 제대로 구분하지 못하기 때문에 학습 집중력이 떨어져서 결과적으로 좋은 결과를 기대하기 힘들게 된다. 그러므로 학생들이 자신의 학습 활동을 객관화하고 성찰할 수 있는 기회를 제공하는 것이 필요하다. 이를 위해 교사가 수업 마무리 단계에서 메타 인지 질문을 활용하거나 학생들이 직접 배움 일지(복습 일기)를 통해 자기 배움의 상태를 진단하고 수업 소감을 꾸준하게 기록하도록 하면 좋다. 또한 공부하는 방법을 체계적으로 가르쳐주어 학생들이 스스로 공부할 수 있는 습관을 기르게 하는 것이 필요하다.

도움을 받은 책들

* 김현섭 2016, "수업 성장", 수업디자인연구소
* 고미숙 2012, "공부의 달인 호모 쿵푸스", 북드라망
* 허승환 2013, "공부가 좋아지는 허쌤의 공책 레시피", 즐거운학교
* 캐롤 드웩, 차명호 역 2008, "학습 동기를 높여주는 공부 원리", 학지사

내 수업의 고민
그리고 그 해답

학습 유형이 다른

학생들을

어떻게 지도해야 할까?

🖉 도형심리학이란? ∿∿

사람의 성격에 따라 학습 방식도 각기 다르다. 그런데 각 사람마다 성격 유형이 다르다. 다양한 심리 및 성격 유형들을 몇 가지로 범주화하여 이해하면 사람의 성격을 이해하는 데 도움이 된다. 여기에서는 누구나 쉽게 활용할 수 있는 도형심리학을 통해 학생들의 학습 유형에 대하여 살펴보고자 한다.

도형심리학은 원래 수잔 델리저가 고안한 심리 유형으로서 박스형, 세모형, 직사각형, 지그재그형, 동그라미형 5가지 유형으로 사람들의 심리적 특성들을 정리하여 제시하였다. 최귀길[2012]은 한국적 특수성에 맞게 네모형, 세모형, 동그라미, 별형으로 재구조화하였다. 도형 심리학에서는 사고방식에 있어서 추상적인 사고-구체적인 사고, 정보 처리에 있어서 순차적인 처리-동시다발적인 처리의 2가지 기준을 제시한다.

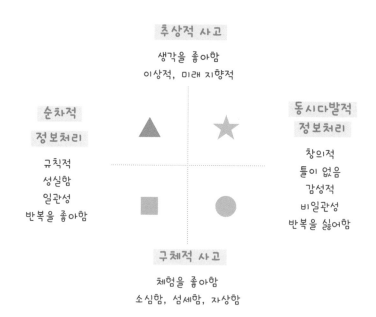

추상적 사고
생각을 좋아함
이상적, 미래 지향적

순차적
정보처리
규칙적
성실함
일관성
반복을 좋아함

동시다발적
정보처리
창의적
틀이 없음
감성적
비일관성
반복을 싫어함

구체적 사고
체험을 좋아함
소심함, 섬세함, 자상함

□ 네모형 --

네모형 사람들의 일반적인 특징은 부지런한 일꾼들이라는 것이다. 주변 사람들과 사물들을 끊임없이 정리한다. 자료를 수집하는 능력이 뛰어나다. 하지만 결단력이 부족한 편이다. 행동의 단서는 자존심이고 목적이 구체적이다.

- 습관
  규칙적인 일과, 메모하기, 신속성, 정리 정돈, 계획성, 정확성, 수집가, 고독

- 장점
  체계적이다, 꼼꼼하다, 식견이 있다, 분석적이다, 참을성이 있다, 완벽주의자다, 인내심이 강하다, 꾸준하고 모범적이다, 어떠한 문제에도 안정감 있고 차분하다, 약속을 잘 지킨다, 보수적이다, 신념이 확고하며 신뢰할만하다.

- 단점
  깐깐하다, 트집 잡는다, 자꾸 미룬다, 냉담하다, 변화를 거부한다, 혼자 있기를 좋아한다, 불평한다, 사교적이지 못하다, 융통성이 부족하다, 변화를 거부하고 기존 방식을 고수한다, 위험 요소가 많은 일은 피한다, 구두쇠, 흑백논리, 유머 감각이 부족하다.

- 네모형 학생의 특징
  끊임없이 질문한다, 숙제를 철저히 하고 방을 깨끗하게 정리한다, 친구는 한 두명 뿐이다, 맡은 일은 다한다, 거짓말을 하지 않는다, 소유욕이 강하다, 불평이 많다, 조용하고 진지하다.

- 네모형 학생의 문제점
  사회성이 낮고 반사회적 행동을 할 수 있음, 강박증이 있음, 완벽주의에 잘 빠짐, 결단력이 부족함

△ 세모형 -

세모형 사람들은 일반적으로 리더십이 강하다. 목표가 분명하고, 정치적 책략이 뛰어나며 냉정하다. 빨리 배우고 야심이 있다. 행동의 단서는 과업 성취와 경쟁이고 목적은 분명하다.

- ● 습관
  약속 시간보다 일찍 도착한다, 맺고 끊는 것이 명확하다, 중독성이 있다, 게임을 즐긴다. 농담을 잘한다, 책을 많이 읽는다, 열심히 일하고 열심히 즐긴다, 소규모 모임을 좋아한다.

- ● 장점
  리더십이 있다, 목표에 집중한다, 결정력이 있다, 진취적이다, 경쟁심이 강하다, 실리를 추구한다, 활동적이다, 사고하고 결정하는 것이 빠르다, 에너지가 넘치고 생활 패턴이 빠르다, 실용적이고 상식적이다, 열심히 일하고 열심히 논다, 약속을 철저히 지킨다, 성공적인 사람이다.

- ● 단점
  자기중심적이다, 지나치게 많은 일을 맡는다, 독단적이다, 지위를 중시한다, 정치적이다, 성습하다, 저돌적이다, 항상 주도권을 잡으려 한다, 실수를 인정하지 않는다, 충동적으로 결정을 내린다, 갑자기 화를 낸다, 강박관념에 사로잡히는 행동을 한다, 가족보다 일을 더 중시 여긴다, 교묘하게 속인다.

- ● 세모형 학생의 특징
  성적이 좋다, 항상 모든 일에 의견을 제시한다, 일찍 진로를 선택한다, 목표를 높이 세운다, 영웅을 숭배한다, 경쟁적이다, 논쟁한다, 적극적이다.

- ● 세모형 학생의 문제점
  고집이 세다, 대담하다, 소유욕이 강하다, 실패를 두려워한다, 거짓말을 잘한다, 상처를 입는다.

○ 동그라미형 -

동그라미형 사람들의 일반적인 특징은 평화주의자, 사교가이다. 조화를 추구하고 감정이 풍부하다. 의사소통 능력이 뛰어나고 사람들을 기쁘게 하려고 노력한다. 반복을 싫어하고 호불호가 분명하다. 행동의 단서는 공감이고 목적은 부족하다.

● 습관
마주보고 대화한다, 즐긴다, 참여를 잘한다, 여가 활동을 즐긴다, 감상적이다, 칭찬을 잘한다, 지저분하다.

● 장점
다정하다, 남을 잘 보살핀다, 설득력이 있다, 정이 많다, 관대하다, 안정적이다, 사려 깊다, 많은 사랑을 베푼다, 진심으로 남을 배려한다, 적극적으로 경청한다, 항상 성실하다, 헌신적이다, 잘 보살핀다, 타협을 잘한다, 남을 잘 믿는다.

● 단점
지나치게 사적이다, 감성적이다, 교묘하다, 수다스럽다, 자기 비판적이다, 정치에 무관심하다, 우유부단하다, 게으르다, 죄책감을 갖는다, 자기 비판적이다, 비논리적인 결론을 내린다, 말이 많다, 입이 가볍다, 교묘하다, 지나치게 감정적이다, 잘 속는다.

● 동그라미형 학생의 특징
애정 표현을 많이 한다, 협동심이 강하고 남을 잘 돕는다, 자기 물건을 다른 아이들과 잘 공유한다, 주위 사람들의 관심을 원한다, 친구가 많다, TV를 너무 많이 본다, 정직하다, 방이 지저분하다, 일상 행동이 뻔하다.

● 동그라미형 학생의 문제점
사람들을 기쁘게 해야 한다는 의무감이 있다, 지나치게 예민하다, 외로움을 못 참는다, 끊임없이 관심을 바란다, 부모나 교사를 이용한다.

☆ 별형

별형 사람들의 일반적인 특징은 아이디어 탱크이다. 세상을 바라보는 눈이 다른 사람들과 다르고 직관적이다. 새로운 아이디어를 내고, 다혈질인 편이다. 환경에 많은 변화와 자극이 필요하다. 행동의 단서는 관심사이고 목적은 많다.

● 습관
급하다, 대화 도중에 잘 끼어들고, 남의 말을 잘 듣지 않는다, 잘 잃어버린다, 항상 공상에 잠겨 있다, 자극제를 찾는다, 평범함을 거부한다, 혼자 일한다, 파티를 즐긴다, 낯을 가리지 않는다, 자연스럽게 행동한다.

● 장점
창조적이다, 개념적이다, 미래지향적이다, 직관적이다, 표현이 풍부하다, 의욕이 넘친다, 재치가 있다, 감각적이다, 끊임없이 변화한다, 에너지와 활력이 넘친다, 유머 감각이 뛰어나다, 예상 밖의 성공을 거둔다, 정직하고 솔직하다, 분위기 메이커이다, 깜짝 놀랄만한 일을 많이 만든다, 어릴 때부터 특출나다.

● 단점
질서가 없다, 실천력이 낮다, 현실에 어둡다, 논리적이지 못하다, 자유분방하다, 열정이 지나치다, 행동이 튄다, 순진하다, 변덕스럽다, 활기를 넘치다가 갑자기 지루해한다, 혼자만의 시간을 가진다, 친구가 많지 않다, 감정 표현이 서툴다, 단정하지 못하다, 성급하다.

● 별형 학생의 특징
방이 지저분하다, 물건을 잘 잃어버리거나 잘 깨뜨린다, 규칙이나 약속을 잘 잊어버린다, 사고방식이 긍정적이다, 에너지가 넘쳐서 몹시 흥분하기 쉽다, 집중력이 약하다, 취미와 흥미 거리가 다양하다, 약간 특이한 친구들이 주변에 있다, 직관적인 감각이 뛰어나다.

● 별형 학생의 문제점
성적이 좋지 않다, 끈기가 부족하다, 자신의 물건을 아무렇게나 다룬다, 규칙을 잘 지키지 않는다, 일반 논리에 순응하지 않는다, 제멋대로 행동한다.

학습 유형별 공부하는 방법 ～～～

　학생들의 학습 유형별 일반적인 특징과 이에 맞는 학습 지도 접근을 정리하면
다음과 같다.

| 네모형 학생의 학습 유형별 특징과 학습 지도 방법 |

- 자신이 못하는 부분에 치중한다.

- 융통성이 떨어지고 도전적인 과제를 싫어한다.

- 학습 습관과 태도가 좋고, 시간 관리를 잘한다.

- 교사가 유익한 정보를 주지 않으면 불만을 가지기 쉽다.

- 듣는 것을 선호하여 노트 필기보다는 머릿속으로 정리한다.

- 완벽주의를 지향하고 강박적으로 노력하여 실제로 잘 해내지만 스트레스를
  많이 받는다.

　네모형 학생들은 모범생들이 많고 성적도 뛰어난 편이나. 수업 시간에 듣고 생각
하는 것으로 그치지 않고 체계적으로 노트 필기를 지도하면 좋다. 노트 필기 시 잘

정리한다. 전반적으로 수행 평가를 잘한다. 조금만 실수해도 스트레스를 많이 받으므로 교사가 네모형 학생들에게 스트레스를 가급적 주지 않도록 노력하면 좋다. 매뉴얼에 따라 학습과제를 잘 수행하지만 그렇지 않으면 많이 힘들어 한다. 그러므로 교사가 학습 과제 부여 시 세부 지침을 제공하면 좋다. 교사가 내실 있게 수업을 해야 네모형 학생들이 좋아한다. 수업 시간에 딴 이야기를 하면 제일 싫어하는 학생들이므로 이러한 행동을 피하는 것이 좋다.

| 세모형 학생의 학습 유형별 특징과 학습 지도 방법 |

- 토론 수업을 선호한다.

- 몰아서 공부하는 습관이 있다.

- 장소보다 학습 동기 유발이 더 중요하다.

- 흥미와 보상이 없으면 쉽게 성적이 떨어진다.

- 학습에 흥미를 잃으면 핑계를 대고 거짓말을 한다.

- 이해력을 뛰어나지만 노트 정리를 싫어하는 편이다.

- 공부 욕심은 많으나 세부적인 계획 능력이 부족하다.

- 관심을 한 곳에 집중하면 자기중심 목표까지 바뀐다.

- 순간 집중력은 있으나 재미가 없으면 지루함을 느낀다.

- 교사와 의견이 다르면 다른 의견을 제시하거나 거부한다.

- 자신의 목적은 분명하나 세부적인 것을 잘 챙기지 못한다.

- 노력을 했는데, 성적이 오르지 않으면 충격이 크고 슬럼프가 오래 간다.

교사가 세모형 학생들을 지도할 때는 먼저 분명한 목적을 제시하는 것이 좋다.

큰 목표는 있으나 뒷받침하는 작은 목표가 부족하므로 플래닝 지도 시 세부적인 계획을 짤 수 있도록 지도하는 것이 좋다. 세모형 학생들은 교사와 다른 의견을 제시하는 대 주저함이 없는데, 교사가 이를 오해하고 기분 나쁘게 반응할 필요는 없다. 노트 정리를 잘 하지 않는 편이므로 노트 정리하는 방법을 가르쳐 주고 노트 필기를 잘 할 수 있도록 훈련시키는 것이 필요하다. 집중력이 있기 때문에 동기 유발이 잘 이루어지면 학업 성취도 향상이 빠르게 나타날 수 있다. 이 경우, 칭찬과 격려를 해주면 좋고, 수업 시 약간의 경쟁 요소가 들어갈 때 열심히 수업에 참여하는 경향이 있다. 성적 하락 시 슬럼프에 빠져서 포기하지 않도록 세심한 관심과 피드백이 필요하다. 몰아서 공부하는 습관을 고치기 위해 교사가 지도하는 노력이 필요하다. 평상시 꾸준히 학습할 수 있도록 습관을 들이는 것이 필요하다. 자기가 싫어하거나 관심이 없는 과목은 포기할 가능성이 높으므로 이러한 과목도 놓치지 않도록 지도하는 것이 필요하다.

| 동그라미형 학생의 학습 유형별 특징과 학습 지도 방법 |

- 환경 탓을 잘 돌린다.

- 시각형, 운동감각형이 많다.

- 공부를 하나의 의무로 생각한다.

- 감정 조절이 잘 어려워 공부에 대한 시간 관리가 잘 안 된다.

- 자신의 소신과 의지가 부족하여 외부 유혹(TV, 게임)에 약하다.

- 공부에 대한 자신감이 부족하고 학습 전략에서 목표와 계획 능력이 낮다.

교사의 학습코칭이 가장 많이 필요한 학생 유형이나. 먼저 자기 자신을 현실직으로 이해하고 문제를 해결할 수 있도록 해야 한다. 공부에 대한 자신감을 불어넣어

주면 좋다. 동그라미형 학생들은 관계를 소중히 여기므로 교사와 학생이 일대일로 만나 관계를 중심으로 문제를 풀어 가면 좋다. 플래닝 교육을 통해 학습 목표를 세우고 추진하고 피드백 할 수 있도록 해야 한다. 노트 필기 시 화려하게 꾸미는 데 초점을 두지 않도록 지도해야 한다. 외부 유혹에 빠지지 않도록 유혹된 환경에서 스스로 분리할 수 있도록 지도하면 좋다. 예컨대, 집에서 공부하기보다 학교나 독서실 등에서 공부할 수 있도록 하면 좋다. 시험 기간에는 친구들과 함께 공부하는 경우 학습 효율성이 떨어질 수 있으므로 혼자서 시험공부를 할 수 있도록 지도하는 것이 좋다. 교사가 수업 시간에 시각형 자료를 보여주면 좋아하므로 비주얼 씽킹 등 이미지 활용 수업 방법을 활용하면 좋다. 시간 관리를 잘 할 수 있도록 플래닝 훈련을 시키는 것이 필요하다.

| 별형 학생의 학습 유형별 특징과 학습 지도 방법 |

- 노트 정리를 힘들어 한다.

- 공부에 잘 집중하지 못한다.

- 학습 계획 및 실천력이 부족하다.

- 공부할 때 산만하고 학습 준비물에 소홀히 한다.

- 어려운 문제를 풀 때 쉽게 포기하고 시험을 볼 때 실수가 잦다.

- 수업 시간에 산만하게 움직이고 재미가 없는 수업은 잘 참여하지 않는다.

- 학교 및 교실 규칙을 따르는 것을 싫어하거나 어려워하고 자유스러운 분위기를 원한다.

네모형 유형의 교사들이 제일 힘들어하는 학생 유형이 별형 학생들이다. 대개 별형 학생들의 학습 태도가 좋지 않기 때문에 교사가 야단을 치는 경우가 많은데,

별형 학생들은 쉽게 흘려듣는 경우가 많다. 별형 학생들에게는 학습의 의미를 제시하고 학습 동기 유발을 잘해야 한다. 플래닝 교육을 통해 학습 계획과 실천력을 가질 수 있도록 평상시 지도하는 것이 필요하다. 실수가 잦은 편이기 때문에 차분하게 문제를 풀어갈 수 있도록 지도하는 것이 좋다. 규칙을 잘 지킬 수 있도록 먼저 교사가 학생들과 함께 수업 규칙을 토의하여 만들고 수업 규칙에 따라 일관성이 있게 지도하는 것이 좋다. 별형 학생들은 창의적으로 과제 수행하기를 좋아하기 때문에 프로젝트 수업이나 PBL 수업 등에서 두각을 드러내기도 한다. 특히 재미있는 활동이나 새로운 정보를 제시하면 집중력이 올라가므로 활동 중심 수업을 하면 집중력이 올라갈 것이다. 교사가 활동 중심의 수업을 하는 경우, 학생들에게 활동 준비물을 준비하게 하는 것보다 교사가 가급적 준비할 수 있도록 하면 좋다. 노트 정리가 잘 안되기 때문에 핵심 단어를 중심으로 꾸준히 노트 정리할 수 있도록 교사가 점검해주는 것이 필요하다.

| 학습 유형별 특징 비교 |

	네모형	세모형	동그라미형	별형
과제 지향성	완수형	목표형	대기만성형	미완성형
학습 관리력	규칙형	목표 지향형	지연형	임기응변형
학습 감각	청각형	시각, 청각형	시각-운동감각형	운동감각-시각형
학습 취약성	시험 전략	학습 조직화	정서 조절	주의력 조절
학생 상호성	자기 목표 중심	타인 경쟁 중심	관계 협력 중심	개인 선호 중심
학습 도전형태	인내형	반짝 도전형	무기력형	변덕형

교사는 학생들의 성격 유형을 잘 이해하고 학생들의 학습 유형에 맞는 학습 전략을 세우고 피드백 할 수 있도록 노력하는 것이 필요하다. 특히 교사와 학생의 성격 유형이 다른 경우, 갈등 가능성이 높으므로 도덕적으로 판단하기 보다는 있는 그대로의 특성을 이해하고 학생 입장에서 이해하고 접근하는 노력이 필요하다.

도움을 받은 책들

* 수잔 델린저, 김세정 역 2013, "도형 심리학", W미디어
* 최귀길 2012, "공부생 비법", 마리북스

학습 유형 간편 체크리스트

깊이 생각하지 말고 가볍게 체크해 보세요.
되고 싶은 모습이 아니라 현재 모습에 해당되는 것에 체크해 주세요.

☐ 네모

1. 규칙에 어긋나는 행동은 잘 하지 않는 편이다. ☐

2. 내 물건들은 정해진 위치나 자리가 있다. ☐

3. 자료를 잘 모으고 공부 내용도 정리를 꼼꼼하게 하는 편이다. ☐

4. 시끄러우면 공부에 집중하기 힘들다. ☐

5. 잘 짜여진 계획을 좋아한다. ☐

6. 구체적이고 사실적인 내용을 신뢰하는 편이다. ☐

7. 주어진 일을 충실하게 하려고 애쓰지만 때로는 스트레스가 되기도 한다. ☐

△ 세모

1. 학교 공부 외에도 호기심이나 흥미를 갖는 일이 많다. ☐

2. 수업시간에는 주로 들으면서 이해하고 노트 필기를 짜임새 있게 하지 않는다. ☐

3. 평소에 자신감이 넘쳐서 언제든지 공부를 잘할 수 있다고 생각한다. ☐

4. 때때로 현재의 공부보다 미래의 목표와 진로를 중요하게 여긴다. ☐

5. 수업에서 선생님이 말하는 내용이 내 생각과 다르면 질문을 잘 한다. ☐

6. 내가 원하는 학습 환경을 만들려고 노력하는 편이다. ☐

7. 어떤 일이든 코앞에 닥쳐서 하고 순발력과 융통성이 있다. ☐

○ 동그라미

1. 새로운 학교 환경에 적응하려면 시간이 필요하다. ☐

2. 자신이 처지보다 타인이나 주변의 일에 관심이 많다. ☐

3. 부모님이 잔소리하고 훈계하면 스트레스를 많이 받는 편이다. ☐

4. 공부가 어려워지면 해결하려고 노력하기보다는 고민하느라 시간을 보낸다. ☐

5. 실천할 의지와 생각이 있지만 현실적으로 계획을 세우거나 행동하기가 어렵다. ☐

6. 주변에 친한 친구들이 많은 편이다. ☐

7. 공부 내용이 어려우면 어떻게 해야 할지 방법적인 면에서 막막하다. ☐

- -

☆ 별

1. 공부할 때 산만하고 딴생각이 많이 나서 어려움을 겪는다. ☐

2. 하고 싶은 일이 너무 많아 공부를 끈기 있게 하기가 어렵다. ☐

3. 늘 새로운 생각과 아이디어가 많아 기분이 좋다. ☐

4. 공부를 하면서 계획대로 끝까지 해본 적이 거의 없다. ☐

5. 유행에 민감하고 공부 내용보다 환경 탓을 많이 하는 편이다. ☐

6. 마음먹고 공부를 시작하더라도 감정기복이 커서 작심삼일이 되기 쉽다. ☐

7. 순발력이 뛰어나며 활동적인 편이다. ☐

- -

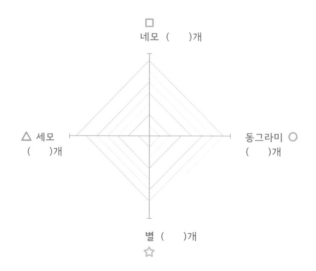

Lesson
20

학생 스스로 계획적으로

공부할 수 있도록

하려면?

✏️ 왜 시간 관리가 중요한가? 〰〰

시간 자체가 매우 소중한 가치이다. 누구에게나 1일 24시간, 1주일 168시간이 공평하게 주어져 있다. 시간은 개인적으로 노력하지 않아도 시간이 주어지기 때문에 많은 사람들이 시간의 중요성을 놓치는 경우가 많다. 하지만 한번 지나간 시간을 결코 되돌릴 수 없다. 우리가 자주 사용하는 일상의 표현이 '시간이 없다?'라는 것이다. 사실 이 말은 절대적인 시간이 없는 것이 아니라 그 일에 내 우선 순위가 없다는 의미한다. 공부할 시간이 부족하다는 말은 공부가 내 인생의 중요한 가치가 아니라는 말의 다른 표현일 뿐이다. 시간은 객관적인 시간과 상대적인 시간이 존재한다. 객관적인 시간은 흐르고 있는 물리적인 시간이라면 상대적인 시간은 타이밍기회이나 개인이나 공동체에 있어서 의미 있는 시간을 말한다. 대개의 학생들은 현재 자기에게 주어진 상대적인 시간의 의미를 잘 모르고 낭비하는 경우가 많다.

시간 관리를 잘해야 인생의 목표와 가치를 이룰 수 있다. 인생의 목표와 가치를 이루어기 위해서는 그에 따른 시간이 필요하다. 어떠한 목표와 가치이든 간에 낭비하는 시간을 줄이고 절약한 시간만큼 그 목표와 가치에 시간을 투자해야 결과를 얻을 수 있다. 예컨대, 친구 사귀기가 목표라면 혼자 게임하기 시간을 줄이고 자기의 시간을 친구를 함께 어울리는 것에 투자해야 한다. 자기 시간의 투자 없이 친구를 사귈 수 있는 비법은 존재하지 않는다. '뿌린 대로 거둔다.'는 격언은 시간 관리에도 적용된다. 전문성은 열정 + 시간이다. 열정을 가지고 있는 사람들은 많지만 그 열정을 긴 시간 동안 유지하는 경우가 드물다. 일명 '1만 시간의 법칙'이 있다. 1만 시간을 투자해야 그 분야의 전문가가 될 수 있다는 것이다.

학업 성취 향상을 위해서도 시간 관리가 필수적이다. 공부를 못하는 학생들의 공통된 특징은 낭비하는 시간이 많다는 것이다. 공부를 잘하는 학생에 비해 동일한 학습 시간도 잘 활용하지 못한다. 누구에게나 주어진 동일한 시간을 어떻게 관리하여 학습에 집중하느냐에 따라 성적이 결정된다. '초등생과 중학생은 머리로 공부하지만 고등학생은 엉덩이로 공부한다.'는 속설이 있다. 고학년이 될수록 많은 시간 투자와 효율적인 관리를 통해 시간을 활용해야 성적을 올릴 수 있다.

✎ 스케쥴링Scheduling인가? 플래닝Planning인가? 〰️

흔히 일상생활에서 스케쥴링Scheduling과 플래닝Planning을 혼동하는 경우가 많다. 스케쥴링이란 시간 계획표 만들기를 말한다. 시간표 안에 정해진 일정을 기록하는 것이다. 단순한 일정 나열 내지 해야 할 일을 일정 목록표를 만들어 기록하는 것을 의미하는데 일정 정리에 초점이 있다.

그에 비해 플래닝은 말 그대로 해석하자면 계획 세우기이지만 전략적 계획의 전 과정을 말한다. **목표 → 전략 → 시간 배치 → 실행 → 피드백**의 체계적인 시간 관리를 의미한다. 즉, 시간 계획 세우기에 있어서 단순한 시간 일정 배치가 아니라 목표에 어떻게 도달할 것인가에 초점을 맞추어 시간을 활용하고 관리하는 것이다.

✎ 학습 플래닝의 원리 〰️

학습 플래닝의 원리와 순서는 다음과 같다.

목표 설정 → 학습 전략수립 → 시간 배치 → 실행 → 피드백

1. 목표 설정

목표 세우기를 할 때 해야만 하는 일이 아니라 '되고 싶은 나'를 위해 목표를 세워야 한다. 이를 위해 자기 자신을 발견하는 것이 필요하다. 좋아하는 것과 잘하는 것을 찾아보고, 가치 있는 것과 자기에게 주어진 역할을 찾아보는 것이 필요하다

내가 좋아하는 것	내가 잘하는 것

나의 꿈 목록	나의 관심 분야

내가 소중히 여기는 가치들	가치의 우선순위와 이유
	1) 2) 3)

개인 사명 선언문 만들기

나의 사명은 (　　　　　　)을 위해 (　　　　　　　　　　)역할을 해보는 것입니다.
이를 위해

　1.

　2.

　3.

예) 나의 사명은 행복한 교육을 위해 교사들의 수업 디자이너 및 코치, 학교 문화 개혁가를 해보는 것입니다.
　이를 위해
　1. 수업디자인연구소를 통해 교사들의 수업 성장을 돕는 일을 하고 싶습니다.
　2. 학교 혁신 운동을 통해 교사, 학생, 학부모들이 행복한 학교를 만들고 싶습니다.
　3. 같은 뜻을 가진 사람들과 협력하고 이들을 좀 더 훌륭한 운동가로 성장하는데 도움을 주고 싶습니다.

자기가 이루고 싶은 꿈의 목록을 만들고 자기의 인생 비전과 미션사명을 사명선언문 문장으로 구체적으로 표현하는 것이 필요하다.

사명 선언서 작성이 이루어지면 이에 따른 목표를 세워야 한다. 목표는 단기 목표만 머물지 말고 중장기 목표부터 세워야 한다. 먼저 장기 로드맵을 만들고 그에 따라 장기-중기-단기 목표 순서로 만들어가는 것이다. 큰 목표에만 머물지 말고 작은 목표, 구체적인 공부 목표도 작성하면 좋다.

진로로드맵

★ 사명: 많은 사람들이 같이 공감할 수 있고, 감동과 도움을 나누며 자신의 가치를 찾을 수 있도록 드라마를 제작하고 소통하는 프로듀서 (PD)

시기	20 ~ 30세	30 ~ 40세	40 ~ 50세	50 ~ 60세
시기별 주요목표	- 국어 대학교 (대학생) - 방송국 입사 준비 (PD) → 조연출 - 영화나 UCC 동영상 UP (대학생) - 드라마의 아버지 대학 마스터 (대학생) - 어리니까 열심 다니기 (대학생)	- 방송국 PD - 프로그램 경험 (세대간 소통하기) - 방송 지원상승 수상 - 경력자로 다니기 - 방송 대상에서 연속적	- 방송국 입상 - 좋은 프로그램 만들다 입상	- 방송국 사장
해야 할 공부, 강화해야 할 자격 (등)	- 국어 공부 (독서) · 대본쓰기 공부 (영화) - 영상촬영 공부 - 연출자 사람 공부 - 대학원(영상원) (고대학교) (대학생) - 각종 컴퓨터 과제공부(대학생)	- 소재의 공부 (취재) - 방송법 공부 - 전문 지식·기술 쌓기 (방송) - 많은 인재들 만들기	- 방송 관련 지식·기술 무너들 / 넓게 가르쳐기	- 방송국 운영 경영 공부
네트워크 (인맥, 공동체)	- 대학교 친구 및 교수 - 야간 PD님 - 방송국에서 만난 선배들 - 고등학교 친구들 및 선생님 - 같이 영화 공부하는 친구	- 대학 방송국 PD님 - 연출하는 사람들 - 고등학교 대학교 친구들 - 방송국 일을 같이 할 만한 사람들이 있는	- 많은 연출하게 사람들 - 대학 분야에서 사람들 - 고등학교 대학교 친구들 - 방송국 후배들 - 함께 연출하는 사람	- 방송국 투자자들 - 대학교 교수님 - 방송국 후배 사람들 - 방송국 선후배들 - 대학 방송국 사람들
가정 소중한 역할	- 부모님께 자랑스러운 아들 - 같이 마음 나눌 수 있는 친구 - 성실한 학생(대학생) - 능력있는 선배 - 열정이 넘치는 사람	- 부모님께 믿음직한 아들 - 일찍부터 자립적인 책임있는 연출자 - 야심찬 사랑스러운 남편 - 좋은 가정의 가장	- 부모님께 효도하는 아들 - 같이 마음 나눌 수 있는 친구 - 신뢰받는 존경받는 선배 - 믿음직한 PD - 많은 사람들이 인정하는 PD	- 나이 들어도 걱정 끼치지 않는 많은 사람들에게 따뜻함을 줄 PD(사장)
필요한 경비	- 대학교 학비 · 해외여행 경비 - 컴퓨터 학원비 (편집) 비용 - 영화 학원비 · 경조사 비용 - 각종 경비 · 컴퓨터 구입비용 - 개인 생활비 및 기를 등	- 미래를 위한 결혼자금 적립 - 개인 생활비 및 기를 · 학원비 - 여러분 사람들 용돈금 - 가정비 경비 · 김 구입비용등 · 라이어비 비	- 결혼 비용 · 거주 건강 - 가족경영 건축 - 개인 생활비 및 기를 - 여러분 사람들 용돈금 - 가정생활 비용 등	- 방송국 운영 경영 공부 비용 - 여러 사람들 용돈금 - 건강검진 비용 - 가정생활비 비용 - 라이어비 비용

"열정만 있고 전략이 없으면 다 죽고 만다" 꿈과 사명과 비전은 때로 너무 멀기 때문에 지치지 않을 중간 포인트가 필요하다.

목표를 설정할 때는 SMART의 원칙에 따르면 좋다.

- Specific : 구체적인 목표

- Measurable : 측정 가능한 목표

- Achievable : 실현 가능한 목표

- Result-oriented : 결과 지향적 목표

- Time-bounded : 마감일이 있는 목표

2. 학습 전략 수립

학습 전략을 세울 때는 학생들이 자기 학습 유형을 먼저 분석하면 좋다. 네모형인지, 별형인지에 따라 시간 관리 방식 자체가 다를 수 있기 때문이다. 현재 사용하고 있는 시간 운영의 실태를 이해하고 반성하기 위해 시간 일기를 쓰면 좋다. 시간 일기를 통해 낭비하는 시간을 발견하고 이를 없앨 수 있다.

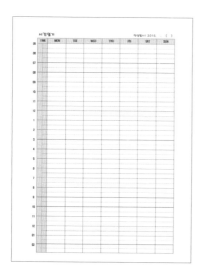 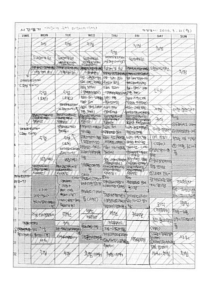

교사가 학생들에게 과목별 공부하는 방법을 알려주면 좋다. 해당 과목을 담당하는 교사가 과목 특성에 맞는 공부 방법을 학생들에게 알려주면 좋다. 그리고 학생들이 예습-수업-복습 계획 세우고 실천할 수 있도록 지도하면 좋다. 시험 기간에는 시험 대비 학습 계획을 세울 수 있는 시간을 주는 것이 좋다.

3. 시간 배치

시간을 배치할 때는 중요한 것을 먼저 시간에 배분할 수 있도록 해야 한다. 중요도와 긴급도를 기준으로 구분하면 4가지 영역이 존재한다.

제 1 영역 중요하고 긴급한 것	제 2 영역 중요하지만 긴급하지 않은 것
제 3 영역 중요하지 않지만 긴급한 것	제 4 영역 중요하지도 않고 긴급하지도 않은 것

해야 하거나 하고 싶은 일들을 4가지 영역으로 정리하면 좋다. 그러고 나서 우선 순위를 정하여 시간을 배치하는 것이다. 이때, 1순위는 중요하고 긴급한 것이 아니라 중요하고 긴급하지 않은 것이다. 그 다음이 중요하고 긴급한 것이다. 그 이유는 중요하고 긴급한 것을 우선으로 하면 자동적으로 중요하고 긴급한 것이 사라지기 때문이다. 나머지 3순위는 중요하지 않고 긴급한 것, 4순위는 중요하지 않고 긴급하지 않은 것이다.

시간 배치는 선택과 집중의 원리에 따라 하면 좋다. 현실적으로 자기가 하고 싶은 것을 다 하기는 힘들기 때문이다. 주간 단위와 하루 단위 계획표를 세운다. 교사가 학생들에게 시간 배치 요령을 알려주고 특정 시간을 정해서 꾸준히 학습 플래닝 활동 시간을 주면 좋다.

4. 실행

계획을 잘 세워도 실행하지 않으면 소용이 없다. 실행은 주간 플래닝 학습 시스템 방식으로 운영하면 좋다. 주간 단위로 플래닝을 구성하고 하루 단위로 계획-실행-피드백을 반복하는 것이다. 무엇보다 플래닝이 습관화될 수 있도록 노력해야 한다. 플래닝 행동이 반복하여 결국 습관화될 수 있도록 해야 한다. 습관화 과정에서 발생하는 중간 위기를 잘 극복해야 한다. 실행 과정에서 발생하는 스트레스를 잘 관리해야 한다. 자신 만의 공부 스트레스 해소 방안을 찾아 풀어내는 것이 좋다. 어느 정도 목표를 이루었을 때 자기가 자기에게 간단한 보상 간식, 음악 감상, 게임 등을 해보는 것도 좋다.

5. 피드백

많은 학교들이 학교 차원에서 플래닝 활동을 시도하고 있지만 기대 이상의 효과를 거두지 못하는 이유는 피드백 활동이 잘 이루어지지 않기 때문이다. 학생들이 자기 학습 플래너를 잘 활용하고 있는지 교사가 정기적으로 점검하는 것이 필요하다. 특히 저학년의 경우, 자기 관리 능력이 상대적으로 떨어지기 때문에 교사의 점검이 필수적이다. 그리고 학생 스스로 자기 플래너 내용을 스스로 점검하고 반성할 수 있는 시간을 부여하면 좋다. 플래닝대로 실행이 잘 되지 않은 경우, 교사가 이를 확인하고 질문과 대화를 통해 개별 피드백까지 진행할 수 있다면 가장 이상적일 것이다. 평가 결과를 토대로 차기 플래닝 수립 시 이를 반영하면 좋다. 시험 이후 결과를 분석하고 오답 노트를 작성하게 할 수 있다.

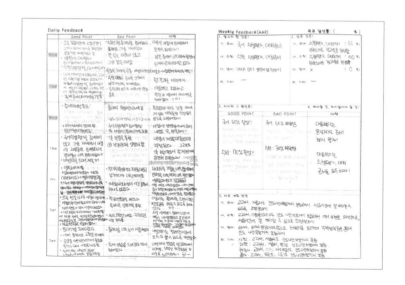

✏️ 학습 유형에 따른 시간 관리 방법

네모형과 세모형 학생에게는 표준Standard 시간 관리 방법이 좋다. 표준 시간 관리 방법이란 시간1일, 주간, 월간을 체계적으로 나누어 일과를 구성하는 방식이다. 기존 학습 플래너들이 대부분 여기에 속한다.

그에 비해 동그라미형과 별형 학생들은 기존 플래너를 잘 활용하지 못하는 경향이 있다. 학습 유형에 맞는 플래너 활용법이 좋다. 이들에게 좋은 접근 방법은 단계별Stepping 시간 관리 방법과 이동Moving 시간 관리 방법이다.

단계별 시간 관리 방법은 목적에 따른 시간 관리 방식으로 일정한 목표를 정해 일정한 시간을 투자해서 그 목표를 달성하도록 하는 것이다. 예컨대, 하루에 3시간 공부하기를 목표로 세우고 특정 시간오후7시-10시을 스스로 고정하여 그 시간에 공부하고 나머지는 자유롭게 시간을 사용하는 것이다.

이동 시간 관리 방법은 일을 중심으로 하루 일과에서 우선순위를 정해 그 일을 잘 실천할 수 있는 시간을 정하는 것이다. 접착식 메모지포스트 잇이나 메모장에 그 날

해야 할 일을 우선순위로 기록하여 실천하는 것이다. 예컨대, 영어 단어 10개 외우기, 수학 문제 20개 풀기, 친구와 함께 농구하기가 그날 목표의 우선순위라면 시간에 상관없이 우선순위대로 그 활동을 하는 것이다.

학습 부진을 벗어나고 싶으면 이동 시간 관리 → 단계별 시간 관리 → 표준 시간 관리 순서로 시간 관리 방식을 점진적으로 바꾸어 가면 좋다.

✎ 경안고등학교의 학습 플래닝 실천 사례

학습 플래닝 교육을 학교 차원에서 체계적으로 운영하고 있는 학교가 안산 경안고등학교이다. 첫 계기는 플래닝 운동을 펼치고 있는 TMD 교육그룹과 신앙과 플래닝을 결합한 RPS 프로그램을 개발한 라이즈업 무브먼트를 통해 소수의 경안고 선생님들이 플래닝의 가치를 깨닫고 학교 차원에서 플래닝을 시작한 것이었다. 플래닝만으로는 한계가 있었기에 진로, 진학, 성품 교육을 접목하여 자체적으로 LSP Life Scale Planning라는 프로그램을 만들었다. 이 프로그램은 창의적 특색활동 수업과 토요학교를 통하여 수년전부터 운영하고 있다.

현재 LSP는 크게 학생 대상, 교사 대상, 학부모 대상 프로그램으로 동시다발적으로 진행하고 있다. 학교 재량 과목으로서 창특 수업을 통해 일단 1, 2학년 전체 학생들을 대상으로 주당 1시간씩 수업을 진행하고 있다. 진로 탐색, 자아 발견, 학습 습관에 초점을 맞추어 진행하는데, 1학년은 기본과정이라면 2학년은 심화과정 형태로 진행하고 있다. 주당 1시간의 수업으로는 의미 있는 변화를 기대하기 어려웠기에 희망하는 학생들을 모아 토요 학교를 운영하고 있다. 전체 560명 학생 중에서 절반 이상의 학생인 300명이 신청할 정도로 인기가 높은데 멘토 학생 숫자의 문제로 인하여 현재 144명의 학생들이 수강할 수 있도록 하였다. 1학년 멘티 학생 144

월	일시	멘토링 교육 (10:50~12:30)		진로 교육 (09:00~10:40)	
3	6(금)	LSP토요학교 학생 설명회(8교시), 학부모 설명회(19:00)			
	9~13	멘티 선발 완료			
	14	LSP토요학교 입학식(09:00~13:00): 시청각실, 각반 교실			
	21	주간플래닝 시스템	● MLST 학습전략 사전검사 ● 시간관리유형분석&셀공시간표	나를 알아가는 과정	기본교육 1차시
	28		● 시간일기, 일일피드백&셀공시간표		기본교육 2차시
4	11	시험 플래닝	● 3주 플랜 수립법 교육	나를 알아가는 과정	기본교육 3차시
	18		● 3주 플랜 멘토링		기본교육 4차시
	25		● 3주 플랜 멘토링, 시험 피드백 방법 설명		기본교육 5차시
5	9	주간플래닝 시스템 & 수업성공 /예복 습관	● 시험피드백 점검 & 플래너 배부 (주간플래닝)	세상을 알아가는 과정	심화교육 1차시
	16		● 주간플래닝, LAUA, 예복습 교육		심화교육 2차시
	23		● 주간플래닝, LAUA, 예복습나눔		심화교육 3차시
	30		● 주간플래닝, LAUA, 예복습나눔		심화교육 4차시
6	13	시험플래닝 시스템	● LAUA, 예복습나눔, 3주 플랜 수립 교육	세상을 알아가는 과정	심화교육 5차시
	20		● LAUA, 예복습나눔, 3주 플랜 멘토링		심화교육 6차시
	27		● LAUA, 예복습나눔, 3주 플랜 멘토링		심화교육 7차시
7	11	분기플래닝 시스템	● 3주 플랜 피드백 · 방학 플래닝 수립 교육	세상을 알아가는 과정	심화교육 8차시
	18		· 방학 플래닝 수립 점검		성과공유회 의자게임을 통한 느낀점 공유

명을 섬기는 36명의 2학년 멘토 학생이 있다. 2학년 멘토 학생은 봉사활동 시간이 부여되고 그 활동 내역이 생기부에 기록된다. 그리고 2학년 멘토 학생을 돕는 졸업생인 대학생 멘토가 있는데 이들은 모두 고교 재학 시절 LSP 과정을 이수한 선배들이다. 이들에게는 봉사 활동 시간이 부여되고 강사비도 지급되며 교사가 이들을 돕는 구조이다. 모두가 자발적으로 구성되어 일종의 피라미드 구조로 구성되어있다.

창특 수업과 토요 학교, 그리고 이러한 피라미드 구조 관리 방식이 결합되어 학교 전체적인 분위기까지 많이 바꾸어 놓았다.

참여하는 학생들의 만족도는 매우 높다. LSP를 통해 학습 동기 부여가 잘 이루어지고 성실하게 참여한 학생의 경우 실제로 성적도 많이 오르는 경험을 하기 때문이다.

좋은 성과가 나타나자 학교 차원에서도 LSP에 관심을 기울이게 되면서 전담 부서가 생겼다. 다른 한편으로는 학부모 대상 LSP가 진행되고 있다. 학부모들을 대상으로 플래닝과 성품 교육을 실시하고 있는데 학부모들의 만족도가 매우 높다. 경안고 LSP 활동 결과들은 자기 소개서와 학생생활기록부에 반영되어 실질적인 학생 진학에 도움이 될 수 있도록 하고 있다. 단순히 대학 진학률 문제를 넘어 학생, 학부모, 교사의 성장을 통해서 교육의 본질적인 가치를 회복하기 노력하고 있다.

대신고등학교에서도 진학 교육과 플래닝 교육을 결합하여 운영하고 있다. 아침 시간에 모든 학생들이 담임교사를 중심으로 플래닝으로 하루를 시작하고 수업 시 예·복습 질문을 미리 만들 수 있도록 하고 주말에 평가회를 통해 상시 피드백 체제를 구축하고 있다. 대신고의 경우 1년에 4번 진로 축제-자아발견, 직업 세계 발견, 역할 모델 탐색, 포트폴리오 경연대회-를 개최하고 있다.

도움을 받은 책들

* 고봉익 외 2014, "공부 계획의 힘", 티엠디교육그룹
* 스티븐 코비, 김경섭 역 2002, "소중한 것을 먼저 하라", 김영사
* 최귀길 2012, "공부생 비법", 마리북스
* 최원, 곽충훈 2016, "학교는 학생들을 성장시킬 수 있는가?", 좋은교사

노트 필기는

어떻게?

✏️ 노트 필기가 왜 중요한가? 〰️

요즘 많은 학생들이 노트 필기하기를 꺼려한다. 일단 디지털 시대에서 자판으로 치는 것에 익숙해도 힘들게 손을 사용하여 노트 필기를 하는 것 자체가 부담스럽게 느껴지기 때문이다.

교사는 전통적 판서법에 대한 한계를 경험한 세대이다. 예전에는 교사가 교과서 내용을 요약하여 판서를 하면 학생들이 열심히 노트에 그대로 적는 경우가 많았다. 사실 교사가 판서한 것을 학생이 그대로 따라 적는 것이기에 생각 없이 기계적으로 따라 쓰는 경우가 많았다. 시간이 지나자 그 한계를 경험한 학생이 교사가 되자 전통적 판서법에서 벗어나 꼭 중요한 개념만 판서하고 세부적인 내용은 학습지로 만들어 배부하는 경우가 많아졌다. 최근에는 디지털 프레젠테이션 방식으로 교사가 학습 내용을 요약하여 보여주고 설명하는 방식으로 바뀌었다. 그러한 추세로 요즘 학생들은 예전에 비해 노트 필기를 하는 기회가 많이 줄어들다보니 어떤 교사가 수업 시간에 노트 필기를 시키면 더 부담스럽게 느낀다.

그런데 학습 효율성 측면에서 볼 때 학생들이 직접 학습 내용을 노트에 요약하여 필기하는 것은 매우 의미가 있다. 학습 내용을 학생이 직접 자기 언어로 정리해 보는 과정을 통해 지식을 자기 것으로 소화할 수 있기 때문이다. 학생이 스스로 노트 필기하면서 자기가 아는 것과 모르는 것을 분별할 수 있고 모르는 것을 이해하려고 노력하며 알고 있는 것을 자기 언어로 표현할 수 있다. 교사는 학생들이 잘 필기했는지 점검하고 피드백을 하면 좋다. 그렇다면 학생들이 직접 노트 필기하는 것이 왜 좋은가?

첫째, 내용 이해에 도움이 된다. 내용을 이해한 것만 노트 필기할 수 있다. 내용 이해가 되지 않는 것은 노트 필기할 수 없다. 다시 말해서 노트 필기가 잘 되지 않는 부분은 학생이 그 부분을 잘 이해하지 않았다는 것을 의미한다. 노트 필기하기 힘든 부분은 학생이 잘 이해가 가지 않는 부분이기 때문에 부족한 부분을 질문을 하거나 자료를 찾아봄으로써 이 문제를 극복하는데 도움이 된다.

둘째, 배운 내용을 좀 더 쉽게 기억할 수 있다. 노트 필기는 단순한 필체 연습을 위해서 하는 것이 아니다. 기록 그 자체가 목적이 아니라 기록한 것을 오랫동안 기억하기 위해서이다. 기록 그 자체라면 교과서 내용을 요약한 참고서나 교사가 만들어 준 교과서 요약 학습지를 사용하면 된다. 그것이 시간을 절약하고 보기 좋게 정리하는 방법이다. 사람마다 인지 구조가 각기 다르기 때문에 동일한 교과서 내용도 사람마다 다르게 요약하고 정리한다. □형 학생은 꼼꼼하게 순차적으로 기록하는 것을 선호할 것이고 ☆형 학생은 핵심적인 것만 간단히 요약하여 기록하는 것을 선호할 것이다. 자기가 직접 기록해야 오랫동안 기억을 간직할 수 있다.

셋째, 노트 필기는 수업 시간에 집중하는데 도움이 된다. 노트 필기를 하려면 먼저 교과서 내용을 읽거나 교사의 설명에 경청해야 한다. 대충 훑어보거나 흘려들어서는 노트 필기하기가 힘들다. 노트 필기 자체가 학생의 적극적인 자세를 요구한다. 수업 시간에 졸지 않는 가장 좋은 방법은 교사의 설명을 실시간으로 기록해 보는 것이다.

넷째, 시험공부를 할 때 효과적으로 활용할 수 있다. 평상시 노트 필기를 잘해 놓으면 시험 기간 그 노트만 가지고도 열심히 공부할 수 있다. 노트 필기가 잘 되어 있지 않거나 시험 준비에 충분하지 않으면 의미가 없다. 노트가 자신만의 참고서가 될 수 있도록 잘 정리해야 한다. 공부 잘하는 학생들이 자신만의 노트를 기록하여 관리하는 것도 그러한 이유이나. 반면 공부를 못하는 학생들의 공통된 특징 중의 하나는 노트 필기 상태가 엉망이거나 아예 노트 필기를 하지 않는다는 것이다.

다섯째, 손으로 직접 필기하는 것이 학생들의 두뇌에 직접적인 자극 효과가 있다. 학생이 눈으로만 교과서나 학습지를 보는 것은 그때는 이해가 가는 것처럼 느껴지지만 시간이 지나면 기억 속에 남는 것이 거의 없다. 손 자극 활동은 두뇌 활동과 밀접하게 관련이 있기 때문에 직접 손을 활용하여 노트 필기하는 것 자체가 두뇌 활동에 큰 도움이 된다.

✎ 노트 필기의 목적은 무엇인가? ∿∿∿≺

노트 필기의 목적은 교과서 내용이나 교사의 설명을 그대로 기록하는 것이 아니다. 책을 읽은 것이나 교사의 설명을 들은 것에 대하여 자기 인지 구조에 맞게 정리하여 암기하거나 숙달할 수 있기 위해서이다. 노트 필기는 일명 'SQ4R' 전략 안에서 이루어지면 좋다.

| 훑어보기 Survey | 질문 만들기 Question | 읽기 Read | 생각하기 Reflect | 복습하기 Review | 자기 암기하기 Self- Recitation |

- **훑어보기** Survey
  미리 교과서 내용을 대강 보면서 핵심 내용을 빨리 찾아내는 것이다.
  중요한 개념이나 단어, 표현에 네모를 치거나 밑줄을 긋는다.

- **질문 만들기** Question
  핵심 내용에 따른 질문을 만들어내는 것이다. 핵심 내용을 질문으로
  만들어 정리해야 방향이 흐트러지지 않고 집중력 있게 내용을
  정리할 수 있다.

- **읽기** Read

  교과서 내용을 천천히 정독하면서 내용을 있는 그대로 이해하려고
  노력하는 것이다.

- **생각하기** Reflect

  이해한 것을 다시 생각하며 자기 언어로 노트 필기하도록 하는 것이다.

- **복습하기** Review

  노트 필기한 내용을 반복하여 살펴보는 것이다.

- **자기 암기하기** Self-Recitation

  노트 필기한 것을 중심으로 외우는 것이다. 배운 것은 기억해내지
  못한다면 지식을 자기 것으로 온전히 소화했다고 볼 수 없다.
  반복하여 소리 내어 읽는 것이 좋다.

✎ 노트 필기의 전략은 무엇인가? 〜〜〜

  노트 필기 전략은 일명 '**4M**'이다. 4M이란 질문 만들기Question Making, **개념
만들기**Concept Making, **마인드 맵 만들기**Mind map Drawing, **문제 만들기**Problem Making
이다.

질문 만들기 | Question Making

  학습 내용의 핵심 질문을 만들어서 그 질문의 방향에 맞추어 교사의 설명이나
교과서 내용을 요약하는 것이다. 일종의 노트 필기 과정에 있어서 나침반 역할을
하는 것이다.

개념 만들기 Concept Making

교사의 설명이나 교과서 내용의 핵심어를 중심으로 개념을 정리하는 것이다. 기본 개념을 이해해야 이를 토대로 개념 확장을 할 수 있다.

마인드 맵 만들기 Mind map Drawing

마인드 맵 활동을 통해 지식을 구조화하고 기억하기 쉽게 구조화시킬 수 있다. 발산적 사고 전략으로 마인드맵을 활용한다면 사고력, 창의력을 기를 수 있고 수렴적 사고 전략으로 마인드맵을 활용한다면 지식을 구조화하고 암기하는데 도움이 될 것이다.

문제 만들기 Problem Making

노트 필기를 통해 정리한 지식을 응용하여 다양한 문제를 만들고 그에 맞는 예상 답변을 만들어 보는 것이다. 문제를 출제하는 과정에서 지식에 대한 학습이 이루어지고, 문제의 해답을 정리하면서 다시 한 번 학습의 효과를 기대할 수 있다. 출제하는 과정에서 교사의 입장에서 지식을 바라볼 수 있기 때문에 시험 준비 시 많은 도움이 된다.

✎ 수업 시간에 어떻게 노트를 필기해야 할까? ∼∼∽

1. 수업 전 노트 필기 자세

가능한 교실 앞자리에 앉아서 준비하거나 필기도구 준비 등 수업에 집중할 수 있는 여건을 만들 수 있도록 한다. 가급적 색깔 펜들을 준비하고 쉽게 쓰여 지는 고급펜을 활용하면 좋다. 간단한 예습 활동이나 미리 훑어 읽기나 밑줄 긋기 등을 통해 마음의 준비를 하는 것도 좋다.

2. 수업 중 노트 필기

선생님이 설명하는 내용을 연습장에 핵심을 중심으로 간단히 기록하거나 교과서에 밑줄 치면서 설명을 추가로 기록하는 것이 좋다. 교사가 강조하는 내용은 특별히 표시를 하거나 색깔 펜을 사용하면 좋다. 강의 제목과 날짜를 기록하면 좋다. 노트 필기는 교사가 말한 것을 전사하듯이 그대로 기록하는 방법도 있지만 그리 쉽지 않고 효과적이지 않을 수 있다. 설명의 핵심을 기록하되, 교사의 설명과 표현을 그대로 쓰는 것보다 자신의 말로 이해하여 기록하는 것이 좋다.

3. 수업 후 필기

수업이 끝나면 중요한 내용을 표시한 책과 연습장을 병행하여 훑어보면 좋다. 방과 후 노트 필기할 수 있는 시간을 정해 오늘 배운 내용에 대하여 정리하는 시간을 가면 좋다. 최소 일주일에 한번 정도 노트를 중심으로 복습하면 좋다.

4. 복습할 때 노트 필기

노트 정리한 것을 반복하여 살펴보고 복습 시 보완해야 할 내용이 있으면 추가로 기록한다. 교과서로 정리한 내용을 노트에 정리하면서 암기하는 것이 필요하다. 수업 시간에 연습장이나 교과서에 메모한 것을 자기가 이해하기 쉽게 구조화하여 노트로 옮겨 쓰는 것이 좋다.

✎ 노트 필기를 어떻게 하는 것이 좋을까? ～～⤳

노트 필기 방식에는 여러 가지 방법이 있다. 여기에서는 코넬 노트, 마인드 맵, 씽킹 맵, 배움 일지, T-노트를 소개하고자 한다.

1. 코넬 노트

코넬 노트는 기존 유선 노트를 2분할 내지 3분할하여 정리하는 방법이다. 2분할의 경우 핵심어와 세부 내용을 정리하고, 3분할의 경우 여기에 보완 및 참고 내용을 덧붙인 것이다. 미국 코넬대학교의 월터 포크가 개발했다고 해서 그 이름이 코넬 노트라고 붙여졌다. 한쪽을 가리고 나머지 한 쪽을 기억할 수 있도록 하면 시험공부 시 좋다.

학습 주제	
핵심 단어	핵심어에 대한 설명 (개조식)
질문, 요약 그림 등	

7장, 무조건 명령에 따라야 하나요 ? (질문하는 십대, 대답하는 인문학)

홉스	→ 영국사람 / 1588년 출생 ∼ 1679년 사망.
	– 그가 평생을 바쳤던 질문 → `인간은 어떤 존재인가`, `국가란 무엇인가`
자연상태	홉스 → `인간의 본성이 선한가, 악한가와 상관없이 인간이란 살아남기 위해 사회를 만들어야 한다.`
	⇒ 모든 인간은 고통을 줄이고 쾌락을 늘리려는 욕망을 가지고 있기 때문에,
	서로간의 충돌은 피할수 없다.
	(`만인에 대한 만인의 투쟁` → ex. 오디션 프로그램)
	※ 홉스의 자연상태에서는 누구라도 재산과 목숨을 위협받을 수 ○.
	자연상태 < 정부 → 생명을 지키는 데 유리함.
	↳ `정부의 통치를 받는 곳에서의 자유가 진정한 자유`
	: 사회를 무너뜨리지 ✗, 법이 금지하지 않는 범위 내에서의 자유 ⇒ 모든 사람에게 이로움.
	`리바이어던` → 홉스의 주권자.
	– 법, 진리 반드시 연관될 필요✗ ⇒ 때로는 선·정의를 거스르는 결정 내릴수도 ○.
	– 착한. 정의로운 정부 < 이해관계에 밝은 합리적인 정부 / 이상적 국가 < 불편하지✗국가.
탈퇴의 자유	정부가 나의 생명과 이익을 지켜주지 못한다면, 개인이 국가를 탈퇴할 수도 ○.
사회계약	: 사회에 함께 살고 있는 개인개인이 서로에게 지켜야 할 약속.
	※ 전제 3가지 → 1. 계약맺는당사자 → 합리적이고 자유롭게 생각할수 있는 주체. / 2. 당사자
	들의 평등 / 3. 내용이 모두가 알고 있을 때만 유효, 계약 당사자의 궁극적 목적 방해 ✗.

<리바이어던>

`인간이란 어떤 존재인가`, `국가란 무엇인가`

사회계약 ← 홉스

자연상태 (만인에 대한 만인의 투쟁)

탈퇴의 자유

2. 마인드 맵 Mind map

마인드맵은 핵심 주제를 중심으로 세부 내용을 단계별로 연결하여 구조화하는 노트 필기법이다. 제목, 단원 중심으로 정리할 때 유용한 방법이다.

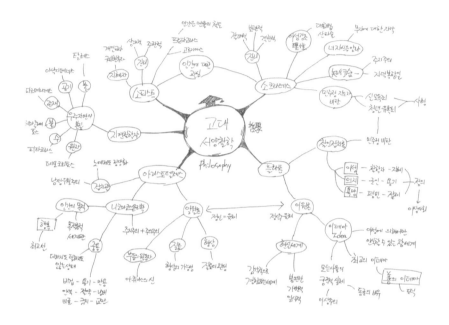

[마인드 맵 사례]

3. T-노트

노트를 T형으로 분할하여 활용하는 방법이다. T-노트는 오답 노트로도 활용하기 좋다.

개념 정리 중심의 T-노트는 왼쪽에는 핵심 기본 개념을 기록하고 오른쪽에는 기본 개념과 관련한 도표나 이미지 등을 넣는 것이다. 수학과에서 많이 활용하는 방식이기도 하다.

[수학과 T-노트 사례]

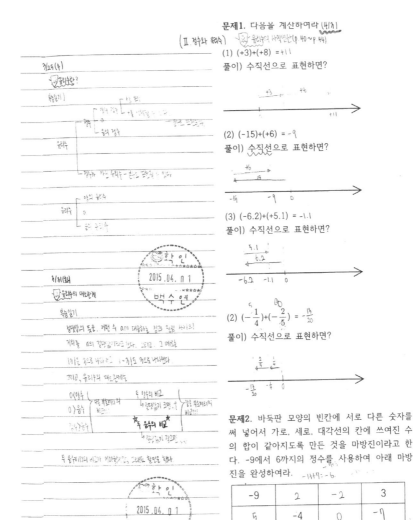

문제1. 다음을 계산하여라 (배점)

(Ⅱ 정수와 유리수) 유리수의 사칙연산(p 40~p 44)

(1) (+3)+(+8) = +11

풀이) 수직선으로 표현하면?

(2) (-15)+(+6) = -9

풀이) 수직선으로 표현하면?

(3) (-6.2)+(+5.1) = -1.1

풀이) 수직선으로 표현하면?

(2) $\left(-\frac{1}{4}\right)+\left(-\frac{2}{5}\right) = -\frac{13}{20}$

풀이) 수직선으로 표현하면?

문제2. 바둑판 모양의 빈칸에 서로 다른 숫자를 써 넣어서 가로, 세로, 대각선의 칸에 쓰여진 수의 합이 같아지도록 만든 것을 마방진이라고 한다. -9에서 6까지의 정수를 사용하여 아래 마방진을 완성하여라.

-9	2	-2	3
5	-4	0	-7
4	-3	1	-8
-6	-1	-5	6

오답 정리 중심의 T-노트는 왼쪽에는 문제와 자기가 풀이한 것을 기록하고 오른쪽에는 오답에 대한 설명이나 정답을 기록한다. 정답과 오답을 비교함으로써 오답을 수정할 수 있도록 정리하는 방법이다.

[오답 노트 사례]

문제 풀이	오답에 대한 설명
21. 형과 동생의 나이차는 4살이고 형의 나이 제곱은 동생 나이의 제곱에 3배를 한 것보다 8살이 적다. 동생의 나이는? $(x+4)^2 = x^2 \times 3 - 8$	21. 동생의 나이를 x살이 놓으면 형의 나이는 $x+4$살이므로 $(x+4)^2 + 8 = 3x^2$ $-2x^2 + 8x + 24 = 0$ $x^2 - 4x - 12 = 0$ $(x+2)(x-6) = 0$ 따라서 동생의 나이는 6살!

4. 복습 일기 배움 일지 쓰기

1시간 수업이 마치고 나서 학생들이 수업 시간에 배운 것과 느낀 점을 간단히 기록해 보는 것이다. 일종의 메타 인지 학습 방식이라고도 할 수 있는데, 수업을 통해 배우고 느낀 것을 기록하게 함으로써 자기 배움 활동을 반성해보고 정리해 보는 시간을 가지는 것이다.

[복습 일기 사례]

✎ 학습 유형별 노트 필기법 〜〜〜

사람마다 노트 필기 방법이 각기 다르다. 도형 심리학에 근거한 학습 유형에 따른 노트 필기법을 알면 좋다.

1. 네모형 학생 □

네모형 학생은 꼼꼼하게 필기한다. 줄이 있는 유선 노트를 선호한다. 자기가 생각하는 수준이 있고, 교사가 과제로 지시하면 힘들어도 끝까지 노트 필기하려고 노력한다. 다른 학습 유형에 비해 일목요연하게 정리한다.

네모형 학생들은 시각형 학생들은 노트 필기를 잘하는 편이지만 청각형 학생들은 필기를 선호하지 않기 때문에 수업 중 노트를 작성할 수 있도록 하는 것이 필요하다. 오답 노트 정리는 잘하지만 노트 필기와 문제 풀이를 따로 하는 경우가 많이 있으니 이를 주의해야 한다. 내용을 너무 완벽하게 정리하려고 보면 시간만 낭비하고 비효율적으로 활용될 수 있다.

2. 세모형 학생 △

노트 필기에 대한 동기 부여가 잘 되어 있어야 비로소 노트 필기를 시작한다. 올바른 방법을 가르쳐줘도 자기가 원하는 스타일로 노트 필기하려는 경향이 있다. 융통성은 있지만 성적 향상으로 연결되지 않으면 노트 필기 자체를 포기할 수 있다. 세부적인 내용보다 전체 흐름을 중심으로 필기한다. 벼락치기 스타일로 노트 필기하는 경향이 있다.

올바른 노트 필기를 위해서는 현명한 멘토가 필요하다. 벼락치기를 극복하려면 꾸준한 노트 필기 습관이 필요하다. 수업 후 노트를 정교하게 하면 좋다. 다양한 학습 자료를 응용하면 좋다. 자기 스타일대로 노트 필기하다보면 시간이 지나고 나면 노트 필기한 내용들이 논리적으로 잘 연결되지 않을 수 있다. 그러므로 결과 중심의 필기가 아니라 과정 중심의 필기를 할 수 있어야 한다.

3. 동그라미형 학생 ○

노트를 화려하게 꾸미는 것을 좋아한다. 색깔 펜을 자주 사용하고 이미지 등으로 꾸미는데 관심이 많고 다른 사람의 시선을 의식한다. 노트에 표, 그래프, 그림 등을 붙이는 것을 좋아한다. 상대적으로 다른 유형에 비해 노트 필기 속도가 느리다. 핵심을 잘 파악하지 못하는 경향이 있다. 얼핏 보면 예쁘고 화려하지만 정작 노트 필기 내용 자체는 부실한 경우가 많다.

그러므로 교과서 읽기 전략을 익혀서 수업 전 노트를 하면 좋다. 꾸미는 시간을 줄이고 내용 정리에 집중해야 한다. 노트 필기만 하고 잘 활용하지 않을 가능성이 높기 때문에 노트 필기한 것을 반복적으로 보면서 암기할 수 있도록 노력해야 한다.

4. 별형 학생 ☆

마인드 맵 필기 방식을 좋아한다. 창의적으로 정리하는 것을 좋아하긴 하지만 세부적인 내용이 빠지기 쉽다. 노트 필기가 꾸준히 이루어지지 않아 노트 필기 내용이 들쭉날쭉하여 나중에 활용하기 쉽지 않다. 좋아하는 과목과 싫어하는 과목의 편차가 상대적으로 큰 편이다. 좋아하는 과목을 열심히 필기하지만 그렇지 않은 과목은 대충 넘어가는 경향이 있다. 주기적으로 노트 필기할 시간을 가지는 것이 좋다. 세심하게 노트 필기할 수 있도록 의식적으로 노력해야 한다. 싫어하는 과목도 끈기를 가지고 노트 필기를 할 수 있어야 한다.

✎ 교사의 노트 필기 지도 시 유의사항 〰〰〰

교사가 학생들에게 노트 필기를 지도할 때 유의해야 할 사항들이 있다.

첫째, 교사가 학습 유형별 특성을 고려하여 지도해야 한다. 학습 유형 이론을 잘못 이해하면 학생들이 자기 단점을 당연하게 생각하고 고치지 않으려는 근거로 사용할 수 있다. 네모형 학생의 경우 구체적인 사고에는 강하지만 상대적으로 추상적인 사고에는 약하므로 추상적인 사고 개발에 도움이 되는 과제를 제시하는 것이 좋다. 예컨대, SF 소설이나 판타지 소설을 읽고 이를 노트 필기를 할 수 있도록 하는 것이다. 별형 학생의 경우 학생의 관심사와 상관없이 노트 필기를 해야 하는 이유를 충분히 동기 부여하고 싫어하는 과목이라도 꾸준히 노트 필기할 수 있도록 꼼꼼하게 확인하고 점검할 수 있어야 한다. 하지만 교사가 학습 유형 이론을 기계적으로 적용하는 것은 그리 좋은 방법이 아니다. 학생들을 이해하는 데 있어서 어떤 학생은 어떤 유형이니까 그렇게 행동하는 것은 당연하지라고 쉽게 생각해서는 안 된다. 작은 세모형 학생은 자기에만 관심이 있고 자기가 관심 있는 목표에만 관심을 기울일 수 있지만 전뇌형 인간으로서 성숙한 큰 세모형은 세모형 특징이 있지만 동시에 다른 유형의 모습도 동시에 가지고 있을 수 있다. 그러므로 어떤 학생이 작은 세모형이라면 이를 확장하여 다른 유형의 특징도 가질 수 있는 큰 세모형으로 발전시켜나갈 수 있도록 지도해야 한다. 학습 유형은 고정적이지 않고 후천적인 노력에 의해 확장되고 성숙될 수 있다는 것을 기억해야 한다.

둘째, 노트 필기 결과를 수행 평가로 반영하는 경우 교사가 학습 유형이나 남녀 특성을 고려하여 평가하고 피드백 할 수 있어야 한다. 노트 필기를 수행평가로 반영할 때 상대적으로 네모형 학생이 점수 받기에 유리하지만 상대적으로 대충 정리하는 세모형이나 별형 학생에게는 불리할 수 있다. 노트 필기는 학습 유형별 노트 정리 방식이 다르기도 하지만 성性별 차이도 크다. 남녀 차이가 존재하는데, 상대적으로 여학생들이 잘 정리하고 남학생들이 소홀히 여기는 경향이 있다. 그러다보니 수행평가 시 상대적으로 남학생들이 불리한 측면이 있다. 그러므로 남학생과 여학생을 이원화하여 그 안에서 상대 평가 방식을 어느 정도 도입하는 것도 좋은 평가 방법이 될 수 있다.

셋째, 교사가 노트 필기 지도를 중간에 포기해서는 않고 꾸준히 점검해줄 수 있어야 한다. 학생 입장에서는 노트 필기가 귀찮게 느껴질 수 있고 교사 입장에서는 진도 문제 등으로 인하여 학생들의 노트 필기 활동에 대한 피드백 시간을 충분히 확보하지 못할 수 있다. 자칫 용두사미龍頭蛇尾 방식으로 흐른다면 학습 효과를 기대하기 힘들다. 과제만 제시한다고 학생들이 알아서 하는 것은 아니다. 교사가 관심을 가지고 꾸준히 점검하고 관리해줄 수 있어야 노트 필기가 잘 이루어질 수 있다.

넷째, 교사가 노트 필기를 지도할 때 협동학습 방식을 도입하면 좋다. 교사가 개별 학생들을 1:1로 만나 피드백 한다는 것이 현실적으로 쉽지 않다. 처음에는 교사가 의욕적으로 노트 검사를 하지만 시간이 갈수록 여러 가지 바쁜 일로 노트 검사를 소홀히 여기게 되면 결과적으로 흐지부지될 수 있다. 노트 필기를 꾸준히 점검하고 피드백을 할 수 있는 방법 중의 하나는 동료 학생들끼리 피드백 할 수 있도록 하는 것이다. 돌아가며 점검하기는 의미 있는 방법이 된다.

다섯째, 노트 필기가 단순한 교과서 내용 정리 수준으로 그치지 않고 학생이 직접 만드는 나만의 교재가 될 수 있도록 지도하는 것이다. 노트 필기나 학습지 결과물은 학생들이 직접 만들었기 때문에 학생들도 소중하게 생각한다. 배움의 결과물을 포트폴리오 형태로 잘 정리해주는 것은 의미가 있다.

여섯째, 한꺼번에 몰아 쓰거나 남의 노트를 베껴 쓰지 않도록 해야 한다. 공부는 꾸준히 해야 효과적인데 수행 평가 마감 시한에 맞추어 짧은 시간에 몰아서 정리하면 성적 받기 수준으로 그칠 수 있다. 남의 노트는 참고할 수는 있지만 베껴 쓰면 학습 내용을 온전히 이해하고 기억하기 힘들다.

일곱째, 학생들이 예쁜 노트를 만들려고 너무 노력하지 않도록 지도해야 한다. 다양한 색깔과 이미지를 활용하여 노트를 화려하면 꾸미면 얼핏 예쁘게 보일지 모르겠지만 일종의 시간 낭비가 된다. 노트 필기의 목적은 학습 내용을 이해하는 것에 있다는 것을 잊지 말아야 한다. 깔끔하고 직관적으로 노트 필기를 하여 눈에 잘 보일 수 있도록 하는 것이 좋다. 노트 필기 시 여백의 미를 살리는 것이 좋다.

도움을 받은 책들

* 김현섭 2015, "질문이 살아있는 수업", 한국협동학습센터
* 최귀길 외 2012, "공부생 노트필기", 마리북스

프로젝트 보고서

작성 및 발표는

어떻게?

프로젝트 수업이란 학생이 자기 주도적으로 학습 주제를 탐구하고 표현하는 활동을 말한다. 교사가 중심이 되어 주제를 선정하고 과제를 부여하며 발표를 시키고 평가를 하는 기존의 발표 수업과는 달리 프로젝트 학습은 그 모든 과정을 학생이 자기 주도적으로 추진한다. 프로젝트 학습은 운영 주체가 누구냐에 따라 개별 프로젝트 활동과 협력 프로젝트 활동으로 구분할 수 있다.

최근 프로젝트 수업에 대한 관심이 높아지고 있다. 그런데 교사 입장에서 여러 가지 수업 모형 중 가장 힘든 것이 프로젝트 수업 모형이다. 프로젝트 수업은 학생 중심 활동이기 때문에 교사 입장에서는 쉬울 것 같지만 실제로는 교사가 학생들이 프로젝트 활동을 잘 할 수 있도록 끊임없이 피드백을 할 수 있어야 하기 때문이다. 성공적으로 프로젝트 수업을 진행하려면 교사가 학생들에 과제만 부여할 것이 아니라 구체적으로 어떻게 활동을 해야 할지 안내하고 피드백을 해주어야 한다. 여기에서는 프로젝트 보고서 작성 요령 및 발표 방법을 중심으로 다루고자 한다.

프로젝트 수업의 이해 〰〰

프로젝트 수업은 듀이의 진보주의 사상에 영향을 받은 킬패트릭Kilpatrick이 고안한 수업 모형으로서 실험학교를 중심으로 시작되었다. 스푸트니크Sputnik 충격 이후 진보주의 운동의 쇠퇴와 함께 프로젝트 수업에 대한 관심도 줄어들었다가 1989년 캇츠Katz와 챠드Chard에 의하여 '프로젝트 접근법'이라는 용어로 다시 떠오르게 되었다. 1990년대 구성주의 운동이 부각되면서 프로젝트 수업도 많은 사람들에게 주목을 받게 된다. 우리나라에서도 최근 혁신학교 운동이 본격화되면서 프로젝트 수업 운동이 확산되었다.

프로젝트 수업 모형의 절차

　프로젝트 수업 주제에는 추상적인 대주제인 테마Thema와 학생이 탐구하고자 하는 구체적인 소주제인 토픽Topic이 있다. 모둠 중심 협력 프로젝트 수업의 절차를 정리하면 다음과 같다.

1. 수업 준비

① 대주제(Thema) 선정
프로젝트 수업에 적합한 단원과 주제를 찾는다.

② 교사의 예비 주제망
대주제(Thema)가 결정되면 교사가 마인드맵을 통해 관련 지식, 개념, 정보, 아이디어 등을 정리해 본다.

③ 수업 목표 진술
하위 주제에 대한 학습 목표를 구체적으로 설정한다.

④ 교육 과정 재구성 및 융합
국가 수준 교육 과정에 근거하여 교육 과정을 재구성하고 융합하여 운영한다.

⑤ 학습 활동 계획 세우기
대주제(Thema)에 따른 차시별 프로젝트 세부 수업 계획을 수립한다.

2. 수업 진행

① 대주제(Thema) 발현
교사가 대주제를 제시하고, 그에 대한 학생들의 사전 지식과 경험을 표현하게 함으로써 흥미를 유발하고 동기를 부여한다.

② 브레인스토밍

대주제(Thema)에 대해 브레인스토밍하며 다양한 생각을 표현하도록 한다.

③ 유목화

브레인스토밍한 아이디어들을 범주에 따라 분류한다.

④ 주제망(마인드맵) 작성

마인드맵을 통해 주제를 개괄한다.

⑤ 탐구 주제(Topic) 선정

학생들이 관심 있는 탐구 주제(Topic)를 선정한다.

⑥ 모둠 구성 및 모둠 세우기 활동

모둠 구성은 탐구 주제(Topic)에 관심 있는 학생들로 구성할 수도, 이질적
인 학생들로 구성한 뒤에 탐구 주제(Topic)를 선정할 수도 있다. 실제 수업
에서는 후자의 방식이 효과적이다. 단, 후자의 경우 협동의 의지나 공동체
의식이 부족할 수 있으므로 다양한 모둠 세우기 활동을 하는 것이 필요하다.

⑦ 모둠 프로젝트 과제 수행을 위한 세부 역할 분담

모둠에서 프로젝트 과제를 수행하기 위한 로드맵을 작성하고
개인별 역할을 논의하여 결정한다.

⑧ 자료 수집 및 검토

각자 수집한 다양한 자료들을 모둠에서 검토한다.

⑨ 프로젝트 보고서 작성

학생들이 협력하여 프로젝트 보고서를 작성하고 교사에게 피드백을 받는다.

⑩ 발표 준비

발표 전략을 세우고 구체적으로 준비한다. 발표 형태는 프레젠테이션,
UCC, 역할극, 퀴즈쇼, 토크쇼 등 다양한 것이 좋다.

⑪ **발표**

전체 학생을 대상으로 모둠별 프로젝트 결과물을 발표한다.

3. 마무리

① **발표 평가**

발표에 대해 다면 평가를 실시한다. 교사가 보고서를 평가한다면 발표
태도 및 반응은 학생들이 평가하면 좋다.

② **최종 성과물 게시**

최종 성과물을 전시하거나 사이트에 게시한다. 이렇게 하면 나중에 피드
백 할 수도 있고 타 학급 학생이나 후배들이 참고 자료로 활용할 수 있다.

③ **수업 활동 평가 및 피드백**

프로젝트 수업 활동 전반을 평가하고, 지속적이고 의미 있는 발전을 위한
피드백을 실시한다.

✎ 프로젝트 수업 운영 시 유의사항 ～～～

프로젝트 수업은 과제Topic 선정부터 평가에 이르기까지 학생들이 자기주도적으
로 참여할 수 있도록 해야 한다. 교사가 정답을 제시하는 것이 아니라 학생들이 스
스로 해답을 찾아갈 수 있도록 유도해야 한다.

성공적으로 프로젝트 수업을 운영하기 위해서는 교사와 학생들과의 피드백이
매우 중요하다. 학생들에게 전적으로 맡긴다고 해서 원하는 수준만큼의 결과물이
나오는 것이 아니다. 그러므로 교사는 학생들의 프로젝트 결과물이 어느 정도 수준
에 도달할 수 있도록 피드백할 수 있어야 한다.

내용적인 지식 뿐 아니라 과정적인 지식도 프로젝트 수행 과정에서 학생들이 습득할 수 있도록 해야 한다. 즉, 프로젝트 보고서 작성 요령, 프레젠테이션 발표 요령, UCC 제작 방법 등을 교사가 직접 가르쳐줄 수 있어야 한다.

또한 평가시 프로젝트 수업의 특성에 맞는 수행 평가 채점 기준표Rublic를 개발하여 운영하는 것이 필요하다. 이러한 세밀한 배려와 피드백을 통해 프로젝트가 잘 완성될 수 있다.

교사가 프로젝트 수업 주제에 대한 전문적 지식을 가지고 있어야 한다. 그래야 학생들이 프로젝트 활동을 잘 할 수 있도록 실질적으로 도와줄 수 있다.

✎ 프로젝트 보고서 작성법 〰〰ᐳ

교사는 프로젝트 보고서를 작성하는데 필요한 구체적인 작성 요령을 가르쳐줄 수 있어야 한다.

프로젝트 보고서 작성 요령

1. 프로젝트 활동의 과제 목적

- 학습 단원의 대주제(Thema) 중에서 관심 있는 소주제(Topic)를 선정하여 자발적으로 연구하고 발표할 수 있도록 한다.

- 모둠원들이 협력하여 프로젝트 활동을 수행하는 과정을 통하여 다른 사람들을 배려하는 자세를 배운다.

2. 프로젝트 보고서 작성 요령

● 모둠원들끼리 협의하여 소주제(Topic)를 선정하여 수행한다. 모둠
 원들끼리 역할 분담하여 과제를 수행한다.

● 자유롭게 소주제(Topic)를 정할 수 있지만 대주제(Thema)의 연결
 성이 떨어지면 안 된다. 소주제(Topic)를 정하기 쉽지 않을 때는 예
 시 소주제(Topic)나 다른 모둠의 소주제(Topic)를 참고하라.

● 기초 자료 조사한 것 등을 포트폴리오 방식으로 모은다.
 개별 조사 내용은 상단부에 자기 이름을 기록한다. 지킴이 학생이
 클리어파일을 준비해서 프로젝트 활동 과정에서 발생한 자료(기초
 자료, 팜플렛, 티켓, 영수증 등)를 정리하여 보관하라.
 기초 자료들은 나중에 평가 시 개인 역할 기여도에 반영된다.

● 최종 보고서의 경우, 서론, 본론, 결론, 참고 자료 순으로 분명히
 나누어 정리한다.

  – 서론 : 연구 목적, 동기, 방법, 한계, 연구 활동 시 어려웠던 점

  – 본론 : 연구 조사 내용 (제목과 이에 따른 숫자를 잘 매길 것)

  – 결론 : 연구 조사 내용 요약, 모둠원들의 생각과 의견

  – 참고 자료 : 참고 문헌 및 참고 자료

● 프로젝트 과제 수행 시 인용하거나 참고한 자료의 출처를 꼭 밝힌
 다. 출처를 밝히지 않은 것은 다른 사람의 지식을 도둑질한 것이나
 다를 바 없다. 각주 형태로 밝히거나 보고서 뒤편에 참고 도서 목
 록에 제시한다.

 각주 형식은 저자(출판 연도), "책 제목", 출판사, 쪽수 순서로 기술하라.
  예) 동아출판사 편집부(2000), "세계대백과사전", 동아출판사, p.189

- 분량은 10쪽 이상으로 한다. 분량이 적을수록 수행 평가 기준표에 따라 점수가 삭감된다. 단, 표지와 목차는 분량에서 제외된다.

- 프레젠테이션 발표의 경우, 단순하고 직관적으로 구성하라.
  (효과적인 프레젠테이션 작성 요령 참고)

- 발표자가 프리젠테이션 내용을 단순히 읽지 말고, 자기 것으로 이해하여 설명하듯이 자연스럽게 발표하라. 발표 태도가 수행 평가의 주요 평가 항목이다.

- 발표 시 프리젠테이션에만 의존하지 말고 다양한 방식을 함께 활용하면 좋다. 역할극이나 퀴즈쇼, UCC 제작 등을 활용하여 발표할 수 있도록 하라.

- 발표 시간은 프리젠테이션 10분-15분, 기타 활동(UCC 등)은 5분 내외로 한다. 발표 후 다른 학생들의 질문에 대하여 응답할 수 있도록 준비한다.

- 발표 전날 프리젠테이션 내용을 준비하여 담당 교사에게 미리 점검을 받는다. 발표 이후에는 부족하다고 해서 재발표할 수는 없으므로 미리 사전에 점검을 받아 보완하면 좋다.

- 최종 제출일은 ○월 ○일이다.
  최종 제출일을 초과하면 채점 시 감점될 수 있다.
  과제를 수행하면서 문의사항이 있으면 선생님에게 연락하라.
  (담당 교사 : ○○○ / 전화번호 / 메일 주소)

- 프로젝트 발표순서는 교사가 정할 예정이며 발표 기일에 맞추어 발표하라.

3. 프로젝트 주제 예시

대주제 (Thema)	소주제 (Topic)
국가	– 만약 국가가 없다면? – 중동 전쟁이 일어난 이유는? – 국가가 잘못된 결정을 하면 국민들은 어떻게 해야 하는가? – 이상적인 국가의 모습은? 등
북한	– 남북한이 분단된 이유와 과정은 어떠한가? – 북한의 문화어와 남한의 표준어의 차이점은? – 꼭 남북한 통일이 되어야 하는가? – 통일 시 예상되는 문제점과 그 해결 방안은? 등

4. 프로젝트 평가 방식

- 다면 평가를 실시한다. 보고서는 교사가 평가하고 발표 태도는 다른 모둠원들이 평가하여 합산하여 최종 점수를 부여할 것이다.

- 평가 기준은 보고서 내용의 충실성, 분량, 발표 태도 및 자세, 개인 역할 기여도 등이다. 세부 기준은 수행평가 기준표(루브릭)를 참고하라.

5. 프로젝트 활동 수행 평가 채점 기준표 (Rublic)

요소	상(2)	중(1)	하(0)
내용의 충실도	과제 주제가 적절하고 독창적이며 보고서 내용이 논리적이고 잘 정리되어있다.	과제 주제가 적절하고 전반적인 내용은 좋은 편이나 일부 내용이 부실하다.	과제 주제가 적절하지 못하거나 내용이 전반적으로 부실하고 도덕적 실천 사례가 거의 없다.
형식과 분량	서론, 본론, 결론, 참고 자료 형식이 분명하게 정리되어 있고 분량이 12쪽 이상이다.	보고서 형식이 잘 정리되어 있고 분량이 8쪽–12쪽 사이이다.	보고서 형식이 잘 갖추어져 있지 않거나 분량이 7쪽 이하이다.
발표 태도 및 자세	발표 태도가 바르고 발음이 정확하여 의사전달이 잘 이루어지고 발표 형식이 독창적이다.	의사전달은 어느 정도 이루어지나 내용이 독창적이지 않다.	발표 자세가 바르지 못하고 의사전달이 제대로 이루어지지 않고 전반적으로 발표가 부실하다.
개인 역할 기여도	자기에게 맡겨진 역할을 충실히 수행했을 뿐 아니라 과제 수행에 적극적으로 참여하였거나 리더 역할을 수행하였다.	자기에게 맡겨진 역할에 충실한 편이다.	자기에게 맡겨진 역할을 제대로 수행하지 못했거나 과제 활동에 소극적이었다.

모둠 이름		
선정 연구 주제 (Topic)		
이 주제(Topic)를 선택한 이유		
개인 역할 분담	이끔이	
	칭찬이	
	기록이	
	지킴이	
	기타	

모둠 프로젝트 과제 동료 평가서

● 평가 모둠 이름 :
● 모둠원 :

순서	발표 주제	모둠 이름 (발표 학생)	평가 채점			강평
			PPT	UCC 기타	총점	
1						
2						
3						
4						
5						
6						
7						

※ 참 잘했음 5점 / 잘했음 4점 / 보통임 3점 / 미흡함 2점 / 아주 미흡함 1점

도움을 받은 책들

* 강인애 외 2011, "교실 속 즐거운 변화를 꿈꾸는 프로젝트 학습", 상상채널

* 김현섭 2013, "수업을 바꾸다", 한국협동학습센터

* 김현섭 외 2012, "협동학습2", 한국협동학습센터

* 캇츠 외, 윤은주 외 역 2012, "캇츠와 챠드의 프로젝트 접근법", 아카데미프레스

* IT교재연구팀 2017, "스마트한 생활을 위한 버전2 UCC 제작 & 편집", 시대인

Lesson

23

학생들이 발표를
잘할 수 있도록
하려면?

수업 시간에 교사가 학생들에게 발표할 기회를 많이 준다고 해서 학생들이 알아서 발표를 잘하는 것은 아니다. 대개 초등학교 저학년 학생의 경우 서로 발표하려고 애를 쓰지만 고학년이 될수록 발표하기를 꺼려한다. 학생들에게 골고루 발표의 기회를 주는 것은 수업의 참여도를 높이는 좋은 방법 중의 하나이다. 하지만 일부 학생들의 경우 발표 기회를 주어도 그 기회를 잘 살리지 못한다. 발표를 잘하지 못하는 학생들을 어떻게 지도하면 좋을까?

✎ 학생들의 발표력을 기를 수 있는 8가지 방법 〰〰〰

1. 학생들이 발표하거나 대답하기 쉽도록 교사가 학습 과제를 제시하거나 좋은 질문을 하라.

교사가 수업 시간에 제시하는 학습 과제 수준이 처음부터 높으면 학생들 입장에서는 발표하기를 꺼릴 수 있다. 정답에 익숙한 교실 문화에서 제시한 과제 수준이 높으면 정답에 대한 확신이 없는 상태에서 학생이 편안하게 발표하기는 쉽지 않을 것이다. 물론 수업 마무리 단계에서 높은 수준의 학습 과제를 도약 과제로 제시하는 것은 좋다. 하지만 도입 단계나 전개 단계에서 높은 수준의 학습 과제는 학생들이 수행 결과를 발표하기 쉽지 않을 수 있다.

교사의 질문이 추상적이어도 학생 입장에서 대답하기 쉽지 않을 수 있다. 예컨대, 교사가 학생들에게 수업 도입 단계에서 바로 '민주주의란 무엇인가?'라고 물어본다면 학생 입장에서는 '좋은 것이요' 등 추상적으로 대답하거나 대답 자체를 머뭇거릴 수 있을 것이다. 학생 입장에서 발표하기 쉽게 과제를 제시하고 질문을 하는 것이 좋다.

2. 발표의 기회를 골고루 부여하라.

강의식 수업으로만 수업을 진행하면 학생들이 발표할 기회 자체가 없을 것이다. 교사가 불특정 다수 학생들에게 질문하면 정답을 알고 있는 외향적인 학생들이 주로 대답할 가능성이 높다. 대개 최상위권 학생들이나 중하위권 학생들은 발표하기를 주저한다. 최상위권 학생들은 정답을 알고 있지만 발표를 하면 다른 친구들에게 잘난 척하는 것처럼 비춰질까봐 두려워하고 중하위권 학생들은 정답 자체에 대한 확신이 별로 없기 때문이다. 그러다보면 발표의 양극화 현상이 나타나기 쉽다. 최근에 인문계 고교에서 수학을 가르치는 여자 선생님을 수업 코칭한 적이 있다. 선생님이 수업 시간에 불특정 학생들에게 질문을 하면 중위권 남학생 중 외향적인 학생 소수가 주로 대답을 했다. 그런데 선생님은 그 학생들의 대답에 맞추어 수업을 진행하였다. 그러다보니 내성적인 학생, 여학생, 하위권 학생들은 수업 시간 내내 침묵을 지키는 경우가 많았다.

가르침과 배움의 간극을 줄이기 위해서는 발표나 대답을 할 수 있는 기회를 골고루 줄 필요가 있다. 희망하는 학생들에게만 발표 기회를 주는 것이 아니라 시키지 않으면 발표를 잘하지 않는 학생들도 발표할 기회를 주는 것이다. 발표하기를 꺼려하는 학생들에게 교사가 발표의 기회를 주지 않으면 그 학생의 성장 기회를 교사가 주지 않은 셈이 된다. 교사가 발표를 잘하지 못하는 학생들에게 자주 발표 기회를 주어야 해당 학생들의 발표 능력을 향상시킬 수 있을 것이다.

꼬마 출석부를 활용하여 평상시 잘 발표하지 않은 학생들에게 발표 기회를 주거나 선택 돌림판을 활용하여 랜덤 방식으로 학생을 선정하여 발표할 수 있다. 예를 들어 각 모둠의 3번 학생들이 나와서 발표해 보기 등처럼 모둠 번호별 발표 선정도 좋은 방법이 될 수 있다.

3. 어떤 학생이 발표하기 힘들어 하는 경우, 그 원인에 대하여 먼저 생각하라.

　교사가 학생들에게 발표의 기회를 주었는데도 학생들이 잘 발표하지 못하는 이유는 여러 가지 이유가 있을 수 있다. 그 원인을 잘 이해해야 그에 따른 적절한 반응을 할 수 있다. 예컨대, 과제를 잘 수행하지 못해서 발표하기를 꺼려할 수도 있고, 과제는 어느 정도 수행했지만 자신감이 낮아서 발표하기를 꺼려할 수 있다.

성격이 내성적이어서 전체 학생들 앞에서 발표하기를 힘들어할 수도 있고 교사의 강압적 지도 방식에 눌려서 발표하기를 힘들어할 수도 있다. 자기 생각은 있지만 친구들의 눈치를 보느라 발표하기를 주저할 수도 있고 발표 내용이 전체 학생들에게 공개되는 것 자체가 심리적으로 부담이 될 수도 있다. 과제를 잘 수행하지 못했다면 발표 대신에 과제를 잘 수행할 수 있도록 기회를 주는 것이 좋을 것이고 발표 내용이 전체 학생들에게 공개되는 것 자체가 심리적인 부담이 될 때에는 다른 학생에게 발표의 기회를 주는 것이 좋을 것이다.

4. 외향적인 학생이면 칭찬하고, 내성적인 학생이면 격려하라.

외향적인 학생은 가급적 자기가 발표하려고 노력할 것이고 내성적인 학생이면 가급적 발표하기를 피하려고 할 것이다. 외향적인 학생들은 자기가 알아서 발표하려고 하기 때문에 교사가 구태여 지목하여 발표할 기회를 주지 않아도 되겠지만 내성적인 학생들은 스스로 발표하려는 경우가 적기 때문에 교사가 의도적으로 지목하여 발표의 기회를 주는 것이 좋을 것이다. 외향적인 학생이 발표를 하면 칭찬하면 좋다. 사람은 누구나 인정의 욕구가 있기 때문에 칭찬 쿠폰 등의 외적 보상 제도가 없어도 칭찬 자체만으로도 큰 보상이 될 수 있다. 반대로 내성적인 학생이 발표를 피하려고 하겠지만 발표의 기회를 의도적으로 주고 기다릴 필요가 있다. 내성적인 학생들은 정답을 알아도 발표하려면 약 7초 정도의 시간이 필요하다고 한다. 그러므로 교사가 내성적인 학생들에게는 최소 7초 정도는 기다려주는 것이 필요하다. 내성적인 학생이 용기를 내서 발표하는 경우 교사가 적극적으로 격려하는 것이 좋다. 격려란 실패해도 있는 그대로 존재를 인정하는 것이다. 예컨대, 교사의 의도와 다른 발표를 하거나 오답을 발했더라도 "용기를 내서 전체 학생들 앞에서 발표를 해줘서 고마워"라고 표현하는 것이 좋다.

5. 목소리가 작은 학생에게는 마이크를 사용하라.

교사는 수업 시간에 가급적 마이크를 사용하지 않는 것이 좋다. 왜냐하면 마이크 소리가 옆 반 교실에 영향을 미쳐 방해할 수도 있기 때문이기도 하지만 기계 소리보다는 자연적인 목소리가 소통하는데 더 도움이 되기 때문이다. 물론 야외 수업이나 특별 교실에서의 실습 시간, 교사의 성대가 상했거나 목소리 자체가 너무 작다면 불가피하게 마이크를 사용할 수 있을 것이다. 교사의 목소리가 작은 경우 마이크 사용보다는 복식 호흡을 배워서 소리를 배로 울려서 음량을 키우는 것이 가장 좋다.

그런데 목소리가 작은 학생을 위해서는 마이크를 사용하는 것이 좋다. 예전에 필자는 발표 기회가 많은 수업을 할 때는 일부러 마이크를 챙겨서 수업에 들어갔다. 목소리가 작은 학생들을 배려하기 위해서였다. 마이크가 없을 때는 다른 학생들에게 경청하기를 훈련시키면 좋다. 작은 목소리에도 귀 기울일 수 있도록 평상시 학생들에게 경청 훈련을 시키는 것이다.

6. 발표하는 방법을 미리 가르쳐라.

의외로 많은 학생들이 발표하는 방법을 잘 모르는 경우가 많다. 프로젝트 수업처럼 미리 준비한 내용을 발표하는 경우 프레젠테이션 슬라이드 작성 방법, 발표 진행 방법 및 유의 사항 등을 구체적으로 가르쳐주는 것이 필요하다. 예컨대, 도입 단계에서는 에피소드나 동영상, 질문 등을 통해 흥미 유발을 하도록 하고 전개 단계에서는 새로운 지식과 정보를 보여주도록 하고 마무리 단계에서는 요약하거나 명언 등으로 여운이 남도록 지도할 수 있다. 자기 관심사를 늘어놓기보다 발표를 듣는 사람의 입장에서 이야기를 할 수 있도록 지도하는 것이 좋다.

또한 유명한 발표나 연설 장면을 동영상으로 보여주고 발표가 잘 이루어진 이유들을 분석하고 토의할 수 있도록 하는 방법도 좋은 방법 중의 하나이다. 두루뭉술하게 지침만 말하는 것이 아니라 구체적인 사례를 들어 조목조목 설명하거나 경험할 수 있도록 하는 것이 좋다.

7. 발표하기 전에 미리 교사가 점검하라.

전체 학생들에게 발표의 방법을 가르쳤다고 해서 모든 학생들이 발표를 잘하는 것은 아니다. 개인 발제나 프로젝트 수업 발표 등 사전 준비해서 발표를 하는 경우 그 전날 점심시간 등을 활용하여 미리 선생님 앞에서 점검을 받도록 하는 것도 좋다. 일종의 예행연습을 시키는 것이다. 이를 통해 교사가 사전 피드백을 통해 발표의 방법을 지도할 수 있고, 준비 상태에 따른 적절한 피드백을 할 수 있다. 특히 발표 자체가 수행 평가로 연결되는 경우는 사전 피드백 활동을 할 수 있으면 좋다. 이러한 과정을 통해 교사는 개별 학생과의 의미 있는 개별적인 만남과 관계를 쌓을 수 있는 기회를 얻을 수 있다.

학생들에게 발표만 시키고 교사가 채점하여 점수를 매기는 것으로 그쳐서는 안 된다. 발표를 못했다고 야단치기보다 미리 발표를 점검하여 사전 피드백 하는 것이 더 좋다.

8. 긍정적으로 피드백 하라.

일단 학생이 발표를 했으면 긍정적으로 피드백을 하는 것이 좋다. 비록 발표 학생이 오답을 말하거나 교사의 의도가 다른 발표를 했다 하더라도 교사가 긍정적인 반응을 보이는 것이 필요하다.

긍정적인 피드백 방법 중의 하나는 과정과 결과를 분리하여 반응하는 것이다.

"경미가 준비를 많이 해서 발표한 것이 보여서 선생님은 참 좋았어. 하지만 발표 내용은 비록 선생님의 의도한 방향과는 조금 다른 것 같아. 누가 한번 이 질문에 대하여 발표해볼래?"

발표 내용보다 학생의 감정을 읽어주는 것도 좋다. "상철이가 많이 긴장한 것 같아. 긴장하지 않았으면 더 발표를 잘했을 것 같은데, 약간 아쉽네."

또한 질문을 통해 다시 한 번 그 문제를 생각할 수 있는 기회를 부여할 수도 있다. "준혁이의 발표는 잘 들었어. 그런데 만약 민혁이가 이 소설의 주인공이라면 이 상황에서 어떠한 감정을 느꼈을까? 만약 민혁이가 발표한 내용대로 행동한다면 어떠한 결과가 나왔을까?"

질문을 통해 다른 학생에게 연결하는 것도 한 가지 방법이 될 수 있다. "민석이의 의견에 대하여 희수는 어떻게 생각하니?"

발표 학생이 엉뚱하거나 장난스럽게 말했다 하더라도 교사가 이러한 학생들을 비난하거나 놀리기 보다는 긍정적으로 반응을 한다면 많은 학생들이 배움에 좀 더 몰입할 수 있을 것이다. 교사와 학생과의 관계성이 뒷받침된다면 비록 교사가 실수를 했다 하더라도 학생들이 상처를 받지 않겠지만 반대로 관계성이 깨져 있다면 교사가 올바른 메시지를 말한다 하더라도 학생들은 있는 그대로 메시지 내용을 받아들이기 힘들 것이다.

✎ 멋있게 프레젠테이션 슬라이드 만들기 ∼∼∼

학생들이 프레젠테이션 자료를 제작할 때 교사가 미리 슬라이드 디자인 요령을 알려주면 좋다. 일단 다음과 같은 방식은 피하는 것이 좋다.

- 짧은 내용을 불필요하게 길게 발표하기

- 프레젠테이션 내용 그대로 단조로운 톤으로 읽기

- 다 알고 있는 평범한 내용으로만 구성됨

- 내용마다 조잡한 애니메이션 효과와 소리가 담긴 슬라이드 구성하기

- 글자 사이즈가 너무 작고 읽기 어려운 내용으로 슬라이드 내용 구성하기

멋있게 프리젠테이션 슬라이드를 만드는 요령을 정리하면 다음과 같다.

1. 바탕 색깔은 어둡고 단순하게!

 슬라이드 바탕이 흰색이면 장시간 볼 때 보는 사람들의 눈이 피로할 수 있다. 화려한 이미지를 활용한 슬라이드 바탕은 텍스트발표 내용 자체보다는 화려한 이미지로 사람들의 시선을 분산시킨다. 습관적으로 작은 로고학교 교표, 단체 로고 등를 아래쪽 하단 부분에 고정시키는 것도 같은 이유로 좋지 않다. 텍스트에만 집중할 수 있는 슬라이드 바탕이 좋다. 그러므로 바탕 색깔은 검은색 바탕이나 진회색 바탕을 추천한다. 그 위에 사용되는 본문 글씨 색깔은 흰 색 등이 좋다. 슬라이드를 인쇄물로 출력할 때는 반대로 바탕을 흰 색, 글씨는 검은 색으로 바꾸는 것이 좋다.

* 이후 샘플 슬라이드는 인쇄용이라 흰 색 바탕을 의도적으로 사용하였습니다.

2. 하나의 슬라이드에 하나의 메시지!

하나의 슬라이드에 많은 메시지를 넣는 것보다 하나의 메시지를 넣는 것이 쉽게 사람들의 주목을 이끈다. 글씨가 작고 많은 텍스트가 슬라이드에 들어가 있으면 집중해서 보지 않는 한 무슨 내용인지 파악하기 힘들다. 단순한 것이 최고이다.

3. 과감하게 글머리를 없애기

습관적으로 글머리를 사용하는데 글머리가 없어도 텍스트를 이해하는 데 큰 어려움이 없다면 과감하게 제거하는 것이 좋다.

4. 텍스트보다 이미지를 사용하기

많은 분량의 텍스트보다 한 장의 이미지가 더 많은 것을 이야기해 준다. 논리적으로 접근하면 좋은 부분도 때로는 이미지를 통해 감성적으로 접근하는 것이 더 효과적이다.

5. 숫자에 의미를 부여하고 도표를 이미지화하기

복잡한 통계 수치나 도표를 제시하는 것보다 핵심적인 정보 숫자를 크게 쓰고 그 숫자의 의미를 요약하여 기록하면 좋다. 도표도 이미지로 이해하여 단순하게 만들면 좋다.

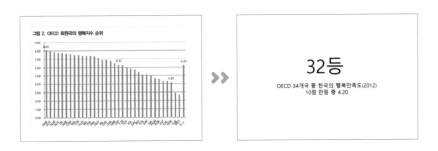

6. 슬라이드 순서를 논리적으로 구성하기

슬라이드 순서를 도입 - 전개 - 마무리 단계로 구성하면 좋다. 도입 단계에서는 흥미 유발할 수 있는 질문이나 예화 등을 사용하고 전체 내용을 간단히 구조화하여 소개하면 좋다. 전개 단계에서는 새로운 정보를 제시하고 멀티미디어, 이미지, 도표 등을 통해 새비있게 풀어나갈 수 있도록 한다. 마무리 단계에서는 요약과 반복, 감성적 호소, 중요하거나 강조하고 싶은 것 등을 제시한다.

7. 입체보다는 평면 이미지를 사용하기

프레젠테이션 도구파워포인트 등을 활용할 때 입체 이미지가 얼핏 보기에는 멋있어 보이지만 자료의 가독성은 상대적으로 떨어질 수 있다. 단순한 평면 그래프 이미지를 사용하는 것이 좋다.

8. 강조해야 할 사실을 부각하기

강조해야 할 사실을 크게 부각하면 좋다. 글씨 사이즈를 조절하거나 보여주고자 하는 정보는 눈에 잘 띄게 배치하고 그렇지 않은 정보는 반대로 배치하면 좋다.

9. 이미지 속에 텍스트를 삽입하기

슬라이드 안에 이미지를 넣고 여백 부분에 텍스트를 넣은 기존 방식에서 탈피하여 이미지를 전체 슬라이드로 확대하고 그 안에 텍스트를 넣은 것이 좋다.

10. 여백과 균형의 원리를 활용하기

격자선을 사용하여 9등분하여 이미지와 텍스트를 활용하면 균형 잡힌 여백과 여운을 만들어 낼 수 있다. 균형을 지키기 위해서는 정렬 기능을 잘 활용하면 좋다. 균형을 지키면 심리적인 안정감을 부여할 수 있다.

11. 스마트 그래픽 기능을 잘 활용하기

프레젠테이션 프로그램파워포인트 등 안에 있는 스마트 그래픽 기능을 잘 활용하여 텍스트 내용을 그래픽으로 전환하면 좋다. 스마트 그래픽에는 대비, 반복, 근접 등의 원리를 적용한 것이 있기에 시각적으로 쉽게 이해하는 데 큰 도움이 된다.

도움을 받은 책들

- 김현섭 2015, "질문이 살아있는 수업", 한국협동학습센터
- 김은성 2007, "마음을 사로잡는 파워스피치", 위즈덤하우스
- 우석진 외 2009, "원칙을 넘어선 프레젠테이션", 교학사
- 레이놀즈, 정숙욱 역 2008, "프리젠테이션 젠", 에이콘
- 김경태 2006, "스티브 잡스의 프레젠테이션", 멘토르

모둠 수업을
꼭 해야 하나?

✎ 일반 수업 시간에 모둠 활동을 해야 하는가? ～～～

강의식 수업은 장점이 많다. 강의식 수업만으로도 학생들이 배움이 충분히 일어나난다면 구태여 학생 참여 활동을 도입할 필요를 느끼지 못할 것이다. 그런데 강의식 수업이 가지고 있는 한계가 있다.

무엇보다 강의식 수업은 교사 중심으로 흘러가다 보니 학생들이 학습에서 소외되기 쉽다. 교사의 설명에 잘 따라가는 학생들도 있겠지만 반대로 그렇지 않은 학생들이 나타나기 마련이다. 학생들은 교사의 설명을 들을 때는 이해가 되지만 막상 자기가 직접 해보려고 하면 잘 안 되는 경우가 많다. 일제 학습은 학생들을 구경꾼으로 전락시키기 쉽다.

수업 시간에 순차적으로 학습 활동을 전개하면 비효율적이 된다. 예컨대, 한 명씩 1분만 발표에 참여해도 전체 학급 인원수가 30명이라면 최소 30분 이상의 시간이 필요하게 된다. 그러므로 전체 학생들을 학습 활동에 참여하려면 모둠 단위로 전개하는 것이 필요하다.

모둠 활동을 하게 되면 모든 학생들이 학습에 참여할 수 있는 기회가 생긴다. 그런데 교사가 모든 모둠을 동시에 통제할 수 없기 때문에 교사가 원하는 대로 모둠 활동이 진행되지 않는다. 그래서 교사 입장에서는 강의식 수업보다 힘든 것이 모둠 활동 수업이다. 강의식 수업은 교사가 지식을 잘 전달하기만 하면 되지만 모둠 수업은 교사가 학생들이 모둠 활동에 잘 참여할 수 있도록 관리해야 하기 때문이다. 성공적으로 모둠 수업을 하려면 교사가 학생 모둠 활동을 잘 이끌어 갈 수 있는 경영 능력이 필요하다.

교사가 학생들에게 모둠 활동을 시킨다고 해서 저절로 모둠 활동이 잘 이루어지는 것은 아니다. 기존 조별 학습의 경우, 무임승차 학생, 일벌레 학생, 수업 방해자 학생들이 발생한다. 교사의 모둠 통제가 쉽지 않고 모둠 간 학습 격차가 벌어지기 쉽다. 강의식 수업에 비해 시간이 많이 들고 학습 효율성도 그리 높지 않다.

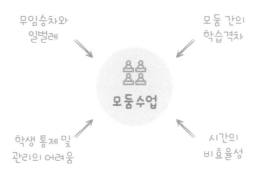

그래서 많은 교사들이 의욕적으로 모둠 활동을 수업에 도입했다가 실패를 맛보고 결국 원래 수업 방식으로 회귀하는 경우가 생긴다. 그러므로 교사가 수업에서 모둠 활동을 잘 활용하려면 모둠 수업에 대한 전문적 지식과 기술, 경험을 가지고 있어야 한다. 모둠 활동이 교사의 의도대로 운영되지 못하는 경우 그 이유가 무엇인지 진단하고 그에 맞는 해결 방안을 모색해야만 성공적으로 모둠 활동을 진행할 수 있다.

🖊 모둠 수업의 전제와 모둠 수업이 필요한 경우 〰️

모둠 수업의 전제는 모둠 활동 자체가 목적이 아니라는 것이다. 모둠 활동을 하는 이유는 모든 학생들의 배움과 참여를 위해 하는 것이다. 활동과 배움이 늘 일치하는 것은 아니다. 활동을 하면 수업 관찰자 입장에서는 학생들이 열심히 수업에 참여하는 것처럼 보일 수 있지만 실제로는 아닐 수 있다. 배움을 위해 활동이 존재하는 것이지 활동을 위해 배움을 강조하는 것은 아니다.

학생들의 학습 수준과 참여 의지에 따라 모둠 활동의 효과가 달라진다. 학생들의 기초 학력이 부진한 경우, 모둠 활동은 오히려 학습에 방해될 수가 있다. 모둠 활동의 장점 중의 하나는 1+1은 2 이상이라는 것, 즉 시너지 효과를 낼 수 있다는 것이다. 그런데 학생들의 학습 수준이 떨어지거나 학습 의욕이 없는 경우는 오히려 시간만 낭비하는 결과를 가져온다. 왜냐하면 0+0+0+0=0이기 때문이다. 개별 학생들이 어느 정도 기초 지식이 있는 상황에서 사회적 상호 작용을 하면 집단 지성의 힘을 드러낼 수 있지만 반대로 그렇지 않은 상황에서의 모둠 활동은 학습 효과를 내는 것이 아니라 시간만 낭비하는 결과를 얻게 될 뿐이다.

모둠 수업이 필요한 경우는 다음과 같다.

- 모든 학생들의 참여가 필요한 경우
- 수업의 역동성이 필요한 경우
- 다양한 의견을 모아야 하는 경우
- 학습 내용을 연습의 과정을 통해 내면화하는 것이 필요한 경우
- 집단 지성의 힘을 통해 고차원적인 문제 해결이 필요한 경우 등

협동학습의 4가지 원리

모둠 수업을 성공적으로 운영하려면 협동학습의 4가지 기본 원리를 잘 이해하고 적용하는 것이 필요하다. 협동학습은 공동의 학습 목표를 이루기 위해 함께 학습하도록 하는 것이다. 협동학습의 4가지 기본 원리는 긍정적인 상호 의존, 개인적인 책임, 동등한 참여, 동시다발적인 상호 작용이다.

긍정적인 상호 의존이란 '다른 사람의 성과가 나에게 도움이 되고 나의 성과가 다른 사람에게도 도움이 되게 하여 각자가 서로 의지하는 관계로 만드는 것'이다. 이를 위해서 학생이 서로 협동하지 않으면 학습 목표나 과제 자체를 이룰 수 없도록 의도적으로 구조화시킨다. 긍정적인 상호의존의 개념을 이해했다는 것은 모둠이 성공하려면 구성원 개인 모두의 노력이 반드시 필요하다는 것과 나와 다른 사람과의 관계를 유기적으로 엮어서 학습에 있어서 나의 성공이 다른 사람에게 실질적인 성공으로 이어질 수 있도록 하는 것이다.

개인적인 책임이란 학습과정에 있어서 집단 속에 자신을 감추는 일이 없도록 학생 개인에 대한 구체적인 역할을 제시하고 그에 대한 책임을 묻는 것이다. 구성원 간의 협동을 중시하면서도 동시에 구성원 개인에 대한 책임을 분명히 해야 한다. 개인적인 참여도에 따라 같은 모둠이라도 개인별 평가 점수를 달리 주어야 한다.

동등한 참여란 학습자 모두가 적극적으로 참여할 수 있도록 유도하면서 일부에 의해 독점되거나 반대로 참여하지 못하는 일이 없도록 하자는 것이다. 즉, 누구나 학습 활동에 참여할 수 있는 기회를 동등하게 부여하고 역할과 책임도 각자에게 동등하게 나누자는 것이다. 물론 개인마다 가지고 있는 특성이나 능력이 다른 상황에서 동등한 기준의 행동을 요구하는 것은 아니다. 자신이 참여할 수 있는 기회를 동등하게 부여함으로써 공동체 속에서 자신이 차지하고 있는 부분을 실질적으로 누릴 수 있도록 해야 한다. 그러므로 동등한 참여는 각자의 개성과 능력을 충분히 발휘할 수 있는 공간을 열어주자는 것이다.

동시다발적인 상호작용이란 학습 활동이 동시다발적으로 여기저기서 이루어 질 수 있도록 하는 것이다. 학생들이 의미 있는 학습 활동을 동시에 할 수 있도록 해야 한다. 어떠한 학생도 수업 시간에 무의미하게 시간을 낭비하지 않도록 하는 것이다. 동시다발적인 활동 방식의 반대는 순차적인 활동 방식이다. 순차적 활동이란 순서대로 한 명씩 나와서 학습 활동에 참여하도록 하는 것이다. 순차적 활동 방식은 시간이 많이 들고 비효율적이다. 그에 비해 동시다발적인 상호작용이 이루어지면 시간의 효율성을 극대화할 수 있고, 실질적인 동등한 참여가 이루어질 수 있도록 도와준다.

✎ 모둠 활동 시 학생 관리 방법 〰〰〰〰

모둠 활동 시 교사들이 저지르기 쉬운 실수들이 있다. 모둠 활동 시 대강 설명하고 학생들이 알아서 모둠 활동을 하라고 지시만 하고 칠판 앞쪽에만 머무는 경우가 있다. 이 경우 학생들이 구체적으로 어떻게 모둠과제를 수행할지 몰라 우왕좌왕하는 경우가 생긴다. 어떤 교사는 모둠 활동 시 모둠별로 돌아다니며 일일이 개입하는 경우가 있다. 열심히 활동하는 모둠에도 개입하기도 한다. 얼핏 보면 친절한 선생님처럼 보이지만 자칫 모둠 활동이 교사 의존적으로 운영되는 경우가 생긴다. 교사가 모둠에 다가 올 때는 학습 활동하지만 교사가 다른 모둠으로 이동하면 학습 활동의 집중도가 떨어지거나 아무 것도 하지 않는 경우도 생긴다. 어떤 교사는 모둠 주변을 열심히 돌기만 할 뿐 모둠 활동에 전혀 개입하지 않는다. 습관적인 순회 활동은 학생의 배움에 별로 도움이 되지 않는다. 교사가 모둠 활동 관리에 있어서 어느 선까지 개입할 것인가는 그리 쉬운 문제가 아니다.

그렇다면 교사가 모둠 활동 시 어떻게 학생들을 관리하는 것이 좋을까?

첫째, 모둠 활동 전에 모둠별 활동 방식을 세밀하게 설명하거나 활동 예시 자료를 보여주는 것이 필요하다. 특히 네모(□) 유형 학생이나 저학년 학생, 학생들의 학습 수준이 낮을수록 구체적으로 활동 진행 방식을 소개하는 것이 필요하다. 중등학교의 경우, 다른 학급에서 수업한 결과물을 정리하여 보여주면 좋다. 교과 교실제를 운영하는 경우에는 예전 학급 결과물을 교실에 붙여놓을 수 있을 것이다.

둘째, 모둠 활동 시간을 타이머를 활용하여 알려주면 좋다. 교사가 말로만 제시하는 것보다 컴퓨터 타이머 플래시 프로그램을 활용하여 학생들이 시간을 의식할 수 있도록 하면 좋다. 모둠 안에 지킴이 학생을 선정하여 그 학생이 시간을 재촉하도록 하면 좋다. 다만 모둠 활동 시간이 부족한 경우 교사가 추가로 시간을 부여할 수 있다.

셋째, 모둠 활동 중간에 교사가 추가로 설명하거나 설명할 내용이 있으면 일단 모둠 활동을 중단시키고 교사의 설명에 집중하도록 한다. 많은 교사들이 모둠 활동 중간에 추가 설명할 때 모둠 활동을 중단시키지 않고 설명하는 경우가 있다. 모둠 활동이 활발하게 이루어지는 경우 교사의 설명에 집중하기 힘들 수 있고 학생들의 모둠 활동 소리가 교사의 설명에 방해가 될 수도 있다. 반대로 모둠 활동 중간에 교사가 이야기하면 학생 모둠 활동에 방해가 될 수 있으므로 교사가 생각나는 대로 그때그때마다 이야기하는 것보다 모둠 활동을 잠시 중단한 다음 피드백 내용을 모아서 이야기하는 것이 좋다.

넷째, 교사의 모둠 간 이동 공간을 어느 정도 확보하는 것이 필요하다. 모둠 배치 방식에 따라 모둠 간 통로 공간이 달라진다. 'ㄷ' 자 형태로 수업하다가 모둠 배치로 전환하면 가운데 공간이 비워있기 때문에 교사의 동선 확보가 상대적으로 쉽다. 바둑판 모양처럼 3+3+3 형태도 교사의 동선 확보가 어느 정도 가능하다. 하지만 4+4 형태로 모둠 배치하면 교사가 뒤쪽 모둠으로 이동하기 불편할 수 있다. 교사가 뒤쪽 모둠으로 이동하기 쉽지 않으면 상대적으로 뒤쪽 모둠 활동에 대한 피드백도 잘 이루어지지 않는 경우가 많다. 그러므로 모둠 활동 시 뒤쪽 모둠 활동에 좀 더 관심을 가지고 교사가 모둠 활동을 관리하려는 자세가 필요하다.

다섯째, 모둠 활동이 시작되면 교사가 여유 있게 모둠 활동을 관찰하면서 적절한 거리를 유지하는 것이 필요하다. 모둠 활동이 시작되자마자 교사가 모둠 활동에 개입하는 것은 학생들의 배움에 방해가 될 수 있다. 모둠 활동의 목적은 모든 학생들이 자발적으로 배움에 참여할 수 있도록 하는 것이다. 전체 활동에서는 모든 학생들이 참여하기 힘들기 때문에 모둠 활동을 시도하는 것이다. 그러므로 학생들이 스스로 모둠 활동에 적극적으로 참여할 수 있도록 유도해야 한다. 모둠 활동 시 교사와 학생들 간의 적절한 거리를 유지하는 것이 필요하다.

여섯째, 모둠에서 교사에게 도움을 요청할 때 그 내용에 따라 교사가 반응을 달리 보여야 한다. 어떤 경우는 즉문즉답卽問卽答으로 해결책을 제시하는 것이 필요하지만 어떤 경우는 학생들이 시행착오의 과정을 통해 학생들이 직접 해답을 찾을 수 있도록 유도해나가야 한다. 대개 지식과 이해 수준의 질문은 즉문즉답이 좋다. 주요 개념을 묻거나 토의 주제를 세부적으로 명료화하기 원한다면 교사가 친절하게 설명해 주는 것이 필요할 것이다. 하지만 적용, 분석, 종합, 평가 등 고차원적인 질문은 교사가 질문을 통해 학생 스스로 정답을 찾아갈 수 있도록 하는 것이 좋다. 예컨대, "선생님, 실험을 했는데 교과서에서 제시된 정답과는 다른데, 어떡하죠?"라고 질문했다면 "민희야, 실험 결과와 교과서 정답과 다른 이유가 무엇이라고 생각하니?"라고 질문하면서 "민철아, 너는 민희의 대답에 대하여 어떻게 생각하니?" 등으로 모둠원들이 협력하여 그 원인을 스스로 찾아볼 수 있도록 하는 것이다.

일곱째, 모둠 활동이 원활하게 이루어지지 않은 경우 그 이유가 무엇인지 분석하고 그에 맞는 해결 방안을 모색한다. 예를 들면 모둠원들이 마음에 들지 않거나 내성적인 학생들로 모둠 구성이 이루어진 경우 교사가 모둠 활동 시간을 준다고 해서 알아서 모둠 활동을 잘하는 것은 아니다. 모둠 활동을 하지 않고 가만히 있다고 해서 교사가 적극적으로 모둠 활동을 하라고 말한다고 해서 모둠 활동이 자연스럽게 이루어지는 것도 아니다. 모둠 구성을 이질적으로 재구성하거나 모둠 세우기 활동을 통해 모둠원 간의 친밀성을 높이는 노력이 필요하다. 결과만 바라보지 말고 그 원인에 따라 해결 방안을 찾아야 한다.

여덟째, 교사의 목소리 크기를 학생 대상 규모에 따라 조절하는 것이 필요하다. 개별 학생과의 일대일 상황이면 30cm 대화, 특정 모둠 대상이면 50cm 대화, 학급 전체라면 10m 대화로 이야기하면 좋다는 것이다. 즉, 일대일로 말할 때는 가급적 작게, 모둠 학생들에게 이야기할 때는 중간 크기로, 전체 학생들에게 이야기 할 때는 가급적 크게 이야기하는 것이 좋다는 것이다. 모둠 활동을 향한 교사의 목소리가 너무 크면 다른 모둠 활동에 방해가 될 수 있기 때문이다. 물론 전체 학생들을 대상으로 강의식 수업을 할 때도 무조건 교사의 목소리를 크게 하는 것이 좋은 것은 아니다. 교사가 억양과 리듬에 맞추어 리듬감 있게 크기를 조절할 수 있어야 학생들이 강의에 집중하기 좋고 교사의 성대도 보호할 수 있다.

✎ 모둠 활동 시간 운영 문제 〰

효율적인 모둠 활동 관리를 위해서는 교사가 시간 운영을 적절하게 운영할 수 있어야 한다. 교사가 모둠 활동 시간을 넉넉히 주는 것보다 약간 부족하게 주어도 괜찮다. 모둠 활동 시간이 부족하면 좀 더 줄 수 있지만 특정 모둠이 다른 모둠에 비해 너무 느릴 때는 마무리하고 개별적으로 보완할 수 있도록 하는 것이 좋다. 시간을 너무 많이 주게 되면 전반적으로 학습 효율성이 떨어지기 쉽다. 모둠 간 학습 속도가 다른 경우 학습 속도가 느린 모둠이 방과 후 과제로 할 수 있도록 지도할 수 있다. 수업 시간은 정해져 있기 때문에 무한한 시간을 줄 수 없고 시간을 많이 주었다 하더라도 그것이 좋은 학습 결과로 꼭 이어지는 것은 아니기 때문이다.

제한된 수업 시간을 잘 활용하려면 모둠 활동 시간을 미리 정해 진행하는 것이 좋다. 이때 타이머를 활용하여 학생들이 모둠 활동 시간이 어느 정도 남아있는지 스스로 확인할 수 있도록 하는 것이 필요하다. 학생들 스스로 시간 관리를 할 수 있는 능력을 부여하는 것도 교육적으로 매우 의미 있는 일이다.

하지만 학생들의 배움 리듬에 맞추어 시간을 유연하게 운영하는 것이 필요하다. 학습 주제 성격이나 중요도, 학생 배움의 정도에 따라 모둠 활동 시간을 유연하게 운영해야 한다. 원래 교사가 수업 디자인할 때는 5분 예정 활동이었지만 절대적 시간이 부족하거나 학생들의 배움의 몰입이 일어나면 시간을 좀 더 추가로 주는 것이 필요하다. 반대로 10분 예정 활동인데 전반적으로 모둠 활동에서 배움이 잘 일어나지 않으면 5분 만에 종료할 수도 있다. 모둠 활동은 제한된 수업 시간 안에 과제를 성공적으로 수행할 수 있도록 하는 것과 배움의 리듬에 맞추어 유연하게 접근하는 것 두 가지 방식 중에서 교사가 상황에 따라 적절하게 판단하여 운영하는 지혜가 필요하다.

도움을 받은 책들

* 김현섭 2015, "질문이 살아있는 수업", 한국협동학습센터
* 김현섭 외 2012, "협동학습1", 한국협동학습센터
* 정문성 2006, "협동학습의 이해와 실천", 교육과학사

친한 아이들끼리
모둠을 구성하려고 해요!

　'시작이 반이다'는 격언은 모둠 수업에서도 마찬가지이다. 모둠 구성을 어떻게 하느냐에 따라 모둠 활동의 질이 달라진다. 대개 위에서 말한 방식으로 모둠을 구성하게 되면 모둠 구성 시에는 얼핏 좋아 보이지만 실제로 모둠 활동을 진행하게 되면 여러 가지 문제점이 발생한다.

✎ 기존 모둠 구성 방법의 문제점 〰〰

　대개 기존 자리 배치를 중심으로 모둠을 구성한다. 특히 일상 수업에서 모둠 활동을 자주 하지 않는 경우, 가장 선호하는 방법이다. 대개 학기 초의 경우 자리 배치가 키순이나 출석번호 순으로 자리 배치되는 경우가 많다. 이는 무작위 모둠 구성에 해당한다. 무작위 모둠 구성은 서로 잘 몰랐을 때는 좋지만 시간이 지남에 따라 모둠 간 학습 편차가 벌어지기 쉽다. 학기 중간 이후에는 학생들의 희망을 고려한 자리 배치인 경우가 많다. 이는 동질 집단 모둠 구성 방법에 해당하는데 모둠 간 학습 격차가 발생하기 쉽다. 중등학교의 경우 학급 담임 교사마다 자리 배치 방식이나 유지 기간이 다르기 때문에 모둠 구성하기가 쉽지 않다.

많은 교사들이 활용하는 모둠 구성 방법 중의 하나는 교우 관계에 따라 모둠을 구성하는 것이다. 이는 교우관계에 따른 동질 집단 구성 방법에 해당한다. 사람은 누구나 친한 사람들끼리 모이려고 하는 경향이 있다. 학생들도 마찬가지이다. 그런데 대체 학습 수준이 비슷한 학생들끼리 친한 경우가 많다. 그래서 학생 선호도에 따라 모둠을 구성하면 상위권 학생들끼리, 하위권 학생들끼리, 문제 학생들끼리 모둠을 구성하는 경우가 많다. 이 경우 모둠 간 학습 격차가 벌어져서 교사가 수업을 진행하기가 힘들게 된다.

✏️ 모둠 구성의 원칙 〰️

협동학습의 모둠 구성 원칙은 4인 1모둠과 이질적인 모둠 구성 방법이다.

4인 1모둠으로 구성하면 모둠 안에서 짝 활동이 가능하다. 그리고 3가지 방식의 모둠 내 사회적 상호 작용 방식이 가능하다.

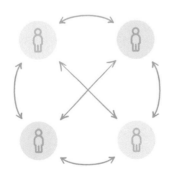

그런데 6인 이상의 경우, 모둠 안에서 무임승차 학생이나 일벌레 학생이 나타나기 쉽기 때문에 가급적 피하는 것이 좋다.

동질 모둠보다는 이질적인 모둠으로 구성하는 것이 좋다. 동질 집단으로 구성하면 창의적인 활동이 쉽지 않을 뿐 아니라 모둠 간 학습 격차가 벌어지기 쉽다. 이질적인 모둠 구성은 성적, 성별, 성격 등의 기준을 중심으로 구성할 수 있다. 이질적인 모둠 구성은 모둠 간 학습 격차가 최소화된다. 모둠 내 사회적 상호 작용이 활발해지고 모둠 안에서 또래 가르치기가 가능해진다. 다만 문제점은 친하지 않은 학생들끼리 모이기 때문에 모둠원 간의 분위기가 서먹해질 수 있다는 것이다. 그래서 이질적으로 모둠 구성을 하면 바로 모둠 세우기 활동을 하는 것이 좋다.

✎ 다양한 모둠 구성 방법 〰️

모둠 구성 방법은 크게 교사 중심 방법, 학생 중심 방법, 무작위 방법이 있다.

교사 중심 방법

교사 중심 방법은 교사가 주도해서 학생 모둠을 구성하는 것이다. 성적을 기준으로 하는 경우, 상위권 + 중상위권 + 중하위권 + 하위권으로 골고루 섞는 것이다.

성격을 기준으로 할 때는 내성적인가, 외향적인가를 기준으로 섞으면 좋다. 즉, 내성적인 학생 2명, 외향적인 학생 2명을 한 모둠으로 구성하는 것이다. 내성적인 학생들만 모인 경우 모둠 활동을 주도하려는 학생이 없어서 모둠 활동 자체가 잘 이루어지지 않는 일이 생긴다. 외향적인 학생들만 모인 경우 분위기는 좋으나 활동 정리가 잘 되지 않거나 다른 모둠 활동에 방해를 줄 수 있다.

● 성적기준의 모둠 구성 예시 ●

등수	모둠 구성				
1	가				
2		나			
3			다		
4				라	
5					마
6					마
7				라	
8			다		
9		나			
10	가				
11	가				
12		나			
13			다		
14				라	
15					마
16					마
17				라	
18			다		
19		나			
20	가				

　　남녀 혼합반의 경우 성별 기준을 기준으로 섞으면 좋다. 즉, 남학생 2명과 여학생 2명을 한 모둠으로 묶는 것이다. 그런데 학급 성비가 1:1이 되지 않는 경우에는 남학생 모둠이 생길 수 있다. 이때는 외향적이고 적극적인 남학생들이 남학생 모둠에 배치될 수 있도록 고려하면 좋다. 그리고 남학생 3명 + 여학생 1명은 괜찮지만 남학생 1명 + 여학생 3명은 최악의 조합이 될 수 있다.

학생 중심 방법

학생 중심 방법은 교사의 개입을 최소화하고 학생들이 스스로 모둠을 구성할 수 있도록 하는 방법이다. 즉, 교사가 리더십이 있는 학생들을 이끔이 학생으로 선정하면 이끔이 학생이 다른 모둠원들을 선택할 수 있도록 하는 것이다. 이때 이끔이 학생이 모둠원들을 마음대로 선택하는 것이 아니라 중상위권, 중하위권, 하위권 학생 명단에서 각각 1명씩 선택하도록 한다.

이끔이 학생을 선정할 때 교사가 직접 선정할 수도 있지만 이끔이 역할을 제시하고 희망하는 학생을 중심으로 이끔이를 선정할 수도 있다. 이끔이 학생이 다른 모둠원들을 선택할 때도 한 학생이 3명을 동시에 선택하는 것이 아니라 순서대로 지그재그방식으로 돌아가며 선택 기회를 주면 좋다. 이질적인 모둠 구성 원칙을 기본적으로 지키면서 학생 교우 관계가 어느 정도 반영될 수 있다는 장점이 있다.

무작위 방법

무작위 방법은 추첨 방식으로 구성하는 방법이다. 카드 조각 맞추기는 모둠 숫자만큼 서로 다른 그림 카드를 준비해서 조각을 낸 후 그 조각들을 무작위로 배부하고 같은 그림 카드 조각을 가진 학생들끼리 모둠을 구성하는 방법이다. 컴퓨터를 활용하여 랜덤 플래시 프로그램을 활용할 수도 있다. 기존 자리 배치를 중심으로 모둠 구성하는 것도 여기에 해당한다.

무작위 방법은 학기 초 서로에 대한 정보를 잘 모르거나 친하지 않을 때 활용하면 좋지만 모둠 간 학습 격차가 벌어질 가능성이 있다는 것을 염두 해야 한다.

모둠 유지 기간은 대개 초등학교의 경우 3-4주 동안이 좋고 중등학교의 경우는 매듭 고사를 중심으로 분기별로 운영하면 좋다.

모둠을 해체하고 새로운 모둠 구성을 할 때는 예전 모둠원들과 같은 모둠으로 구성되지 않도록 원칙을 세워 운영하면 좋다. 왜냐하면 교육적인 측면에서 다양한 학생들이 만나 학습할 수 있는 기회를 주는 것이 좋기 때문이다. 그리고 특정 학생들끼리 자주 만나면 동질 집단으로 변질할 수 있다.

✎ 모둠 내 개인 역할 문제 〜〜〜〜

협동학습의 진행을 위한 모둠에서는 개인 역할을 부여하는 것이 좋다. 다음은 모둠 내 개인 역할 사례들이다.

- **이끔이** : 사회자
- **칭찬이** : 치어 리더, 분위기 메이커
- **기록이** : 기록자, 발표자
- **지킴이** : 학습 도구 및 자료 정리와 관리 등

협동학습에서 모둠 내 개인 역할을 고정적으로만 운영하면 학생 개인이 다양한 역할을 통해 성장할 수 있는 기회가 줄어들 수 있으므로 모둠 내 개인 역할을 돌아가며 할 수 있도록 하면 좋다.

하지만 협력학습의 경우 교사가 역할을 부여하는 것보다 학생들이 협의 과정을 통해 자발적으로 역할을 분담하는 것을 강조한다. 그런데 모둠원 간 협력 분위기가 형성되어 있지 않고 전반적으로 학습 의지가 낮은 경우라면 기존 조별 학습 비구조화된 또래 가르치기 수준으로 전락할 수 있다. 이 경우 모둠 활동 자체가 잘 이루어지지 않을 수 있다.

도움을 받은 책들

* 김현섭 외 2012, "협동학습1,2,3", 한국협동학습센터

* 정문성 2006, "협동학습의 이해와 실천", 교육과학사

* 케이건, 수원중앙기독초 협동학습연구회 2001, "협동학습", 디모데

학생들이
서로 협력하는 자세를
가지게 하려면?

✏️ 사회적 기술이란? 〰️

사회적 기술이란 공동의 학습 목표를 이루기 위해 학생들끼리 서로 배려하면서 대인 관계를 맺어 나가는 기술을 말한다. 사회적 기술의 구체적인 사례들은 다음과 같다.

- 칭찬하기
- 경청하기
- 규칙 세우기
- 감정 표현하기
- 자기 절제하기
- 평화적으로 갈등 해결하기 등

그 중에서 수업 시간에 필요한 사회적 기술은 규칙 세우기, 칭찬하기, 경청하기, 수업 시간 안에 학습 과제 완수하기 등이다.

✏️ 사회적 기술의 중요성 〰️

남을 배려하는 마음이 행동으로 표현될 수 있어야 한다. 인성 교육의 가장 중요한 요소 중의 하나가 사회성이다. 사회적 기술은 사회성 교육에 있어서 매우 의미 있는 접근이라고 할 수 있다. 사회적 기술은 미래 사회에 필요한 핵심 역량을 기르는데 도움이 된다. OECD에서 제시한 핵심 역량 범주 중의 하나가 '이질적인 사회

집단에서의 상호작용'이다. 이질적인 사회 집단에서의 상호 작용과 직접적으로 관련이 있는 것이 사회적 기술이다. 수업은 내용적 지식 뿐 아니라 과정적 지식도 중요하다. 과정적 지식 중에 중요한 부분이 사회적 기술이다. 사회적 기술은 학교 폭력 예방의 효과가 크다. 학생들의 개인주의적, 이기주의적 성향과 습관을 변화시킬 수 있다. 사회적 기술은 학급을 학습공동체로 만드는데 꼭 필요한 방법으로서 협동(협력)학습의 필수 요소라고 할 수 있다.

사회적 기술 훈련의 원리 〜〜〜

게슈탈트 심리학 입장에서 바라본 원리는 다음과 같다.

1. 알아차림
   자기의 사회적 행동을 있는 그대로 이해함

2. 직면하기
   문제가 있는 자기의 사회적 행동의 원인을 바라보고 그것을 피하지 않고 마주보기

3. 도전하기
   사회적 행동을 바꿀 수 있도록 스스로 노력하고 바람직한 사회적 기술 행동을 실행함

4. 피드백
   의미 있는 행동의 변화가 있었는지 평가하고 수정 보완함

행동주의적 입장에서 바라본 원리는 다음과 같다.

목표 설정 | 목표제시 & 동기부여 | 시범 보이기 | 반복과 연습 | 보상과 강화 | 반성 & 피드백

1. 사회적 기술 목표 설정

    학생들에게 필요한 사회적 기술 행동의 목록을 만들고 그에 맞는 목표를 설정하기, 예컨대 소란스러움이라면 소곤소곤 이야기하기, 경청하기를 목표로 정하기

2. 목표 제시 및 동기 부여

    해당 사회적 기술을 제시하고 해당 사회적 기술의 중요성을 설명하고 다양한 방법(스토리텔링, 역할극, 동영상 시청 등)을 통해 동기 부여함

3. 시범 보이기(모델링)

    교사가 먼저 해당 사회적 기술과 관련한 행동을 학생들에게 시범으로 보여줌, 교사의 사회적 기술이 부족한 상태에서 말로만 사회적 기술을 강조한다면 학생들에게 별로 효과가 없고 반발심만 생길 수 있음

4. 반복과 연습

    해당 사회적 기술을 반복적으로 행동하게 함으로써 습관화할 수 있도록 함

5. 보상과 강화

    해당 사회적 기술을 잘 실천하고 있는 학생들을 칭찬하거나 간단한 시상을 함, 긍정적인 강화 전략 활용하기

6. 반성 및 피드백

    학생들이 스스로 자기 행동을 정기적으로 돌아보고 미진한 부분이 있으면 이를 수정 보완할 수 있도록 함, 동료 평가에 의한 칭찬 주인공 코너, 일정 기간 동안 꾸준히 강조함

구조화된 사회적 기술 훈련의 대표적인 방법이 사회적 기술 센터를 설치하여 운영하는 것이다. 사회적 기술 센터란 사회적 기술과 관련한 내용을 상시적으로 게시하고 이를 체계적으로 운영하고 피드백 하는 활동을 말한다. 교실에 사회적 기술 센터를 설치하여 학생들이 사회적 기술을 늘 의식할 수 있도록 할 수 있다.

사회적 기술 센터의 내용은 감정, 언어, 행동 영역을 구분하여 구체적인 사례를 제시하면 좋다.

- 이렇게 느껴요(감정), 이렇게 말해요(언어), 이렇게 행동해요(행동)
- 관련 영역과 관련한 세부 내용을 잘 보일 수 있도록 함
- 사회적 기술을 잘 실천한 학생들에게 다양한 방법으로 보상할 수 있음

경청하기와 관련한 사회적 기술 센터 운영 사례를 다음과 같이 제시할 수 있다.

- **이렇게 느껴요 (감정)**
  차분하게, 궁금하게, 친절하게

- **이렇게 말해요 (언어)**
  '계속 이야기해봐'
  '난 네 말을 이렇게 이해했어'
  '음 그렇구나' 등

- **이렇게 행동해요 (행동)**
  눈맞춤, 고개를 끄덕이기 등

✎ 경청하기 활동 사례 〰〰⟨

경청하기도 단계가 존재한다.

- **1단계 : 소극적 듣기**

    "……"(침묵으로 반응하기)

- **2단계 : 인정 반응**

    "응", "그래"

- **3단계 : 말문 열기**

    "그래서 어떻게 되었는데?", "네 말이 이 뜻이니?"

- **4단계 : 공감적 경청**

    "상대방에게 그 말을 들었을 때 참 속상했구나."

경청하기와 관련한 활동으로 짝 대신 말하기 활동, 3단계 인터뷰 활동, 다시 말하기 활동, 감정 카드 및 욕구 카드 활동 등이 있다.

- ◆ **짝 대신 말하기** ─•

    ① 교사가 학생들에게 이야기 주제를 제시한다.

    ② 짝 끼리 번갈아 이야기를 한다.

    ③ 교사가 특정 학생을 선택하면 자기 이야기가 아니라 짝 이야기를 대신하여 이야기한다.

◆ **3단계 인터뷰 활동** --- •

① 교사가 학생들에게 이야기 주제를 제시한다.

② 짝 끼리 번갈아 이야기한다.

③ 모둠 안에서 돌아가며 이야기한다. 이때 자기 이야기가 아니라
   짝의 이야기를 대신하여 이야기한다.

◆ **다시 말하기 활동** --- •

① 교사가 모둠 토의 주제를 제시한다.

② 모둠 안에서 한 명씩 토의 주제에 대하여 이야기를 한다.

③ 다음 순서 학생은 앞 학생의 이야기에 대하여 다시 말하고 나서
   자기 이야기를 한다.

도움을 받은 자료들

* 김현섭 외 2014, "사회적 기술", 한국협동학습센터
* 김현섭 외 2012, "협동학습1,2,3", 한국협동학습센터
* 제이콥스, 한국협동학습연구회 역 2011, "아하 협동학습", 아카데미프레스
* 정문성 2006, "협동학습의 이해와 실천", 교육과학사
* 케이건, 수원중앙기독초 협동학습연구회 2001, "협동학습", 디모데

내 수업의 고민
그리고 그 해답

_____

_____

_____

_____

_____

_____

_____

_____

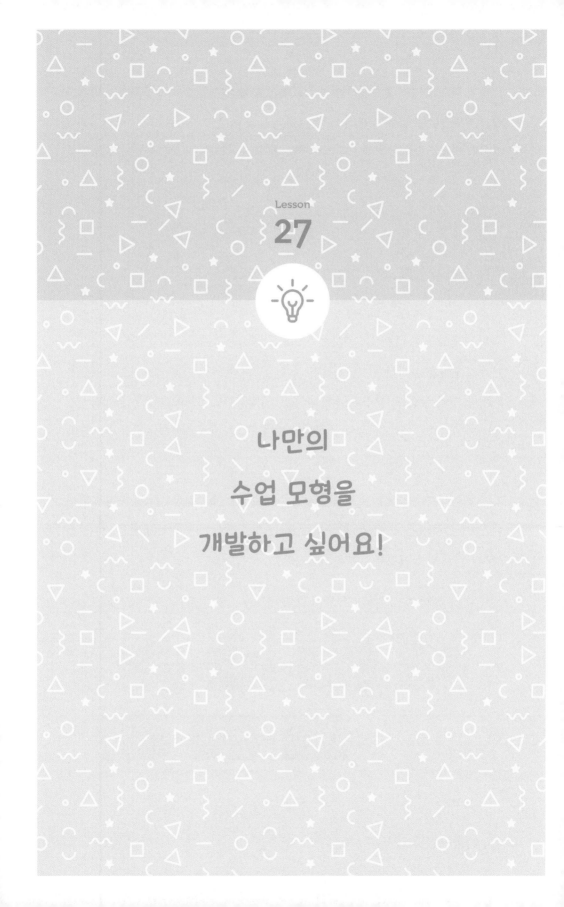

Lesson

27

나만의
수업 모형을
개발하고 싶어요!

대개 공개 수업에 참관해보면 많은 교사들이 특정 수업 모형에 근거하여 충실하게 진행하는 경우를 많이 보게 된다. 그런데 수업 모형을 기계적으로 적용하다보면 형식이 내용을 압도하는 경우가 발생한다. 수업 내용에 따라 그에 맞는 수업 방법을 찾거나 개발하여 활용하는 것이 가장 이상적인 접근이 될 것이다.

✏️ 수업 모형과 수업 디자인 〰️

수업을 어떻게 효과적으로 잘 가르칠 것인가? 이 질문에 대한 답을 찾으려면 수업 모형과 수업 디자인의 개념을 이해하는 것이 필요하다.

수업 목표를 효과적으로 달성하기 위해 수업 활동과 기술을 체계적으로 접근을 시도한 것이 수업 모형이다. 수업 모형은 '수업 진행 절차와 활동을 고정화시킨 틀방식'이다. 즉, 수업 모형은 수업 방법을 보다 구조화시키고 학습 효과를 검증한 체계적인 접근 방식이라고 할 수 있다.

그에 비해 수업 디자인은 교사가 실제 수업을 기획하고 준비하는 전 과정을 말한다. 쉽게 말해 좁은 의미로는 교사가 수업지도안을 짜는 것을 말하고 넓은 의미로는 전체적인 수업을 기획하는 전 과정을 말한다.

수업 디자인은 일반적으로 다음과 같은 단계를 통해 이루어진다.

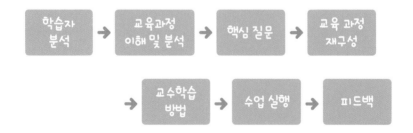

수업 모형과 수업 디자인은 얼핏 비슷한 것 같지만 차이점이 분명하게 존재한다. 수업 모형은 방법에 초점이 있다면 수업 디자인은 내용과 방법을 아우른다. 비유적으로 표현한다면 수업 모형은 기성복이라면 수업 디자인은 맞춤복이라고 할 수 있다. 대개 교사들은 기존 수업모형대로 수업을 진행하는 것이 아니라 수업 목표와 특성에 따라 수업 모형을 변형하여 수업을 진행한다. 이 둘의 관계는 수업 디자인 안에 수업 모형이 속한다고 볼 수 있다.

✎ 수업 모형 개발 방식 〜〜〜く

수업 모형 개발 방식은 크게 기존 수업 모형을 변형한 것과 기존 수업 모형들을 결합한 것, 새로운 목표와 아이디어에 따라 창의적으로 개발하는 것이 있다.

1. 기존 수업 모형을 변형하기

기존 수업 모형을 변형하는 접근은 기존 수업 모형이 가지고 있는 문제점을 보완하여 수정한 수업 모형이다. 여기에서는 협동학습 모형 중 가장 대표적인 수업 모형 중의 하나인 과제분담학습Jigsaw 모형을 중심으로 살펴보고자 한다.

과제분담학습Jigsaw 모형은 긍정적인 상호의존성을 극대화한 수업 모형으로서 아론슨에 의해 개발되었다. 원형 과제분담학습 모형의 단계는 다음과 같다.

> 1. 교사가 4개의 서로 다른 학습과제 학습지를 준비한다.
> 2. 모둠 안에서 각자 자기가 담당한 학습지를 통해 학습한다.

> 3. 같은 학습 주제를 담당한 학생들끼리 전문가 모둠을 이동하여 구성한다.
>
> 4. 전문가 모둠 안에서 각자 공부한 것을 나눈다.
>
> 5. 원래 자기 모둠으로 돌아가서 자기가 공부한 것을 다른 모둠원들에게 가르쳐 준다.
>
> 6. 교사가 퀴즈 활동을 통해 학습 내용을 확인한다.

초창기 과제분담학습 모형은 구조화된 또래 가르치기 방식으로서 자리를 이동하여 또래 학생들을 가르칠 수 있도록 고안되었다는 점에서 큰 반향을 일으켰다. 많은 학습 내용을 다룰 수 있고 또래 가르치기를 통해 학습 효과를 거두며 모든 학생들이 적극적으로 참여할 수 있다는 장점이 있다.

그런데 과제분담학습 모형은 이러한 장점들도 있었지만 반대로 몇 가지 문제점이 있다.

첫째, 인과적인 내용은 적용하기 힘들다는 것이다. 예컨대, 인물 학습에서 성장 과정, 업적, 사상, 교훈을 4가지 과제분담학습지로 만들어 활용한다고 가정하면 교훈을 담당한 학생은 학습지만으로는 교훈 부분을 온전히 이해할 수 없을 것이다. 왜냐하면 그 인물의 삶을 온전히 이해해야 교훈을 제대로 찾아낼 수 있기 때문이다.

둘째, 학습 내용이 너무 어려우면 문제가 생긴다. 특히 학습 수준이 낮은 학생들은 학습지만으로는 해당 학습 주제를 잘 이해하지 못할 수 있다. 이러한 상황에서 또래 가르치기 활동을 진행하면 담당 학생도 힘들겠지만 그 과정에서 다른 학생도 오개념을 가지거나 온전한 배움이 일어나기 힘들 수 있다. 그래서 과제분담학습 활동 시 각 학습 주제나 학습지 내용의 난도가 높으면 문제가 발생할 수 있다.

셋째, 과제분담학습 활동을 진행하면 기존 수업에 비해 활동 시간이 많이 든다. 개별 학습 → 전문가 모둠 이동 → 전문가 모둠 학습 → 원래 모둠 이동 → 모둠 내 학습 → 평가 등으로 진행되다 보니 대개 2차시 정도 수업을 진행해야 여유 있게 수업을 할 수 있다.

구분	내용
목적 (핵심 아이디어)	· 또래 가르치기를 통한 학업 성취도 향상 · 긍정적인 상호의존
장점	· 많은 학습 내용을 다룰 수 있음 · 긍정적인 상호의존성이 극대화됨 · 또래 가르치기 · 모든 학생들이 적극적으로 참여하고 활동적임
단점	· 인과적인 내용을 다루기 힘듦 · 시간과 공간이 많이 필요함 · 하위권 학생들의 참여 문제 · 오개념 발생 가능성

이러한 과제분담학습 모형의 단점들을 수정 보완하면서 다양한 변형 모형들이 개발되었다.

기존 과제분담학습 모형의 복잡한 절차를 단순화하여 시간을 효율적으로 운영할 수 있도록 개발한 모형이 파트너, 텔레폰, 모둠 내 과제분담학습이다. 파트너는 2인 활동으로 서로 다른 2개의 주제를 구분하여 서로 가르치는 활동이다. 텔레폰은 4인 1모둠에서 3명이 3개의 학습 주제로 구분하여 공부하고 나머지 한 명은 교실 밖에 나가서 다른 활동을 하다가 원래 모둠으로 이동한 디음 나머지 3명이 그 학생에게 자기가 공부한 것을 가르쳐주는 활동이다. 모둠 내 과제분담학습 모형은 기존 모형에서 개별 학습 이후 전문가 모둠 학습 단계를 생략하고 바로 모둠 내 토의로 진행하는 것이다.

학습 효율성을 극대화하기 위해 개발한 수업 모형은 과제분담학습 2, 3 등이다. 기존 과제분담학습 모형에 보상 중심 협동학습 모형인 모둠 성취 분담STAD 모형을 결합하여 퀴즈 테스트 활동을 통해 학업 성취도 향상에 초점을 맞추어 진행하도록 하였다.

학습 과정에서 오개념을 줄이고 저학년 학생들에게도 맞게 접근한 것이 다단계 과제분담학습 활동이다. 이는 전문가 모둠 활동 대신 교사가 그 역할을 수행하는 것이다. 교사가 전문가 모둠 활동 단계에서 전문가 모둠 학생 대신 교사가 직접 설명하면 시간을 줄이면서 오개념도 없앨 수 있다. 또래 가르치기 역량이 상대적으로 부족한 저학년 학생의 경우, 교사의 설명은 보다 효과적으로 진행될 수 있다.

대개 과제분담학습 모형은 학습지 형태로 학습 활동을 진행하는데, 학습지 대신에 활동을 대신 한 것이 작업장Workstation 과제분담학습이다. 예를 들어 태권도를 배운다고 할 때 태권도 활동을 발차기, 찌르기, 막기 등으로 구분하여 모둠원들이 각 코너로 헤쳐서 태권도 기술을 배워서 자기 모둠으로 돌아가 나머지 모둠원 학생들에게 자기가 배운 것을 서로가 가르쳐주는 것이다. 또한 학습지 배부 대신 학생들이 인터넷 서핑을 통해 자료를 찾아 서로 가르쳐주는 활동으로 진행하는 것이 ICT 과제분담학습 활동이다.

또 다른 사례로서 돌아가며 말하기를 변형한 것이 돌아가며 쓰기이다. 모둠원들이 돌아가며 말하기 활동을 하는 것 대신에 쓰기 활동으로 활동 방식을 전환한 것이다. 3단계 인터뷰도 마찬가지다. 모둠 안에서 3단계 인터뷰 활동을 학급 전체 활동으로 변형한 것이 짝 대신 말하기 활동이다.

◆ **3단계 인터뷰 활동** — •

① 교사가 토의 주제를 제시한다.

② 짝끼리 번갈아 가며 주제에 대하여 이야기한다.

③ 짝 의견을 대신하여 모둠 안에서 이야기한다.

◆ **짝 대신 말하기** — •

① 교사가 토의 주제를 제시한다.

② 짝 끼리 번갈아 가며 주제에 대하여 이야기한다.

③ 짝 의견을 대신하여 학급 전체 학생들 앞에서 이야기한다.

2. 기존 수업 모형을 결합하기

기존 수업 모형을 결합하여 새로운 수업 모형을 만들 수 있다. 대표적인 사례가 협동을 위한 협동 학습co-op co-op 모형이다. 협동을 위한 협동 학습co-op co-op 모형은 과제분담학습 모형과 프로젝트 수업 모형을 결합한 수업 모형이다. 팀 프로젝트 수업 모형의 경우, 학생의 자기주도적 학습에 초점을 맞추어 프로젝트 활동이 이루어지지만 세부 활동이 구조화, 정교화 되어 있지 않다. 이를 협동을 위한 협동 학습co-op co-op 모형에서는 과제분담학습 모형의 개인별 역할 구조화 방식으로 보완하였다.

> 팀 프로젝트 수업 모형의 단계
>
> 1. 교사가 학습 대주제(Thema)를 선정하여 제시한다.
> 2. 학습 주제에 대하여 알고 싶은 것을 브레인스토밍 등을 통해 정리한다.

3. 학생들이 학습하고자 하는 소주제(Topic)를 정리하고 선택한다.

4. 관심 있는 소주제(Topic)별로 모둠을 구성한다.

5. 모둠 안에서 소주제(Topic)에 대하여 토의하면서 각 모둠원들이 자율적으로 역할 분담하여 조사한다.

6. 모둠 안에서 각자가 준비한 학습 과제를 나누고, 모둠 발표 준비를 한다.

7. 모둠 과제를 학급 전체 학생들 앞에서 발표한다.

8. 발표 이후 자기 평가, 동료 평가, 교사 평가 등 다면 평가를 실시한다.

협동을 위한 협동 학습(co-op co-op) 모형

1. 교사가 학습 대주제(Thema)를 선정하여 제시한다.

2. 학습 주제에 대하여 알고 싶은 것을 브레인스토밍 등을 통해 정리한다.

3. 학생들이 학습하고자 하는 소주제(Topic)를 정리하고 선택한다.

4. 관심 있는 소주제(Topic)별로 모둠을 구성하고 모둠 세우기 활동을 진행한다.

5. 모둠 안에서 소주제(Topic)에 대하여 토의하면서 소주제를 정교화하고 활동 방향을 잡는다.

6. 소주제에 대한 미니 주제를 세부화하고 각 모둠원들이 역할 분담하여 조사한다.

7. 모둠 안에서 각자가 준비한 학습 과제를 나누고, 모둠 발표 준비를 한다.

8. 모둠 과제를 학급 전체 학생들 앞에서 발표한다.

9. 발표 이후 자기 평가, 동료 평가, 교사 평가 등 다면 평가를 실시한다.

3. 창의적인 수업 모형을 개발하기

창의적인 수업 모형 개발은 목표 설정, 절차와 활동 제시, 실행 및 피드백의 과정을 통해 이루어진다.

첫째, 수업 모형의 개발 목표를 분명하게 세워야 한다. 예컨대, 수업 모형의 목표로서 개념 이해, 지식의 암기, 논리적인 글쓰기, 공감적 경청, 자기 생각을 잘 표현하기, 효과적인 정보 공유, 문제 해결력 증진 등이 가능할 것이다.

수업 모형의 목표는 수업 모형이 추구하는 방향과 핵심 아이디어를 말한다. 예를 들어 토론 수업 모형이라 하더라도 추구하는 방향과 핵심 아이디어에 따라 다양한 토론 모형들이 있다. 일상 수업에서 비구조화된 형태로 토론 수업을 시도하면 많은 학생들이 토론에 잘 참여하지 않고 일부 학생들만 토론 과정에 참여하고 나머지 학생들은 구경꾼 입장이 되기 쉽다. 그래서 먼저 토론 주제에 대한 선행학습을 충분히 실시하고 개인의 생각을 정리할 수 있는 시간을 주고 나서 토론을 해야 한다. 두마음 토론 활동은 모든 학생들이 토론 과정에 참여하는데 목표를 두고 있다. CEDA 토론 모형은 토론의 승패와 비판적인 사고력에 초점을 두고 있다. 찬반논쟁 수업 모형은 갈등을 공동체적으로 해결하는 것을 강조하고 있다.

둘째, 활동의 참여 단위를 정하고 절차를 정하는 것이다. 활동의 참여 단위는 1인 활동, 2인 활동, 4인(내지 모둠) 활동, 전체 활동 등으로 구분할 수 있다. 절차는 활동의 참여 단위를 개인-짝-모둠-전체 등으로 순서를 정하는 것이다. 과제분담학습 모형의 경우 개인(개별 과제) → 모둠(전문가 모둠) → 모둠(원래 모둠) → 평가 (학급 전체)로 진행되고 생각-짝-나누기의 경우는 개인(개인별 생각) → 짝(짝 토의) → 모둠(모둠 토의)으로 진행된다. 일반적으로 개인 → 짝 → 모둠 → 전체 순서로 절차를 진행하는 경우가 많다.

셋째, 절차에 맞는 활동을 정하는 것이다. 수업 모형의 개발 목표에 따라 활동을 개발하거나 선택하는 것이다. 예컨대, 개발 목표가 지식의 개념을 이해하는 것이라면 읽기, 쓰기, 말하기, 다시 말하기, 암기하기 활동 등을 선정할 것이다. 논리적인 글쓰기라면 상대적으로 쓰기 활동이 강조될 것이고 토론 능력 함양이라면 말하기, 듣기 활동 등이 강조될 것이다. 문제 해결 능력 배양이라면 문제 해결 활동 등에 초점을 맞추게 될 것이다.

넷째, 수업 모형을 실행하고 피드백 하여 검증하는 것이다. 새롭게 개발한 수업 모형을 교실에서 실행하고 그 결과를 통해 피드백 한다. 수업 모형의 개발 의도와는 다른 결과가 나왔다면 그 원인을 진단하여 수정 보완하거나 모형을 폐기한다. 예컨대, 어떤 주제에 대하여 모둠 토의하고 그 결과를 순차적으로 모둠별 발표 활동을 했더니 전반적인 학생들의 참여도를 올렸지만 시간이 많이 소요되고 시간이 흐를수록 학생들의 발표 집중도가 떨어졌다면 순차적인 발표 대신에 동시다발적인 발표 방식 등으로 개선해 나갈 수 있다.

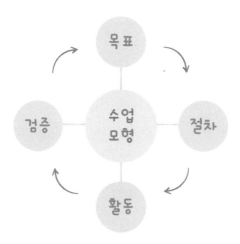

창의적인 수업 모형을 만드는 데 있어 대표적인 접근 방법은 내용교수법PCK이다. 교육과정에 근거하여 그에 맞는 새로운 수업 모형을 개발하는 것이다. 예로 국어 시간에 품사 구절판 활동을 들 수 있다. 개발 목표는 국어의 9품사를 이해하고 숙달할 수 있는 것이다. 이에 따라 다양한 예시 문장을 9품사로 분석하여 퀴즈와 정답을 만든다. 보드 게임 활동에 착안하여 모둠 퀴즈 활동으로 만든다.

◆ **품사구절판 활동 —•**

① 교사가 학생들에게 품사 구절판 보드 게임 세트를 배부한다. 카드 앞면에 예시 문장이 기록되어 있고, 뒷면에는 예시 문장의 9품사에 대한 분석 내용이 기록되어 있다.

예) 앞면 예시 문장 : 친구들과 함께 노래방에 놀러갔습니다.
뒷면 품사 분석 : 명사(친구, 노래방), 조사(과, 에) 등

② 브루마블 형태의 게임판 위에 퀴즈 카드를 배열한다.

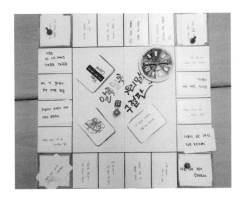

③ 1번 학생이 주사위를 던져 나온 숫자만큼 자기 말을 이동하여 해당 카드 위에 올려놓는다.

---

④ 퀴즈 카드를 예시 문장을 읽고 나서 구절판 형태의 선택 돌림판을 돌린다. 선택 돌림판에서 가리킨 품사에 대하여 정답을 말한다.

⑤ 퀴즈 카드를 뒤집어서 정답을 다 같이 확인하고 정답을 맞힌 경우 카드를 챙겨가고 여분의 다른 카드로 그 칸을 채운다. 만약 오답인 경우 원래 상태로 카드를 배열한다.

⑥ 자기 말이 포스트에 도달하면 포스트 카드를 뒤집어서 그 미션대로 수행한다. 포스트 카드 내용의 예시는 2칸 전진, 한판 쉬기, 보너스 카드 획득 등을 담을 수 있다.

⑦ 모둠 안에서 퀴즈 카드를 가장 많이 얻은 사람에게 보상을 실시한다.

도움을 받은 자료들

* 김현섭 2015, "질문이 살아있는 수업", 한국협동학습센터
* 김현섭 외 2012, "협동학습2", 한국협동학습센터
* 브루스 조이스 외, 박인우 외 역 2005, "교수모형(7판)", 아카데미프레스
* 케이건, 수원중앙기독초 협동학습연구회 역 2001, "협동학습", 디모데
* 정문성 2016, "중등 1급 정교사 국어과 자격 연수", 경기도외국어교육연수원

지필 평가 출제가
생각보다 어려워요

✏️ 평가란 무엇일까? 〰〰⟍

"시험은 곧 경쟁이다?"

"시험은 학습 동기를 유발한다?"

"숫자는 정확하다?"

"객관식 평가만 믿을 수 있다?"

"평가 결과는 모두 학생 책임이다?"

평가를 제대로 이해하기 위해서는 평가에 대한 올바른 관점을 먼저 정립할
필요가 있다. 평가란 학생들이 일정한 학습 경험을 수행한 후 학습 목표를 어느
정도 달성했는지 여부를 측정하는 것이다. 교사들은 측정 자료를 활용하여 학생
들의 학습 수준을 이해하고 교사 자신의 수업을 반성하는 자료 내지 학생들과 학부
모들의 자기 발전 자료로 삼을 수 있다.

현재의 평가 방식은 절대 평가보다는 상대 평가, 피드백보다는 테스트에 초점을
둔 경우가 많았다.

절대 평가는 학습 목표 도달 여부에 초점을 맞춘 평가이고, 상대 평가는 다른
학생들과의 우열 순위를 중심으로 평가하는 방식이다. 상대 평가는 필연적으로
학생 간 경쟁을 낳았고 입시와 연계된 상대 평가는 과도한 경쟁 문화로 인하여
수업까지 왜곡시키는 결과까지 도출하였다. 평가의 본질적인 측면에서는 절대 평
가 보다 바람직하므로 앞으로 상대 평가의 비중을 줄이고 절대 평가의 비중을 높
이는 방향으로 평가 혁신이 이루어져야 한다.

현재 평가 방식은 객관적인 측정과 등급 매기기Test에만 초점을 두었고, 상대적으로 환류 및 개선Feedback은 소홀히 여기는 경우가 많았다. 평가는 측정과 등급 제시로 그쳐서는 안 되고 테스트 이후 학생들이 학습 목표에 도달하지 못한 경우 학습 목표에 도달하지 못한 원인을 분석하고 그에 대한 대안을 제시하여 모든 학생들이 일정 기준 이상 학습 목표에 도달할 수 있도록 수업 방식을 바꿀 수 있어야 한다. 평가는 수업과 다른 그 무엇이 아니라 수업 안에 평가가 녹여있어야 한다. 수업과 평가의 분리는 수업의 본질을 무시하는 것 뿐 아니라 수업 문화를 왜곡하는 주범이다. 평가의 기본 원칙은 수업한 만큼 평가하는 것이다. 수업 내용은 내용적인 지식만이 있는 것이 아니라 과정적인 지식도 있으므로 균형 잡힌 평가를 실시해야 한다.

평가 도구의 적합성 기준은 타당도, 신뢰도, 객관도, 실용도이다.

- **타당도** – 측정하고자 하는 바를 실제로 측정하고 있는가? (평가문항 자체)
- **신뢰도** – 측정값이 믿을만한 것인가?
- **객관도** – 채점자(교사)가 얼마나 일관성이 있게 채점하는가? (교사 자체)
- **실용도** – 측정 도구가 시간, 돈, 노력을 얼마나 적게 드는가?

지필 평가와 수행 평가를 평가 도구의 적합성 기준으로 분석하면 다음과 같다.

지필 평가	비교	수행 평가
낮음	타당도	높음
높음	신뢰도	낮음
높음	객관도	낮음
높음	실용도	낮음
결과(점수) 중심	강조점	과정(성장) 중심

현재 지필 평가 위주로 진행되다 보니 그 문제점들로 인하여 수행 평가가 도입되었다. 그런데 지필 평가보다 수행 평가가 더 좋다고 단순하게 평가할 수 없다. 왜냐하면 평가 도구의 적합성 기준으로 볼 때 두 가지 평가 방식은 상호 대립적인 관계보다는 상호 보완적인 관계에 있기 때문이다. 대개 내용적인 지식은 지필 평가가 좋고 과정적인 지식은 수행 평가 좋다. 그러므로 이 두 가지 평가 방식을 적절하게 비중을 두어 운영하는 지혜가 필요하다. 하지만 지필 평가와 수행 평가를 둘 다 강조하다보면 학생들의 학습 부담이 오히려 늘 수 있으므로 각별한 주의가 필요하다.

기존 평가 방식은 여러 가지 문제점을 노출하고 있다. 그래서 최근 대안적 평가에 대한 탐색이 활발하게 진행되고 있다.

기존 평가	비교	대안적 평가
선발, 서열화	목표	학생의 성장과 발달
분절화, 단절화	교육과정-수업-평가	밀접한 연계
상대 평가, 비교 평가	준거	절대 평가, 자기 성장 평가
단편적 평가, 양적 평가, 일제식 평가	평가 방법	다양한 평가, 질적 평가, 교사별 평가
점수, 석차, 등급 위주 기록, 정형화된 기록	평가 기록	학생에 대한 성장 기록, 다양한 항목 기록
학생의 학업성취도 확인	활용	성장을 위한 피드백, 학생 및 학부모 상담 자료, 교육과정과 수업 개선 자료
배제 구조, 비교 의식, 경쟁의 내면화	잠재적 교육과정	안전 구조, 자존감 및 학습 동기 회복, 협력의 내면화

✎ 지필 평가 유형 〰〰

지필 평가 유형은 선택형 평가와 서답형 평가가 있다.

| 선택형 평가 |

- 진위형(객관식) - OX 구분

- 연결형(배합형)(객관식) - 두 항목 관련짓기

- 선다형(객관식) - 여러 개의 보기 중 선택하기

| 서답형 평가 |

- 단답형(객관식) - 간단한 단어나 수, 기호로 응답하기

- 완성형(객관식) - 빈 문장 채우기

- 서술형(주관식) - 정리 요약, 자료 제시, 비교 등 짧은 문장으로 응답함, 지식과 이해 초점 (응답 제한형)

- 논술형(주관식) - 자신의 생각과 주장을 논리적으로 설득함, 서술형에 비해 분량이 많음, 적용·분석·종합·평가 초점 (응답 자유형)

✎ 지필 평가 출제 시 빠지기 쉬운 오류와 유의 사항 〰〰

일반적으로 좋은 평가 문항의 조건들은 다음과 같다.

- 문항에서 요구하는 능력이 평가 목표와 일치해야 함

- 문항이 모호하지 않고 구조화될 수 있어야 하며, 문항의 발문과 답지의 내용이 간결하고 명확해야 함

- 상대 평가의 경우, 문항의 난도를 적절히 조절해야 함

- 학습자의 학습 동기를 유발하고 참신해야 함

객관식 평가 문항에서는 다음과 같은 것들을 기억해야 한다.

1. 명확한 정답이 하나만 있도록 해야 한다.

> 예) 선생님에 대한 예절로서 바람직한 것은?
>   ① 먼저 인사한다.   ② 한 손으로 물건을 건넨다.
>   ③ 늘 90도로 인사한다.   ④ 선생님이 말씀하실 때 경청하지 않는다.

>> ① 화난 표정으로 인사한다.
>> ② 가벼운 물건도 가급적 두 손으로 물건을 건넨다.
>> ③ 늘 90도로 인사한다.
>> ④ 선생님이 말씀하실 때 경청하지 않는다.

2. 모든 오답은 그럴 듯해야 한다.

> 예) 다음 중 채소에 해당하는 것은?
>   ① 복숭아   ② 코스모스   ③ 벼   ④ 토마토

>> 다음 중 채소에 해당하는 것은?
>> ① 복숭아   ② 사과   ③ 배   ④ 토마토

3. 가급적 부정문을 사용하지 말고 긍정문을 사용하는 것이 좋다.

> 예) 다음 중 국가의 구성 요소가 아닌 것은?
>   ① 주권   ② 국민   ③ 영토   ④ 군대

>> 다음 보기 중 국가의 구성 요소를 모두 고르시오.

(가) 주권   (나) 국민   (다) 영토   (라) 군대

① (가), (나)   ② (가), (나), (라)
③ (가), (나), (라)   ④ (가), (나), (다), (라)

4. 불가피하게 부정문을 사용하는 경우, 부정문에 밑줄을 긋는다.

예) 다음 보기 중 올바르지 않은 것은?

>> 다음 보기 중 올바르지 <u>않은</u> 것은?

5. 모두 맞거나 모두 틀린 보기를 제시하지 않도록 한다.

예) 다음 중 아시아 국가를 모두 고르시오.
① 중국   ② 일본   ③ 베트남   ④ 몽고   ⑤ 인도

6. 정답을 2개 이상을 고르게 할 경우에는 해당 부분에 밑줄을 긋는다.

예) 다음 보기 중 축구와 관련된 용어 <u>2가지를</u> 고르면?

7. 문장 안에 인용된 문장은 " ", 인용 어구는 ' '로 표시한다.

예) "나는 생각한다. 고로 난 존재한다."
공리주의에서는 '최대 대수의 최대 행복'을 강조한다.

8. '다음'보다는 좀 더 세부적으로 '그림', '표', '보기' 등의 용어를 사용한다.

예) 다음 그림에서 알 수 있는 것은?

9. 문항별 차등 점수는 문항 끝에 표시한다.

예) 해류의 종류는? (1.5점)

객관식 평가 문항을 검토할 때는 다음과 같은 사항을 통해 점검해 보는 것이 좋다.

- 교육과정의 범위를 벗어난 문항은 아닌가?
- 출제 원칙에 맞게 출제되었는가?
- 이원목적분류표에 맞게 출제되었는가?
- 지나치게 어렵거나 쉽지 않은가?
- 문항 풀이 시간이 적절한가?
- 문항 간에 직접적인 단서를 제공하고 있지 않은가?
- 오답 시비 내지 다수 정답 가능성은 없는가?
- 답지의 길이는 대체로 비슷한가?
- 정답의 위치가 특정 번호에 몰려 있는가? 등

주관식(논·서술형) 평가 문항에서 주의해야 할 사항을 정리하면 다음과 같다.

1. 발문 자체가 명료하고 구체적이어야 한다.

예) 민주주의 사회를 만들기 위해 노력해야 할 자세를 서술하시오.

>> 4.19 혁명을 통해서 알 수 있는 민주 시민으로서 지켜야 할 교훈 2가지를 제시하고 그 이유를 쓰시오.

2. 채점 기준이 구체적으로 제시될 수 있어야 한다.

예) 위 글의 사례를 공리주의와 칸트 입장에서 도덕적인 판단을 내리고 그 이유를 쓰고 이 사례에 대한 자신의 입장을 3가지 이상 논하시오. (총 30점)

>> (도덕적 판단 각 2점, 총 4점 / 공리주의와 칸트 입장에서 그 이유를 제시하기 각 4점, 총 8점 / 자신의 입장 1가지 당 4점, 총 12점 / 분량이 200자 미만 시 감점 채점함)

3. 주관식 답안지 제시 시 채점 기준(표)와 모범 답안 사례가 제시되어야 한다.

● 평가 문항 및 채점 기준

【논·서술형】남북한 통일시 예상되는 문제점을 3가지 이상 설명하고 그중에서 1가지 선택하여 그 대안을 제시하시고. 그리고 그 대안에 대한 예상되는 반론을 제시하고 이를 재반론 하시오.

(채점 기준 : 통일시 예상되는 문제점 각 5점 합 10점, 대안 5점, 예상되는 반론 및 재반론 각 5점 합 10점, 총 25점)

● 모범 답안 예시

[통일시 예상되는 문제점 예시]

   1. 사회적 혼란 및 갈등 발생   2. 막대한 통일 비용

   3. 최고 지도자 선출 문제   4. 주변 국가들의 견제 등

[대안 예시]

  통일 비용 문제 해결 – 통일 이전부터 통일세 신설, 국제기금 지원 방안 마련 등

[예상되는 반론 예시]

  통일세에 대한 국민들의 조세 저항이 예상되고 통일 비용에 대한 부담감이 현실적으로 크다.

[재반론 예시]

  통일 비용은 기본적으로 소모성 경비가 아니라 투자비라는 국민적 인식의 전환이 필요함

  미리 통일 기금을 축적하고 통일의 필요성 홍보 및 투자 차원에서 접근할 수 있도록 함

  군사비 감축, 통일에 따른 재건 사업, 대륙 진출을 위한 통로 확보 능으로 문제 해결 방안을 다양한 준비할 수 있어야 함

주관식(논·서술형) 평가 문항을 검토할 때는 다음의 질문을 통해 점검하는 것이 좋다.

- 교육과정의 정상적 운영을 기할 수 있게 출제되었는가?

- 발문에 묻고자 하는 내용을 정확하게 물었는가?

- 발문과 관련하여 답지의 의도가 분명하게 드러났는가?

- 발문이 너무 길어 해석 자체에 부담을 주지 않았는가?

- 보기는 문제 해결에 필요한 내용만 담고 있는가?

- 관점에 따라 다양한 반응이 나올 가능성은 있는가?

- 예상하고 있는 문항 해결 시간은 적절한가?

- 수업 내용과 평가 문항이 잘 연결되고 있는가?

- 민감한 내용이 포함되고 외부 민원의 소지가 있을 수 있는가?

- 모범 답안은 미리 작성되어 있는가? 등

도움을 받은 자료들

- 김현섭 2015, "질문이 살아있는 수업", 한국협동학습센터
- 박도순 외 2008, "교육과정과 교육평가", 문음사
- 김대현 외 2011, "교육과정 및 평가", 학지사
- 강승호 2001, "현대 교육 평가의 이론과 실제", 양서원
- 이형빈 2015, "교육과정-수업-평가, 어떻게 혁신할 것인가?", 맘에드림
- 보리크, 박승배 역 2011, "효과적인 교수법(7판)", 아카데미프레스
- "2016 중등 국어과 1급 정교사 자격연수 자료집", 경기도외국어교육연수원
- "2016 도덕 윤리과 연수 교재", 서울사대 윤리교육과

Lesson

29

수행 평가를
어떻게?

✎ 수행 평가란? 〰〰

수행 평가란 학생이 직접 만들어낸 산출물이나 직접 작성한 응답을 통해서 지식과 기능을 평가하는 다양한 방식을 말한다. 교사가 학생들의 학습 과제 수행 과정 및 결과를 직접 관찰하고 그 관찰 결과를 전문적으로 판단하는 평가 방식이다. 쉽게 말해 객관식 선다형 평가 외의 다른 방법으로 평가하는 모든 평가 방식을 말한다. 수행 평가는 결과보다 과정 중심 평가라고 할 수 있다. 내용적 지식 뿐 아니라 과정적 지식기능을 평가하는데 유용하다.

수행평가는 학생들의 응답이나 특정 산출물을 만들어 내거나 구체적인 활동을 행하게 하여 이를 평가한다. 그러므로 평가 상황은 실제 상황에 가깝도록 구성하는 것이 좋다. 교사의 관찰과 전문적인 판단이 중요하다. 그리고 1회적 평가가 아니라 지속적인 평가가 좋고 여러 가지 내용을 종합적으로 정리하는 포트폴리오 평가로 운영하는 것이 좋다. 수행 평가는 평가를 위한 평가가 아니라 교수학습 활동의 일부분으로 녹여있어야 한다.

많은 교사들이 수행 평가에 대한 부담감을 느끼고 있다. 기존 지필 평가에 비해 채점하기가 쉽지 않고 신뢰성, 객관성 등을 유지하기 어렵다. 일부 교사들은 수행 평가 운영 시 다음의 몇 가지 실수를 저지르기도 한다.

- 지나치게 점수로 학생을 서열화한다.
- 화려한 결과물을 중심으로 점수를 부여한다.
- 시험 기간에 맞추어 특정 기간(학기말)에 몰린다.
- 수행 평가 결과물이 채점 직후 바로 쓰레기통에 버려진다.

- 수행 평가에 대한 구체적인 설명이나 방법을 알려주지 않는다.

- 교사가 수행 평가 실시하면서 큰 고생을 하며 채점하기 쉽지 않다.

- 특정 유형의 학생들에게 유리한 수행 과제 방식으로 과제를 부여한다.

- 학생들이 억지로 참여하며 과제 이후에도 별다른 보람을 느끼지 못한다.

- 수업 내용과 활동과 무관하게 이루어지거나 별도 숙제 방식으로 부과한다.

수행 평가의 유형은 다음과 같은 것들이 있다.

| 짧은 반응 |

완성형, 단답형, 도표와 그림에 제목 붙이기, 시각 자료(마인드맵, 도표 등) 만들기 등

| 특정 산출물 |

논술형, 작문, 연구보고서, 과제일지, 실험보고서, 포트폴리오, 미술 작품 전시, 과학 프로젝트, 동영상 만들기 등

| 특정 활동 |

구술시험, 면접, 댄스, 과학 실험 시연, 체육 경기 활동, 연극, 토론, 연주 등

| 과정 |

구두 질문(면담), 관찰 등

✎ 수행 평가의 실제 ～～～⌒

수업 참여와 자세

수업 참여와 자세를 평가하는 경우, 긍정적인 행동을 할 때 토큰칭찬 스티커, 도장 등을 부여할 수 있다.

| 긍정적인 행동의 다양한 사례 |

- 발표하기, 토론에 참여하기

- 자발적으로 질문하기와 답변하기

- 다른 학생의 학습 활동을 도와주기

- 자기 역할을 성실하게 수행하기

- 주어진 시간 안에 과제 완성하기

- 노트 정리하기, 글쓰기 등

특정 행위발표나 퀴즈 맞히기만 아니라 다양한 기준으로 토큰을 부여하는 것이 좋다. 개인 토큰과 모둠 토큰을 합산하여 최종 점수를 부여하는 것이 좋다.

| 개인 토큰의 기준과 사례 |

- 학생이 자발적으로 교사에게 질문한 경우

- 교사의 질문에 대하여 잘 답변한 경우

- 개인 과제를 전체 학급에서 잘 발표한 경우

- 제한 시간 안에 개인 과제 (노트 필기 등)를 성실하게 수행한 경우

- 개인별 퀴즈 활동에서 받은 점수를 반영하기
- 다른 학생의 과제 활동을 자발적으로 도와준 경우
- 다른 학생에게 의미 있게 칭찬한 경우 등
- 개인별 도전 과제 내지 심화 과제를 잘 수행한 경우
- 개인별 토의 및 토론에 적극적으로 참여한 경우 등

| 모둠 토큰의 기준과 사례 |

- 모둠과제를 일정 기준 이상으로 잘 수행한 경우
- 모둠 과제를 전체 학급에서 잘 발표한 경우
- 제한 시간 안에 모둠 과제를 성실하게 수행한 경우
- 모둠별 퀴즈 활동에서 받은 점수를 반영하기
- 다른 모둠의 과제 활동을 자발적으로 도와준 경우
- 다른 모둠 활동 결과에 대하여 칭찬하거나 발표 시 경청한 경우
- 모둠 도전 과제를 잘 수행한 경우
- 모둠 토의 토론에서 우수한 결과를 얻은 경우 등

노트 필기 내용이나 학습지 포트폴리오

평상시 학생들이 노트 필기하는 것과 학습지 기록물 등을 잘 정리하고 누적하여 평가하는 것이다. 시험 기간에 맞추어 몰아서 하는 방법도 있겠지만 수시로 정기적으로 점검하는 것이 피드백하기에 좋다.

| 기준 |

- 정해진 단원의 노트 필기를 성실하게 수행했는가?

- 내용이 충실하고 창의적으로 구성되었는가?

- 모든 학습지 내용을 잘 수행하고 관리했는가? 등

개인 발표나 개인 발제

개인 발표나 개인 발제는 특정 주제에 대하여 학생들이 자기 의견을 준비하여 발표하는 것을 말한다. 학생이 각자 개인별 분담하여 자기 주도적으로 학습하여 학습 내용을 요약하여 설명하는 것이다.

| 기준 |

- 자기 의견을 논리 정연하게 말했는가?

- 학습 내용을 잘 이해하여 요약하여 잘 표현했는가?

- 다른 학생들의 질문에 대하여 잘 대답했는가? 등

모둠 프로젝트 활동

모둠 프로젝트 활동 시 교사가 이를 잘 점검하고 평가하는 것이 필요하다. 프로젝트 활동은 학생들이 주제 선정부터 발표와 평가에 이르기까지 자기주도적으로 참여할 수 있도록 한다.

본격적으로 프로젝트 활동하기 전에 교사가 과제 내용의 충실성과 성실성, 최종 산출물 수준, 발표 정도, 개인별 참여 수준 등의 다양한 평가 기준을 미리 제시하는 것이 좋다. 모둠 프로젝트 활동 시 포트폴리오, 보고서, 프레젠테이션, UCC, 발표, 역할극 등 프로젝트 활동 과정상의 산출물을 대상으로 평가한다.

모둠 프로젝트 과제의 경우, 개인 역할 기여도에 따라 차등적으로 점수를 부여하는 것이 좋다. 그렇게 해야 일벌레와 무임승차를 줄일 수 있다.

요소	내용의 충실도	형식과 분량	발표 태도 및 자세	개인 역할 기여도
상 (2)	탐구 주제가 적절하고 보고서 내용이 논리적이고 잘 정리되어있다.	1. 10 쪽 이상이다 . 2. 서론, 본론, 결론 형식이 잘 갖추어져 있다.	1. 발표 태도가 바르고 발음이 정확하여 의사전달이 잘 이루어진다. 2. 발표 형식이 독창적이다.	자기에게 맡겨진 역할을 충실히 수행했을 뿐 아니라 과제 수행에 적극적으로 참여하였거나 리더 역할을 수행하였다.
중 (1)	탐구 주제가 적절하고 전반적인 내용은 좋은 편이나 일부 내용이 부실하다.	1, 2 중 하나가 부족한 편이다.	1, 2 중 하나가 부족한 편이다.	자기에게 맡겨진 역할에 충실한 편이다.
하 (0)	탐구 주제가 적절하지 못하거나 내용이 전반적으로 부실하다.	1, 2 모두 부실하다.	1, 2 모두 부실하다.	자기에게 맡겨진 역할을 제대로 수행하지 못했거나 과제 활동에 소극적이었다.

✎ 수행 평가 시 유의 사항 〜〜〜≺

바람직한 수행 평가를 위한 유의사항을 정리하면 다음과 같다.

첫째, 학기 초에 미리 전체 평가 계획을 알려주는 것이다. 특히 학생용 채점기준표루브릭, Rublic를 미리 배부하여 학생들이 구체적으로 수행 평가를 어떻게 운영하고 그에 따른 평가 결과를 어느 정도 예상할 수 있도록 하는 것이다.

둘째, 수행 평가 시기가 특정 시기에 몰리지 않도록 하는 것이다. 학기말 등 특정 시기에 수행 평가가 몰리게 되면 학생들에게 학습 부담을 가중시키는 결과를 초래하고 일부 학생들은 수행 평가 자체를 포기하게 만들 수 있다. 가급적 학기 초에 수행 평가를 할 수 있도록 하여 시기적으로도 균형을 잡아 학생들의 수행 평가에 대한 부담을 실질적으로 줄일 수 있어야 한다.

셋째, 다양한 학습 유형을 가진 학생들을 고려한 수행 평가를 제시하는 것이다. 다중지능이론 관점에서 바라보면 언어적 지능, 논리·수학적 지능에 맞는 수행 평가 과제로 치우쳐 있는 경우가 많다. 공간적 지능, 음악적 지능, 신체적 지능, 대인 지능, 자성 지능, 자연 이해 지능 등 다양한 지능을 가진 학생들도 자기 학습 유형에 맞게 학습할 수 있도록 기회를 보장하는 것이 필요하다. 복수의 과제를 제시하고 선택하거나 한 가지 과제를 다양한 방식으로 수행할 수 있도록 하는 것이 필요하다.

넷째, 수업 과정에서 자연스럽게 이루어지고 가급적 정규 수업 시간 안에서 해결할 수 있도록 하는 것이다. 수업 시간 이외에 수행 평가 과제가 자주 부과되면 평가를 위한 평가로 진행되기 쉽다. 학생들의 부담감만 올려주고 수행 평가 과정 상 교사의 피드백이 쉽지 않으므로 학습 효과는 상대적으로 떨어질 수 있다.

다섯째, 학생들이 즐겁게 참여하고 교육적 성취감을 경험할 수 있도록 한다. 수행 평가 과제 성격 자체가 학습 주제와 직접적인 관련이 있으며 이를 통하여 흥미 유발을 할 수 있는 주제로 선정하는 것이 필요하다. 학생들이 수행 평가 과제를 통해 교육적 성취감을 느낄 수 있도록 정교하게 수행 평가 과제를 디자인하는 것이 필요하다.

여섯째, 학생들의 참여도와 잠재력을 중심으로 평가하는 것이다. 특히 모둠 과제 시 모둠 학생들이 수행 평가 과제에 적극적으로 참여할 수 있도록 과제 수행 평가를 세분화하는 것이 좋다. 소위 잘하는 학생들에게만 과제 부담이 몰리지 않도록 해야 한다. 개인 과제 시 다른 학생과의 비교보다 자기의 과거 학습 수준을 기준으로 평가하는 것이 좋다.

일곱째, 점수를 여유 있게 부여하는 것이 좋다. 가급적 상대평가보다는 절대평가 방식을 활용하여 평가하는 것이 좋다.

여덟째, 교사가 손쉽고 즐겁게 평가할 수 있어야 한다. 즉, 수행 평가를 실제로 실시하기에 용이하여 실용성을 높여야 한다. 그리고 수행 평가 과제 자체가 교사나 학생 모두 흥미를 유발할 수 있는 것으로 제시하면 좋다.

아홉째, 학생들이 수행평가 최종 결과물을 소중히 간직하고 이후에도 활용할 수 있도록 하는 것이 좋다. 학생들이 힘들게 과제 수행한 만큼 그 결과물이 소중하게 평가되고 잘 관리하여 기록에 남을 수 있도록 정리하는 것이 필요하다. 교사가 학생들의 수행 평가 과제를 잘 모아서 정리하여 과제집으로 엮어서 학생들에게 제시하거나 다음 학기, 학년 등에서 참고 자료로 활용할 수 있도록 노력하는 것이 좋다.

도움을 받은 자료들

* 김현섭 2015, "질문이 살아있는 수업", 한국협동학습센터
* 박도순 외 2008, "교육과정과 교육평가", 문음사
* 김대현 외 2011, "교육과정 및 평가", 학지사
* 강승호 2001, "현대 교육 평가의 이론과 실제", 양서원
* 이형빈 2015, "교육과정-수업-평가, 어떻게 혁신할 것인가?", 맘에드림
* 보리크, 박승배 역 2011, "효과적인 교수법(7판)", 아카데미프레스
* "2016 중등 국어과 1급 정교사 자격연수 자료집", 경기도외국어교육연수원
* "2016 도덕 윤리과 연수 교재", 서울사대 윤리교육과

내 수업의 고민
그리고 그 해답

Lesson

30

애매한 학기말 수업을
잘 마무리하려면?

그냥 진도를 나갈까?
아니면 아이들이 원하는 영화나 볼까? ～～～

"선생님, 시험도 마쳤으니 이제 놀아요~"

기말 고사 이후 정상적으로 수업을 진행하기란 쉽지 않다. 주관식 채점 확인 작업 외에 수업 시간에 딱히 할 것이 마땅하지 않다. 그렇다고 교과서 진도를 나가기에도 애매한 경우가 많다. 진도를 나가려고 해도 방학 전까지 시간이 충분하지 않기 때문에 주제를 다루다가 중간에 마치는 느낌이 생긴다. 그렇다고 학생들이 요구하는 대로 마냥 놀 수도 없고 막상 잘 노는 방법 또한 마땅하지 않다. 게다가 기말고사가 마쳐도 교사 입장에서는 시험지 채점, 생활기록부 작성 등 학기말 업무가 많이 있기 때문에 학생들처럼 그리 여유가 있는 시간은 아니다. 그래서 많은 교사들이 학생들이 원하는 영화를 틀어준다. 그런데 아이들이 원하는 영화는 자극적인 액션물 등이다 보니 교육적인 측면에서 그리 바람직하지 않은 부분이 있다. 아이들도 처음에는 영화를 보는 것을 좋아하지만 여러 과목 수업 시간에 연속하여 영화를 보여주면 식상해 한다. 그래서 일부 학생들은 영화 감상을 하지 않고 몰래 숨어서 음악 감상이나 스마트폰 게임 등 딴 짓을 하게 된다. 교장, 교감 선생님 입장에서는 시험이 마쳤다 하더라도 정규 수업 시간인데 교실 시간마다 오락 영화를 틀어주는 것이 좋아 보이지 않는다. 애매한 시간, 어떻게 학생들과 수업에서 만날까?

✎ 애매한 학기말 수업, 알차게 보내는 11가지 방법 〜〜〜

1. 오답 노트 만들기

시험 이후 주관식 채점 확인을 하는 것이 매우 필요하다. 대개 많은 교사들이 개별적으로 학생들이 주관식 채점 결과를 확인하는 동안 나머지 학생들은 자습을 하라고 지도한다. 하지만 이때 알아서 자습하는 학생들은 별로 없다. 왜냐하면 학생입장에서는 시험이 마쳤다는 일종의 해방감을 가지고 있는데 방학까지 남은 시간이 얼마 남지 않은 상황에서 예습하기가 쉽지 않고 시험 이후 예전 내용을 복습하는 것도 별로 의미가 없다고 생각하기 때문이다.

하지만 교사가 학습 코칭을 이해하면 애매한 시간을 매우 의미 있는 시간으로 전환할 수 있다. 먼저 오답 노트 작성을 통해 시험 결과에 대한 원인을 분석하고 다시 실수하지 않도록 성찰의 시간을 가지는 것은 의미가 있다.

시험 결과 되돌아보기

- 아는 문제를 맞춘 경우는?

- 아는 문제는 틀린 경우는?

- 모르는 문제를 맞춘 경우는?

- 모르는 문제를 틀린 경우는?

- 이번 시험 결과는 내 예상 목표와 어느 정도 일치하는가?
  일치하지 않았다면 그 이유는?

- 이번 시험공부를 통해서 내가 고쳐야 할 부분이 있었다면
  그 부분은 무엇인가?

- 다음 시험 점수 목표는 무엇인가?

개별 학생들이 순서대로 주관식 채점 결과를 확인하는 동안 나머지 학생들은
오답 노트 정리를 하면 좋다. 이번 시험에서 틀린 문제들을 추려서 그 이유를 분석
하고 다시 한 번 정답을 찾아보도록 하는 것이다. 오답 노트의 기본 작성 방법은
다음과 같다.

- 시험지 날짜와 주관처를 기록하기

- 실수로 틀린 문제와 몰랐던 문제를 구분하기

- 실수한 문제는 실수의 원인을 확인하기

- 모르는 문제는 다시 그 문제를 풀어보고 그 문제와 관련한 자료를 적기

오답 노트를 작성할 때는 정답만 쓰지 말고 정답 풀이 과정이나 느낀 점을 분석
하여 쓰는 것이 좋다. 물론 모든 과목에서 오답 노트 정리할 필요는 없다. 중하위권

학생들에게는 오답 노트가 별로 효과가 없기 때문에 이러한 경우는 다시 한 번 핵심 정리를 통해 복습을 하도록 하는 것이 좋다.

2. 방학 중 시간 계획표 작성하기

다가 올 방학 동안 꼭 해보고 싶은 것과 그 우선순위를 정하고 그에 따라 날짜별 계획표를 작성해 보면 좋다. 그리고 방학 계획표 작성한 것은 모둠 안에서 이야기하고 학급 전체에서 발표해 보는 시간을 가지면 좋다.

방학 동안 꼭 해보고 싶은 것들과 그 이유	1) 2) 3)
방학 중 우선순위 정하기	1) 2) 3) 4) 5)

〈 방학 중 계획표 〉

날짜	해야 하는 것	하고 싶은 것

3. 수업 관련 동영상 관람하고 문제 중심 하브루타 모형을 활용하여 토의하기

일상 수업에서 진도 문제로 인하여 쉽게 보여주지 못했던 수업 관련 동영상이 있다면 이를 보여주면 좋을 것이다. 그런데 동영상을 보여줄 때는 동영상만 보여주는 것이 아니라 이를 통해 생각할 수 있는 학습지를 만들어 활용하면 좋다. 이때 문제 중심 하브루타 수업 모형을 활용하면 좋다. 동영상을 보고 동영상 내용과 관련한 자유질문 3가지를 만들고 그 질문 중 대표 질문 1가지를 선택하여 그 질문에 대한 자기 생각을 기록한다. 이를 짝꿍과 번갈아 이야기하고 모둠 안에서 질문들만 나누고 모둠 대표 질문 1가지를 선정하여 자유 토의를 하여 그 결과를 칠판 나누기 방식으로 전체 학생들 앞에서 발표하는 것이다.

주제	
작품명	
동영상 내용 간단 요약	
느낀 점	
질문 3가지 만들기	1) 2) 3)
대표 질문과 그 질문에 대한 나의 생각과 답변	
모둠 대표 질문과 토의 내용	● 모둠 대표 질문 : ● 모둠원들의 생각 :

4. 학생들이 직접 구성하는 프로젝트 수업^{내지 PBL 수업}을 시도하기

   프로젝트 수업은 학습 주제와 관련하여 학생들의 관심사를 이끌어 스스로 탐구 활동을 할 수 있도록 하는 것이다. 먼저 프로젝트 주제를 선정하고 주제와 관련한 자유질문들을 브레인스토밍 기법을 활용하여 만든다. 이러한 다양한 질문들 중에서 대표 질문을 뽑아 교사와의 피드백 과정을 통해 최종 연구 주제명을 확정한다. 연구 주제가 정해지면 모둠 안에서 각자 역할 분담을 하고 관련 자료를 모아서 이를 통해 보고서 기본 틀을 구성한다. 다시 교사와의 피드백 과정을 통해 기본 구성을 마무리하고 이에 따라 연구 활동을 실시한다. 연구 성과물을 다양한 형태^{보고서, 역할극, 프리젠테이션, UCC} 등로 만든다. 모둠별 프로젝트 결과물을 학급 전체에서 발표하고 이를 학생 동료 평가 방식을 도입하여 다면 평가 방식으로 평가하고 교사가 최종 피드백을 한다. 시험 이후이기 때문에 학생들의 흥미를 유발할 수 있는 주제로 선정하고 상대적으로 가볍게 접근하는 것이 좋다. 수업 시간이 충분하지 않고 프로젝트가 다소 부담스럽다면 문제 중심 모형^{PBL}으로 접근해도 좋다. 교사가 문제 시나리오를 구성하여 학생들이 집단 지성을 통해 해결할 수 있도록 하는 것이다.

문제 중심 수업 모형(PBL)의 사례

- 도덕 시간 : '뮤직 비디오 분석 및 비판하기' 등
- 국어 시간 : '내가 좋아하는 시를 정해 패러디 시 만들기' 등
- 사회 시간 : '시사 토론 주제를 정하여 토론 대회 진행하기' 등
- 지리 시간 : '여행가고 싶은 장소를 선정하여 여행 계획 세우기' 등
- 수학 시간 : '내 인생 이야기를 숫자, 수학 공식, 그래프 등을
          활용하여 표현하기' 등
- 과학 시간 : '높은 곳에서 달걀을 깨뜨리지 않고 떨어뜨리기' 등
- 기술·가정 시간 : '생활 속 아이디어를 통해 간단한 발명품 만들기',
             '인스턴트 스프를 사용하지 않고 직접 스프를
             만들어 맛있는 라면 끓이기' 등

5. 살아있는 인간 도서관 Living Library, Human Book 활동하기

　학생들마다 자기가 관심이 있는 영역이 있다. 예컨대, 어떤 학생은 게임에 관심이 많고, 어떤 학생은 요리에 관심이 많고, 어떤 학생은 만화 그리기에 소질이 있을 것이다. 각자가 관심 있는 영역에 대하여 친구들과 결과물을 공유할 수 있는 시간을 가지는 것이다. 비슷한 관심사를 가진 학생들끼리 모둠을 구성하여 각자의 관심사 경험을 나눈다. 그리고 모둠별로 한 사람씩 뽑아서 자기 관심사를 친구들과 나눌 수 있으면 좋다. 이때 '전시장 관람'이나 '셋 가고 하나 남기' 활동을 활용하면 좋다.

> ◆ **전시장 관람** ─•
>
> ① 관심사를 그림이나 글로 표현하여 교실 벽면 사방에 간격을 두고 붙인다.
>
> ② 발표자 학생을 선정하고 자기 작품 곁에 서 있는다.
>
> ③ 나머지 학생들은 다른 모둠 작품을 감상하려고 돌아다닌다.
>
> ④ 발표자 학생들은 다른 모둠 학생들이 오면 자기 모둠 작품에 대하여 설명한다.

> ◆ **셋 가고 하나 남기** ─•
>
> ① 모둠 활동을 통해 모둠 작품을 완성한다.
>
> ② 발표자 학생을 선정하여 자기 모둠 자리에 앉아서 자기 모둠 작품을 설명할 수 있도록 한다.
>
> ③ 교사의 지시에 따라 나머지 모둠원들이 다른 모둠으로 위치 이동한다.
>
> ④ 발표자가 다른 모둠원들에게 자기 모둠 작품에 대하여 설명한다.

　발표 활동이 마친 뒤 우수 코너를 정해 개인 내지 모둠 보상을 실시하고 학급 전체 차원에서 축하하고 칭찬하는 것으로 마무리할 수 있다.

6. 감사하는 마음을 가지고 감사 표현하기

1학기 동안의 시간을 돌아보면서 감사할 내용을 찾아 이야기하는 것도 좋다. 행복한 사람은 사소한 것에도 감사할 줄 안다. 지난 1학기 동안의 시간을 돌아보며 각자 20개 이상 감사의 내용을 노트에 기록하고 모둠 안에서 발표하고 학급 전체에서도 나누어 보는 것이다. 막연하게 느껴지면 특정 사물이나 사람, 학교, 자연 등을 정해 감사 내용을 정리해 보면 좋다. 감사 노트 대신 접착식 메모지에 감사할 내용을 기록하여 감사 게시판에 붙여보는 것도 좋다. 학생 등 뒤에 종이를 붙이고 가위·바위·보 게임을 통해 진 사람이 이긴 사람 등 뒤에 그 사람에 대한 칭찬이나 감사 내용을 기록해 보는 것도 시도해볼 만한 좋은 활동이다. 그리고 감사 편지를 써서 그 사람에게 감사 편지를 발송할 수도 있다. 감사하기 활동을 할 때는 교사가 먼저 감사하기가 왜 중요한지 충분히 동기 부여를 해야 하고 다양한 감사 내용을 학생들에게 먼저 이야기하는 등의 시범을 보이는 것이 필요하다.

7. 다양한 놀이 활동을 시도하기

교실에서 실천하기 좋은 다양한 놀이를 해보는 것도 좋다. 놀이를 통해서 아이들과의 친밀한 관계를 만들 수 있고 아이들을 잘 이해할 수 있다. 놀이는 모든 학생들이 참여할 수 있고 경쟁 놀이보다는 협동 놀이를 지향하며 신체적인 에너지를 많이 분출하고 교사에 의해 좌우되지 않도록 하면 좋다. 추천할 수 있는 놀이로서 모험 놀이가 좋다. '손잡고 일어서기', '인간 팽이', '손잡고 훌라후프 넘기기', '장벽을 넘어서' 등이 있다.

◆ **손잡고 일어서기** — ◆

① 두 명이 발끝을 대고 마주보면서 손잡고 앉는다.

② 서로 당기며 일어선다.

③ 위와 같은 방식으로 4명이 손잡고 앉고 일어선다.

④ 8명이 손잡고 앉고 일어선다.

⑤ 16명, 32명이 손잡고 일어선다.

※ 8명 이상부터는 건너편 학생과 손을 잡고 일어설 수 있도록 하는 것이 좋다.

◆ **인간 팽이** — •

① 8명 정도 한 모둠을 구성하여 원형 대형으로 자리를 잡는다.

② 교사의 지시에 따라 모둠원 한 명이 원형 중앙에 두발을 모으고 서있는다.

③ 나머지 학생들이 중앙에 있는 학생을 팽이 돌리듯이 돌린다.

◆ **인간 띠 훌라후프 통과하기** — •

① 전체 집단을 두 그룹으로 나누어 원형으로 서서 손을 잡는다.

② 훌라후프나 원형 줄을 주고 손을 잡은 상태에서 이를 넘긴다.

③ 가장 빨리 통과한 그룹에게 칭찬 박수 등 간단한 보상을 실시한다.

◆ **장벽을 넘어서** — •

① 전체 집단을 두 그룹으로 나누어 마주보게 하고 중간에 이불이나 천으로 두 공간 사이를 막는다.

② 각 그룹에서 대표 학생을 선발하여 장벽(이불 내지 천) 사이에 두고 가까이 서게 한다.

③ 장막을 거두어 내면 양팀 대표 학생 중 상대방 학생 이름을 먼저 외치면 승리한다.

④ 진 학생은 상대방 그룹 진영으로 넘어간다.

⑤ 동일한 방식으로 반복하여 진행한다.

8. 모둠 해체식 및 새로운 모둠 구성과 모둠 세우기 활동

1학기 내지 1분기 동안 함께 했던 모둠원들과 작별식을 가지는 것이다. 모둠을 해체하기 전에 모둠원들에게 하고 싶은 말이나 칭찬, 감사 내용 등을 롤링 페이퍼 활동처럼 기록하여 선물로 주는 것이다. 모둠 해체식이 마치고 나서 새로운 모둠을 구성하는 것이다. 모둠을 구성할 때 예전에 같은 모둠이었던 학생들과는 가급적 동일 모둠에 배치하지 않도록 원칙을 세워서 재구성하는 것이 좋다. 새로운 모둠이 구성되었으면 다양한 모둠 세우기 활동을 전개한다.

9. 자발적인 수업 평가 받기

교사가 자발적으로 자기 수업에 대한 평가를 학생들에게 받는 것이다. 학생들에게 수업 평가 설문지를 돌리고 이를 받아서 다음 학기 수업 개선의 기초 자료로 활용하는 것이다. 교사가 수업 평가를 받으면 좋은 말만 있는 것은 아니기 때문에 다소 아프더라도 각오하고 수업 평가를 받아보는 것이 좋다. 단순히 장점과 단점만 쓰는 것이 아니라 그 이유를 쓰게 하도록 하여 수업 개선에 도움이 될 수 있도록 하는 것이 필요하다.

또한 학생 자신들의 수업 참여 자세를 스스로 성찰할 수 있도록 관련 학생 자기 평가 문항을 넣는 것도 좋다.

10. 학년 차원에서 통합 수업 진행하기

학교 안에서 동 학년 협의회와 교사학습공동체가 활성화되어 있다면 동 학년 교사들끼리 모여 공동으로 수업디자인을 하는 것이다. 통합 수업, 융합 수업 형태로 교사들끼리 특정 주제를 정하여 공동으로 수업 디자인을 하여 수업을 진행하는 것

수업 평가지

1. 이번 학기 수업을 통해서 배운 것은 무엇입니까?

2. 이번 학기 수업에서 잘 이해가 가지 않았던 것은 무엇입니까?

3. 다음 (   )안을 채워본다면?
   · 우리 선생님은 (   )이다.
     왜냐하면 (   )이기 때문이다.

4. 이번 학기 수업 방법에 대하여 어떻게 생각합니까?
   · 선생님의 강의 :
   · 학생 개인 발표 :
   · 토의 토론 :
   · 모둠 프로젝트 활동 :

5. 이번 학기 평가 방안에 대하여 어떻게 생각합니까?
   · 지필 평가 :
   · 수행 평가 :

6. 우리 선생님의 장점은 구체적으로 무엇입니까?

7. 더 좋은 수업을 위해 보완하면 좋은 것은 무엇입니까?

8. 선생님에게 하고 싶은 말이나 기타 제안 사항이 있다면?

자기 수업 평가서

1. 이번 수업을 통해 배운 것 중 인상 깊은 것과 그 이유는?
   · 인상 깊었던 부분이나 주제 :
   · 그 이유 :

2. 개인 발제 시 발표한 주제와 이를 통해 배운 것
   · 1학기 개인 발제 주제 :
   · 배우고 느낀 점 :
   -
   · 2학기 개인 발제 주제 :
   · 배우고 느낀 점 :

3. 모둠 프로젝트 과제 시 내가 직접 세부적으로 수행한 것, 느낀 점
   · 1학기 프로젝트 주제 :
   · 내가 구체적으로 담당한 것 :
   · 느낀 점 :
   -
   · 2학기 프로젝트 주제 :
   · 내가 구체적으로 담당한 것 :
   · 느낀 점 :

4. 이번 학기 우리 모둠원 중에서 최고의 친구와 그 이유
   · 친구 이름 :
   · 그 이유 :

5. 수업 참여하면서 나의 배움과 관련하여 아쉬운 점

이다. 이 경우 야외 체험 학습이나 외부 강사 초청 프로그램 등을 진행할 수 있고 교사의 개별적 고민을 집단 지성을 활용하여 극복할 수 있는 장점이 있다. 현실적으로 학기 중에 통합 수업이 쉽지 않다면 기말 고사 이후에 통합 수업을 도전해보는 것이 좋을 것이다.

11. 질문 전시회 및 써클 대화

어떤 주제를 정해 그와 관련한 질문을 3개 내지 5개를 만들어 접착식 메모지 포스트 잇에 기록하도록 한다. 예컨대, '나'라는 주제로 정했다면 '나의 고민거리는?', '나는 왜 다른 사람들의 말에 민감하게 반응할까?', '내가 다른 사람보다 잘할 수 있는 것은?' 등의 질문들이 나올 수 있을 것이다. 질문은 학생들이 직접 만들 수 있도록 한다. 그리고 나서 교실 앞 칠판에 접착식 메모지 포스트 잇를 붙인다. 전체 학생들이 하나의 원으로 써클 대형으로 의자 자리를 배치하고 둘러앉는다. 한 학생마다 자신이 관심 있는 질문 메모지를 떼어가서 질문을 읽고 자기 생각을 이야기한다. 이때 나머지 학생들이 공감하거나 질문을 할 수 있도록 한다. 교사가 안전한 공간이 될 수 있도록 분위기를 지켜나간다. 이를 통해 자기에 대한 다양한 생각을 나눌 수 있고 다른 학생들의 삶과 고민거리에 관심을 기울일 수 있을 것이다. 진지하게 학기를 마무리하는데 있어서 좋은 방법이다.

도움을 받은 책들

* 김현섭 2015, "질문이 살아있는 수업", 한국협동학습센터
* 김현섭 2014, "사회적 기술", 한국협동학습센터
* 김현섭 외 2012, "협동학습1,2,3", 한국협동학습센터

수업 공동체를 위한 진행 매뉴얼

● 공동 수업디자인 모임 ●

● 학습지 모임 ●

수업 공동체는 수업을 연구하고 실천하는 교사들의 학습공동체 모임을
말합니다. 수업 공동체는 수업 고민을 나누는 수업 수다, 수업 고민에 대한
해결 방안을 함께 모색하는 수업 나눔, 집단 지성을 통해 사전에 함께
수업 디자인을 하는 공동 수업디자인 모임 등이 있습니다.

여기에서는 수업 디자인 모임을 진행할 때 수업공동체 진행자들에게
도움이 될 만한 매뉴얼을 제시합니다.

공동 수업디자인 모임 활동 시나리오

1. 수업자의 마음 열기 (체크 인)

진행자가 수업자의 수업 공개 신청한 것에 대하여 환영하고 격려한다.

"오늘 ○○○ 선생님이 수업 공개와 공동 수업디자인 활동에 참여하게 되어 기쁘게 생각합니다. 자기 수업을 공개하고 수업을 함께 만들어가겠다고 도전한 것 자체가 매우 의미 있다고 생각합니다.,,,"

공동 수업 디자인 모임의 목적과 주의 사항을 간단히 환기한다.

"이번 공동 수업디자인 모임의 목적은 수업 공개 전 함께 수업 디자인을 해보는 것을 통해 수업디자인 역량을 기르고, 집단 지성을 통해 학생들의 눈높이에 맞는 수업을 함께 만들어가는 데 있습니다. 참여자 선생님들이 수업자의 수업에 대하여 쉽게 판단하거나 해결책을 제시하는 방향으로 흐르지 않도록 주의하면 좋겠습니다. 만약 이러한 방향으로 흘러가는 경우, 진행자로서 적절하게 개입하도록 하겠습니다. 수업자 선생님도 열린 마음으로 함께 수업 디자인을 풀어 가면 좋겠습니다."

2. 수업자를 통해 학습 주제와 수업의 주안점에 대하여 이야기하기

수업자가 학습 주제를 간단히 소개하고 참여자들로부터 질문을 통해 수업의 주안점 등에 대하여 이야기한다.

"수업자 선생님께서 오늘의 학습 주제에 대하여 간단히 설명해 주시면 고맙겠습니다."

"오늘 수업 내용에 대하여 궁금한 것이 있으면 질문해 주시면 고맙겠습니다."
(범교과모임인 경우, 특히 중요함)

"오늘 공동 수업디자인을 통해 다른 선생님들로부터 도움받기를 원하는 부분이 있다면 구체적으로 이야기해 주세요."

수업자가 핵심 질문(학습 목표), 출발 질문(흥미 유발), 전개 질문(내용 이해), 도착 질문(적용/심화)을 이야기하고 이에 대하여 다른 참여자 선생님들에게 피드백을 받는다. (수업자가 미리 준비할 수 있도록 하면 좋겠지만 이것이 또 다른 부담이 되는 경우, 7-8분 정도 핵심 질문을 작성할 시간을 부여한다. 만약 수업자가 핵심 질문에 대하여 잘 모르는 경우, 간단히 핵심 질문에 대한 개념을 소개해주면 좋다.)

"수업자 선생님께서 준비한 핵심 질문, 출발 질문, 전개 질문, 도착 질문에 대하여 이야기해 주세요."

"이와 관련하여 궁금한 것이 있으면 질문해주세요."

3. 수업자의 수업 디자인 내용에 대하여 참여자들이 함께 피드백하기

핵심 질문이나 출발-전개-도착 질문(수업 기본 전개 흐름)을 중심으로 피드백을 한다. (피드백 과정 중 진행자도 개별 자격으로 피드백을 할 수 있음)

"나머지 선생님들께서 수업자 선생님의 핵심 질문이나 출발-전개-도착 질문에 대하여 피드백을 해주세요."

교육과정 재구성, 교수학습방법, 학습지 등에 대하여 피드백을 한다. (완성된 수업지도안이나 학습지보다는 거칠은 형태의 초안을 중심으로 이야기할 수 있도록 한다. 진행자는 비판이나 해결책 제시 등으로 흐르지 않도록 관리한다.)

"교육과정 재구성, 교수학습방법, 학습지 등 구체적으로 제안하고 싶은 것들이 있으면 이야기해 주세요."

"다른 선생님들이 많은 제안을 해주셨는데, 수업자 선생님께서 이에 대하여 이야기를 해주세요."

4. 수업자가 전체 공동 수업디자인 활동에 대한 소감을 말하기

수업자가 공동 수업디자인 활동에 대한 소감을 말한다.

"이제 수업자 선생님의 오늘 공동 수업디자인 활동 참여 전체 소감에 대하여
이야기를 들어보도록 하겠습니다."

5. 참여자들이 간단 소감을 돌아가며 말하기 (체크 아웃/메타인지 활동)

마무리 활동으로 수업자를 제외한 나머지 참여자들이 간단하게 참여 소감을 말한다.
(진행자는 소감 말하기를 가급적 짧게 할 수 있도록 유도한다.)

"끝으로 참여자 선생님들의 공동 수업디자인 활동 참여 소감을 간단하게 나누어보도
록 하겠습니다. 가급적 짧게 말해주시고 1인당 1분이 넘지 않도록 주의해 주세요."

"오늘 늦은 시간까지 모두 함께 공동수업디자인 활동에 참여할 수 있어서 매우 의미 있
었던 시간이었습니다. 수고 많으셨습니다.(짝짝짝)"

학습지 모임 진행 시나리오

1. 학습지 배부

- 학습지를 복사한 것을 모임에서 배부한다.

2. 학습지를 제작한 수업자 이야기하기

- 수업의 목표와 주안점은 무엇입니까?
- 수업의 기본 흐름은 어떻게 진행되었습니까?
- 오늘 학습지를 어떻게 활용하여 수업을 진행했습니까?
- 지난 학습지를 돌아보면서 다시 한 번 만들어 본다면 어떻게 수정 보완하겠습니까?

3. 학습지 피드백 활동

- 다른 선생님들께서 수업자 선생님의 학습지에 대하여 피드백을 해주세요. 좋은 점이 있다면 구체적으로 무엇인지, 보완해야 할 부분이 있는 무엇인지, 학습지 내용 중 잘 이해하기 어려운 부분이 있다면 구체적으로 질문해 주시면 좋겠습니다.
- 동료 상호 피드백

4. 모임 활동 소감 나누기

※ 진행자(수업 코치)가 학습지 피드백 시 유의사항

- 어설프게 정답을 주려고 노력할 필요가 없다. 해답을 함께 찾으려고 하면 되고, 수업 코치 입장에서 특별하게 말할 부분이 없으면 정리하거나 질문을 해도 좋다.

● 피드백 시 핵심 질문이 무엇인지, 출발 질문, 전개 질문, 도착 질문 등이 어떠한 지 확인하여 이에 대한 피드백을 하면 좋다.

– 출발 질문 : 흥미 유발, 열린 질문, 선지식이 없어도 답변할 수 있는 질문, 섹시한 질문

– 전개 질문 : 내용 이해, 닫힌 질문, 교과서 내용과 관련한 질문

– 도착 질문 : 적용 및 심화, 열린 질문, 도전 과제 질문, 전개 질문을 토대로 해결할 수 있는 질문, 학생들이 적용하기 쉽게 구조화된 질문

● 질문 뿐 아니라 이미지나 활동 등을 고려하여 다양하게 학습지를 활용할 수 있도록 피드백을 하면 좋다.

좋은 학습지를 위한 점검 체크리스트

1. 핵심 질문이 학습지에 잘 나타나 있는가?

 – 학습지 내용이 학습 목표와 어느 정도 관련이 있는 것인가?
 – 너무 많은 학습 내용으로 인하여 핵심 질문이 잘 드러나지 못하고 있는가?
 – 핵심 질문이나 키워드가 학습지 제목으로 설정되어 있는가?

2. 학생 입장에서 답변하기 좋은 질문인가?

 – 혹시 추상적인 질문이나 복합 질문으로 학습지 질문이 이루어져서
  학생 입장에서 반응을 하기에 애매하지는 않는가?
 – 학습지에서 제시하고 있는 텍스트나 이미지가 학생의 흥미를 유발할 수
  있는 소재인가?
 – 질문의 의도가 학생 입장에서 분명하게 이해할 수 있는가?

3. 학습지 질문 분량이 적절한가?

 – 학습지 질문이 정해진 수업 시간 안에 소화하기에 적절한 개수인가?
 – 이 학습지가 몇 차시 분량을 전제로 만들어진 학습지인가? 1차시 안에서
  소화하기에 질문이 너무 많거나 적지 않은가?

4. 학습지 질문 수준이 학생의 배움 눈높이에 적합한가?

 – 질문 형태가 너무 단순하여 학생 입장에서 질문만 읽고 교사의 의도대로 학습
  활동을 전개할 수 있는가? 반대로 제시문이나 질문이 너무 복잡하거나 애매
  하여 질문의 의도를 파악하기 힘들지 않은가?
 – 수업 단계에 따라 적절한 질문 수준과 유형으로 구성되어 있는가? 도입 질문
  은 흥미 유발, 전개 질문은 내용 이해, 도착 질문은 심화 학습 내지 실천에 맞
  게 구성되어 있는가?

- 학습지 질문이 학생의 발달 단계에 맞추어 있는가? 혹시 너무 어렵거나 쉽지 않은가?

- 수준별 학습지의 경우, 학생 수준에 맞는 질문 문항이 적절하게 배치되어 있는가?

5. 학습 구조(수업 모형)에 따라 학습지가 잘 구성되어 있는가?

- 활동 단위가 개별학습-(짝 활동)-모둠 활동-학급 전체 순서를 전제로 학습지가 구성되어 있는가?

- 일제학습, 개별학습, 경쟁학습, 협동학습 중 어떠한 학습 구조에 맞추어 학습지가 구성되어 있는가? 어떠한 수업 모형을 위한 학습지인가?

6. 학습지 질문에 대한 학생의 반응 여백이 충분히 확보되고 있는가?

- 남학생의 입장에서 다소 큰 글씨로 쓸 수 있을 만큼의 여백이 충분히 제공되고 있는가?

- 학생들의 반응 여백이 너무 적거나 많아서 공간 활용이 잘 이루어지지 않고 있는가?

- 메타 인지 질문(학습 사태를 성찰할 수 있는 질문, 배움 일지)이 포함되어 있는가?

7. 학습지 내용의 가독성이 뛰어난가?

- 학습 내용과 직접적이 관련이 없는 질문, 이미지, 내용 등이 있는가?

- 글자 사이즈가 너무 작아 학생들이 학습지를 읽는데, 부담이 되고 있는가?

- 글자 모양이 현란하여 예쁘기는 하지만 내용의 가독성이 떨어지지 않는가?

- 이미지, 사진, 도표가 잘 인쇄되어 있는가? 사이즈가 작아 원하는 정보를 잘 알아보기 힘들지 않은가?

- 학생들 발달 단계에 맞추어 디자인 측면에서 시각적으로 잘 구성되어 있는가?

수업디자인연구소는

수업 혁신 콘텐츠를 연구 개발하고 보급함으로써

교사들의 수업 성장을 실질적으로 돕습니다.

www.sooupjump.org

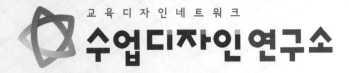

1. 연구 콘텐츠를 개발합니다.
· 질문이 살아있는 수업 – 단행본 "질문이 살아있는 수업" 출간
· 수업성찰 및 수업코칭 – 단행본 "수업을 바꾸다" 출간
· 수업 성장 – 단행본 "수업 성장" 출간
· 개발 예정 – 수업디자인, 단위 학교 교육과정 세우기 및 학교컨설팅,
　　　　　　 교사학습공동체, 학교 내 의사소통 활성, 학습코칭 등

2. 수업 혁신 콘텐츠를 보급합니다.
· 출판사 설립 및 운영 – 수업 혁신 관련 단행본 출간, 질문 보드 게임 보급
· 각종 워크북 및 교수학습자료 개발 및 보급 – 수업 관련 학습 도구 제작 및 보급

3. 외부 연구 프로젝트를 추진합니다.
· 교육부 주관 초등 인성교육 자료 개발 및 보급
· 한국교육개발원 주관 중학교 자유학기제 경제교육 자료 개발 중

4. 교육청과 함께 다양한 연수를 실시 합니다.
· 서울 강남, 광명, 구리남양주교육지원청 등 질문이 살아있는 수업 및 수업코칭 연수 실시

5. 교사 및 일선 학교 대상 연수를 실시 합니다.
· 집합 연수 : 질문이 살아있는 수업, 수업공동체 만들기, 수업 성장 연수 운영
· 온라인 원격 연수 : 티스쿨 등과 협력하여 운영
　　　　　　　　 (질문이 살아있는 수업, 수업성장, 철학이 살아있는 수업기술)

페이스북 | www.facebook.com/sooupdesign
카페 | cafe.daum.net/sooupdesign
전화 | 031-502-1359
주소 | 경기도 군포시 대야2로 157번길 5-22 동일빌딩 201호

6. 수업 혁신 콘텐츠를 공유합니다.
· 자체 홈페이지 운영
· 블로그 및 각종 SNS 활동
· 외부 기고문 활동 : 좋은교사 저널 및 교육관련 잡지 외부 기고 활동

7. 수업디자이너를 양성합니다.
· 평교사 대상 수업 디자이너 프로그램 운영
· 수석교사 대상 수업 전문가 프로그램 운영
  – 수석교사들을 대상으로 수업코치 양성 프로그램 운영
  – 서울, 경기, 영남 수석교사 아카데미 운영중
· 강사 과정 아카데미 운영
  – 기존 수석교사 아카데미 참여
  – 질문이 살아있는 수업 강사 교육 활동 및 수업디자인 교육

8. 지속적인 수업 성장을 위한 다양한 활동을 합니다.
· 수업콘서트 – 대상 : 일반 교사를 위한 대중적 이벤트
        관계, 질문, 참여 주제(2016년 2월 실시, 약 80명 참여)
· 수업 클리닉 (개별 수업코칭 활동)
· 단위학교 및 교육청 대상 수업코칭 활동
· 교사 힐링 캠프
· 학교 내 교사학습공동체 지원 및 외부 교육 단체 및 기관 연대

교육디자인네트워크

Think and Action Tank for Education Innovation

" 교육디자인네트워크는 교육혁신을 위한 씽크 및 액션 탱크 역할을 지향합니다. **"**

- 현장 교원과 연구자를 중심으로 따뜻한 전문가주의와 실천연구 조직
- 교사는 연수받는 존재에서 연구하고 공유하는 존재
- 이론과 경험, 정책과 현장, 교육과 연구, 초등과 중등의 이분법 극복
- 각 영역별 연결과 협업, 소통과 나눔이 있는 플랫폼 조직
- 학습공동체, 연구공동체, 역량공동체, 실천공동체
- 연구자, 학부모, 교원, 전문직원 등이 함께 어우러지는 공동체를 지향합니다.

현재 교육디자인네트워크(대표 김현섭, 이사장 안종복)에는 수업디자인연구소(김현섭 소장), 교육정책디자인연구소(김성천 소장), 역량교육디자인연구소(권순현 소장), 진로디자인연구소(황우원 소장), 교육과정디자인연구소(장슬기 소장), 부모회복공간 샘(김성경 소장), 유아교육디자인연구소(이선혜 소장), 교육리더쉽연구소(안종복 소장) 8개 연구소가 함께 하는 플랫홈 조직입니다. 현재 새내기 교사 아카데미, 월례 정기 공개 특강 등을 개최하고 있고, 앞으로 다음과 같은 다양한 활동을 진행하고자 합니다.

- 네트워크 협의회 운영을 통한 각 연구소별 소통과 협업, 연대 강화
- 새내기, 수석교사, 전문직원, 학부모 등 교사 성장 단계별 아카데미 공동 운영
- 뉴스레터, 블로그, 페이스북 페이지 등을 통한 연구소의 연구 및 실천 성과 홍보
- 논문과 보고서, 저서를 통한 출판 운동
- 각 연구소의 컨텐츠를 결합한 학교혁신 운동
- 연구, 수업 등 분야별 컨설팅
- 정기모임을 통한 학습
- 각 연구소 사업 홍보 및 지원 등의 사업

서울시 종로구 세종대로23길 47, 광화문미도파빌딩 411호 (사)교육디자인네트워크

031-502-1359 | eduhope88@naver.com

침체된 교실, 무기력한 학생들···

빛이 보이지 않는 수업 환경에서

생명을 불어넣을 희망을 찾기 위해

오늘도 꿋꿋하게 노력하는 교사들을 위한 희소식~

질문이 살아있는 수업

질문이 살아있는 수업

학년별, 과목별
다양한 적용이 가능한 수업

질문이 살아있는 수업 적용
다양한 워크시트 자료

협력과 참여의 수업 혁신!
현장 중심 강의!

모듈 구성

- **Module1** 왜 질문인가?
- **Module2** 질문을 어떻게 해야 하나?
- **Module3** 질문이 살아있는 수업디자인
- **Module4** 질문이 살아있는 교육과정 재구성
- **Module5** 질문이 살아있는 수업모형
- **Module6** 질문을 중심으로 관계 세우기
- **Module7** 질문을 중심으로 질서 세우기

연수후기

자꾸만 일제학습으로만 치우치면서 수업이 지루해지고 재미 없어지는 이유를 생각하곤 했는데 이제 그 이유를 알았습니다. 어떤 수업 모형을 선택하느냐가 아니라, 아이들과 하나가 되어 관계를 형성하고 배움이 일어나도록 질문하고 질문을 고민하고 결국은 아이들 속에서 배움을 일깨우는 수업이 되어야 함을 느꼈습니다. 강의 정말 좋았습니다. 바로 수업에 적용할 수 있을 것 같습니다.
- 남** 선생님-

우연치 않게 알게 되어 접했던 질문이 살아있는 수업. 사실 모둠 수업과 ppt를 사용한다 하여도 여전히 강의식 수업이 만연한 상황에서 학생과 소통하는 다양한 방법들과 잊고 지내던 여러 협동학습 기법을 되짚고 하브루타 수업을 알게 된 좋은 기회였습니다. 실제 교육 현장에 적용을 해보고자 노력 중에 있으며 나의 환경에서 최대한 이용하고자 합니다. 선생님의 설명이 너무 이해하기 쉽고 중간중간 위트 있으셔서 정말 즐겁게 잘 들었습니다. 좋은 강의 감사합니다.
-김**선생님-

교사의 수업 성장을 안내하는 나침반!
수업디자인 연구소 **김현섭 소장**의

좋은 교사, 수업으로 성장하다

www.tschool.net

 연수후기

지금껏 수업을 잘해야 한다는 것은 교사의 기본 자질이고 기본자세라고 생각해 왔고, 좋은 수업을 위해 많은 나날들을 수업을 해 왔으나 이 연수를 들으면서 반성할 것이 참 많구나 싶습니다. 그리고 고개를 끄덕이며 '맞다!', '그래야지!' 등 수긍만 할 뿐 나 스스로 실천하지 않으면 무슨 소용이 있을까도 싶다. 그러나 교사로서의 자존심에 상처를 내지 말아야겠다는 각오를 단단히 하게 해주는 이 연수를 통해 수업 성찰에 좀 더 신경 쓰고 나의 성장, 성숙을 이룰 수 있는 계기로 삼고자 한다.

– 이** 선생님

좋은 교사! 좋은 수업!
모듈구성

I. 좋은 교사 좋은 수업

II. 수업 성찰

VII. 수업 성장 전략과 수업코칭

III. 배움

VI. 수업 디자인

III. 교사의 내면과 신념

V. 관계와 질서

IV. 교수학습 유형과 역할 모델

철학이 살아있는 수업 기술

 과정 소개

1 내 수업에 철학을 담다

2 수업 속의
관계와 질서를 세우다

3 수업 기술의
기초를 다지다

4 학생이 스스로
공부를 하다

5 학습 공동체를
실현하다.

6 학생 성장을 위해
평가하다.

연수후기

두 번째 임용고시 준비 기간과 같았던 연수였습니다. 진정한
교사가 되기 위해서는 반드시 꼭 알아야 하는 내용이었다는
생각이 듭니다. 교직 생활을 하면서 학년 말로 갈수록 왜
우리 반의 질서는 점점 무너질까 하는 생각을 했었는데,
연수를 들으면서 모든 수업은 치밀하고 꼼꼼한 구성이
필요하다는 것을 알게 되었습니다.
－박** 선생님

4년 차에 접어드는 교사입니다. 내 수업에 대해 고쳐야 할
부분은 분명 있는 것 같은데, 구체화되지 않아서 어려움이
많았습니다. 그런데 연수를 통해서 어떤 방향으로 어떻게
노력해야 할지 방향을 알게 되어 저에게 네비게이션과 같은
연수였습니다. 함께 수업 고민을 하는 교사들과 이번 연수
커리큘럼을 좀 더 깊이 있게 학습하는 시간을 가질 예정입니다.
－송**선생님

※ 문의 안내: ☎ 1544 − 9044 또는 tschool@tschool.net

현장 맞춤형 수업 혁신 전문 콘텐츠 제공!

• 교육 환경 변화에 발 빠르게 대응
• 교사의 실제적 요구를 반영한 온오프라인 연수
• 수업혁신을 리드하는 미래형 콘텐츠 제작
• 차별화된 연수 강의로 교원의 탄탄한 수업 성장 지원

www.tschool.net

교원의 전문성 향상과 현장 적용에 최적화된
수업혁신 전문 연수원

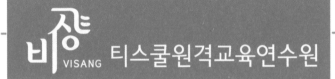

비상 VISANG 티스쿨원격교육연수원

다양한 교사 단체와 함께 걷는 동반자!

• 여러 주제의 배움 공동체 학습 지원 및 협업
• 교사연구회와의 꾸준한 소통과 연구 활동
• 교사 단체의 요구 조사를 통해 현장성이 반영된 연수 개설

높은 연수 만족도로 다시 찾는 티스쿨!

• 신속하고 정확한 문의 응대 및 지원
• 다양한 수업 현장 적용 및 활용이 용이한 만족도 높은 콘텐츠
• 선생님들의 소중한 시간을 지켜드리는 차별화된 연수 운영 체계